요한계시록 이야기

요한계시록 이야기

오우성

대한기독교서회

요한계시록 이야기

2013년 9월 10일 초판 1쇄

지은이/오우성
펴낸이/정지강
펴낸곳/대한기독교서회
편집책임/김인자

등록/1967년 8월 26일 제1-77호
주소/135-090 서울시 강남구 삼성동 169-1
전화/출판국 553-0873~4, 영업국 553-3343
팩스/출판국 3453-1639, 영업국 555-7721
e-mail/cls1890@chol.com
edit1890@chol.com
http://www.clsk.org

직영서점/기독교서회
종로 5가 기독교회관 1층, 전화 744-6733, 팩스 745-8064

값 11,000원 / 책번호 2022
ISBN 978-89-511-1674-2 93230

The Christian Literature Society of Korea, Seoul
Printed in Korea

| 머리말 |

요한계시록은 '악한 시대를 대비한 소책자'로 알려져 있다. 이 책은 세속화의 유혹이 심하고 박해의 위협 속에서 성도들이 어떻게 믿음을 지키며 고통을 이겨나갈지를 알려주는 책이라는 뜻이다. 이렇게 보면 이 책은 이 시대를 사는 성도들에게 꼭 필요한 책이란 생각이 든다. 그런데 문제는 다 알다시피 이 책이 읽고 이해하기 어렵다는 것이다. 보통 때는 신약성경 27권 중 로마서가 가장 어렵다는 말을 한다. 그런데 세상이 혼란스럽고 교회가 어수선하면 요한계시록에 관심을 가지게 되는데 그때야 정말 어려운 책이 어떤 책인가를 알게 된다. 요한계시록은 어렵고 위험하고 무서운 책이다. 어떻게 하면 이 책을 성도들이 더욱 쉽게 읽고 그 저자가 의도한 대로 이 어려운 시대를 이겨나갈 수 있는 힘과 지혜를 얻을 수 있을까?

이 책에 대해서 상세하고 좋은 주석책들이 여러 권 출판되어 있지만 그럼에도 불구하고 이 책을 쓰게 된 동기는 요한계시록을 전체로서 더욱 쉽게 읽어 보고자 했기 때문이다. 어떻게 하면 좀더 쉽게 읽을 수 있을까? 필자는 이 책이 처음부터 끝까지 일관된 하나의 이야기 흐름을 가지고 있다는 사실에 착안해서 이 책을 하나의 긴 이야기로 읽어 보고자 한다. 이 이야기에는 다양한 인물들이 등장하고 여러 가지 놀라운 사건들이 일어나며 배경이 계속 바뀌면서 이야기의 전개를 새롭게 해나가고 있다. 그리고 무엇보다도 이 이야기에는 저자가 전해 주고자 하는 중요하고도 간절한 메시지들이 담겨 있다.

이런 접근방식은 최근 성경해석학에서 연구되고 적용되기 시작한 서사이론의 도움을 받은 것이다. 이 해석법은 종전의 해석법들을 대체하기보다는 그 해석을 보완하면서 새로운 가능성을 열어준다고 할 수 있다. 이 가능성이란 복잡하고 변화 많은 이 시대를 살아가는 우리들의 삶의 현장에서 이 요한계시록 이야기를 직접 들을 수 있는 가능성을 말한다.

21세기를 살아가는 현대인들은 심각한 혼란 상황 속에서 살아가고 있다. 무엇이 옳고 그른지, 무엇을 위해 사는지를 물을 시간도 없이 하루하루를 바쁘게 살아간다. 많은 사람이 오늘의 세태를 이해하지 못하고 적응하기도 어려워한다. 그래서 다수의 사람은 오늘의 세대를 말세니 종말이니 하는 말을 한다. 이 세대는 인간이 인간답게 살기 어려운 마지막의 징후들이 자주 나타난다. 매스컴이나 인터넷에도 종말, 죽음, 자살, 사후세계에 대한 사이트들이 속속 개설되고 있다. 매일 접하는 증후로 인류는 무차별적인 자연환경의 파괴와 생명에 대한 경외사상의 추락과 이에 따르는 사회와 문명의 전반적인 불안과 갈등 그리고 혼란의 상태는 갈수록 그 도를 더해가고 있다.

이런 시대인데도 교회에서는 요한계시록을 기피하면서 그릇된 해석들이 많이 나타나서 교인들을 미혹하게 된다. 필자는 해석의 난해성이 결국 해석 방법의 난립으로 인한 것으로 보는데 최근에 성경의 서사성(narratology)에 관한 연구가 진전되면서 해석에서 일면의 진보가 있었다고 생각한다. 성경에는 많은 이야기가 들어 있는데 이야기 형식은 신앙 교육과 전수에 효과적인 방법이라는 사실은 오래전부터 인식되어 왔다. 이스라엘 사람들은 비율법적인 구약성경, 예를 들면 창세기나 출애굽기 같은 책들은 이야기 형식인 하가다로서 교육하고 설교해 왔다.

이 책의 전반부에서는 독자들이 요한계시록 이야기를 더욱 쉽게 읽게 하도록 이야기 읽기 기법인 서사 이론을 간략하게 소개하였다. 그 후에 요한계시록 본문 전체를 이야기체로 해석하였다. 이 책은 독자들이 요한계시록 이야기를 더욱 쉽게 읽고 의미를 찾아서 혼란한 세상에서 신앙의 성숙을 이루는 데 도움을 줄 것이다.

이 책에서는 요한계시록을 이야기로 읽어 봄으로써 최소한 계시록이 어렵고 무섭기만 한 책이 아니라는 사실을 밝혀 보고자 했다. 이 책에서는 이야기의 전체적 흐름을 살리는 것을 중요시하였기에 본문의 자구적, 단편적 부분에 대한 상세한 해석은 자제했고, 학문적 교리적 토론도 가급적 줄이고자 하였다. 그리고 참고문헌을 인용하는 것도 최소화하였다. 요한계시록 저자의 의도는 그리스도인들이 어려운 환경 가운데서도 믿음을 지켜나가고 위로와 소망을 가지도록 하는 것이었다. 요한계시록의 전체 이야기를 읽어가다 보면 이 책은 세속화의 유혹과 박해의 위협에도 불구하고 믿음과 인내를 지켜나가는 사람들에게 결코 무서운 책이 아니라 위로와 소망의 책임을 알게 된다. 악한 시대에는 성령께서 하나님의 말씀을 통해 주시는 환상과 비전이 필요한데 요한계시록이 바로 그것을 주는 책이다.

이 책에서는 요한계시록의 서사성, 즉 이야기체를 돋보이게 하려고 해석에 들어가기 전에 전체 구조와 이야기 흐름을 먼저 살펴본다. 말하자면 개별적 나무를 보기 전에 전체 숲을 먼저 보자는 것이다. 요한계시록의 문학적 장르로서 이야기체에 대한 관심과 논의가 활발해지고 있는 가운데 4-5년에 걸친 학부와 대학원의 강의 결과를 보면서 이 접근 방식이 일반 독자들이 요한계시록을 더욱 쉽게 읽는 데 도움이 될 수 있다는 생각을 하게 되었다.

우리 교회는 21세기에 접어들면서 여러 가지 외적 내적 도전으로 갈등을 겪고 있다. 그 문제 중의 하나가 세속화인데 이것으로 인해 신앙공동체가 약화되는 위기를 예감하고 있다. 요한계시록 저자는 핍박과 세속화로 와해 위기를 겪고 있는 신앙공동체에 주님의 메시지를 전하고 있다. 우리 교회가 요한계시록 저자가 전하는 주님의 메시지를 바로 읽어 오늘의 난관을 극복하고 다시금 부흥할 수 있는 계기로 삼아야 하겠다. 필자는 이 책이 요한계시록 저자가 성도들에게 전하고자 했던 메시지를 회복하는 데 도움이 될 것으로 믿는다.

필자는 개 교회에서 요한계시록을 목회자의 지도로 공부할 수 있는 16주 성경공부 프로그램을 만들어 부록으로 첨부했다. 이 프로그램이 실제적인 성경공부에 도움이 되리라 생각한다.

이 책에 사용한 「성경전서 개역개정판」 요한계시록의 저작권은 재단법인 대한성서공회 소유이며 재단법인 대한성서공회의 허락을 받고 사용하였다. 요한계시록 본문을 사용하도록 허락해 주신 대한성서공회에 깊은 감사를 드린다. 이 요한계시록 강해를 처음 시작할 수 있도록 기회를 준 기독영성상담연구소의 연구원 여러분께도 감사를 드린다. 이 책을 완성하기까지 인내와 믿음으로 기도하고 지원해 주었던 아내와 딸 그리고 사위에게 고마움을 느낀다. 그리고 이 책을 출판하도록 배려해주신 대한기독교서회 정지강 사장님, 서진한 상무님께도 깊은 감사의 말씀을 드린다.

2013년 7월
기독영성상담연구소에서
오우성

| 차례 |

제1장

요한계시록에 얽힌 이야기

왜 잘 읽히지도 않는 책이 신약성경에 들어와 있을까? 잘 읽히지 않을 뿐만 아니라 주로 이단들과 사이비 종파들이 많이 사용하는 책이 왜 성경에 들어와 있을까? 성도들은 요한계시록에 관해서 이런 질문들을 많이 한다. 이 책에는 해석하기 어려운 상징들과 환상들이 많이 들어 있고 그 중심 주제가 논쟁이 많은 종말에 관한 것이어서 이 책이 신약성경에 들어오게 된 데에는 상당한 어려움이 따랐다.

신약성경 27권은 1세기 후반에 거의 다 기록되었다. 그런데 27권이 현재의 순서대로 신약성경으로 결정된 것은 397년에 있었던 카르타고 3차 회의, 즉 4세기 말이다. 교회는 1세기 말에서 4세기 말까지 300년 동안 신약성경에 어떤 책이 들어가며 어떤 순서로 들어가야 하는가를 논의해 왔다. 그 과정에서 다양한 정경의 형성이 시도되었는데, 어떤 사본을 보면 요한복음이 가장 먼저 나오기도 했다.

이러한 300년간의 기간을 신학적으로 '정경형성과정'이라고 부른다. 정경형성과정을 살펴보면 정경 외에도 외경이 있었다는 사실을 알 수 있다. 계시록 장르에서는 외경으로 스데반계시록이나 베드로계시록 또는 바울계시록과 같은 책들이 있다. 그러면 어떤 책들이 정경에 들어오고 어떤 책들은 외경으로 분류되었을까? 왜 스데반계시록이나 바울계시록은 신약성경에서 제외되었을까? 초대교회에서 정경과 외경을 구분하는 데 일정한 기준이 있었다. 이 기준은 사도성, 영감성, 보편성으로서 이 기준에 합당해야만 정경으로 받아들여졌다. 사도성이란 저자가 사도이거나 사도의 동역자여야 한다는 것이고, 영감성은 그 책의 내용이 영감을 받은 것이어야 하고, 보편성이란 여러 교회에서 보편적으로 인정하는 책이어야 한다는 것이다. 27권 중에는 아무 논란이 없이 정경으로 채택된 책들이 있다. 그것을 신학적으로는 일치된 책들(homologumena)이라고 부른다. 또한 신약성경 중에는 논란을 거친 후에 채택된 책들이 있다. 그것을 논란된 책들(antilegumena)이라고 부른다.

서방교회에서 4세기말 신약성경의 27권이 정경으로 결정되었음에도 불구하고, 계속 논란이 되었던 책이 바로 요한계시록이다. 이 책이 그렇게 계속적으로 논란의 대상이 되었던 이유는 부엇인가? 여러 가지 이유가 있는데, 해석하기 어려운 상징들, 심상들, 그리고 숫자들의 문제, 사랑의 하나님과 배치되는 듯한, 계속되는 무서운 심판과 징계의 문제, 열등한 문법이나 이해하기 어려운 용어들과 묵시적 개념들의 문제 등이다. 비록 이 책이 논란의 대상이 되었지만 교부들은 이 책이 궁극적으로 영감받은 하나님의 말씀임을 믿었다. 그 이유는 이 책은 비록 요한계시록이라는 제목을 가지고 있지만 실상은 예수 그리스도의 계시록이기 때문이다.

요한계시록이 신약성경에 들어왔지만 그 이후 1500년 동안 해석의 어려움이 따랐다. 이 해석의 어려움은 본문이 가지고 있는 어려움 외에 교회 환경과 상황의 변화에서 그 근본적 원인을 찾을 수 있다. 필자의 견해로는, 크게 보아서 세 가지 교회 환경이나 상황의 대변화를 발견할 수 있다.

첫 번째는 교회 지도자와 구성원의 급격한 변화이다. 이 변화는 2세기부터 시작하여 오늘에 이르고 있는데 교회의 지도자와 구성원들이 유대인으로부터 이방인으로 바뀐 것이다. 요한계시록의 강한 유대적 배경은 초대교회가 해석의 어려움을 겪어야 했던 중요한 문제 중의 하나였다. 신약성경 27권을 기록한 저자들은 몇 권의 경우 저자가 불명하지만 누가를 제외하고는 모두 유대인들이다. 이 책의 원래 독자는 유대 그리스도인들이 중심이 된 공동체에 속해 있었다.

그런데 교회사를 돌아보면, 2세기에 들어서면서 사도들의 뒤를 이은 속사도들은 비유대인, 즉 이방인들이었다. 예수님은 아람어로 말씀하셨는데, 최초의 복음서 기록들이 헬라어라는 것도 이상하고, 최초의 사도들은 유대인이었는데, 속사도들이 이방인이라는 것도 이상한 현상이다. 그러나 이것은 예수께서 악한 포도원지기의 비유에서 말씀하신 대로 구원 역사에 변화가 일어났기 때문이다. "포도원 주인이 … 포도원을 다른 사람들에게 주리라."(막 12:9) 교회의 주체는 유대인에서 이방인으로 바뀌기 시작했다. 그것이 오늘날까지 계속되어 왔다. 이 과정에서 원저자의 의도와 관점과는 다른 방향으로 요한계시록이 해석되기 시작했다. 유대적인 관점이 이방인적 관점으로 변화되기 시작했다. 성경이 서방교회, 특히 유럽 사람들에 의해서 집중적으로 해석되어 왔고 그것이 우리 교회에 계속 영향력을 미쳐 왔다는 사실은 무시할 수 없다.

요한계시록 해석에서 유대적 관점이 이방적 관점으로 바뀐 예로 십사만 사천 명을 들 수 있다. 십사만 사천 명은 명백하게 유대 12지파에 속한 사람들을 의미한다. 이방교회는 유대인만의 십사만 사천 명에 대해서 해석상 매우 난감해 했다. 유대 그리스도인들의 입장에서는 자신들이 하나님의 택하신 백성이며, 구원사에서 우선적이라는 신념에는 이론의 여지가 없었다. 그래서 정경형성 과정에서 요한계시록이 너무 유대적 색채를 강하게 띤다는 것이 문제가 되었다. 신약성경에서 유대적 색채가 강한 책이 4권이 있다. 그것들은 마태복음, 히브리서, 야고보서, 요한계시록이다. 이 중 마태복음을 제외한 3권의 책들이 한때 논란의 대상이 되었다. 그런데 정경으로 넣느냐 마느냐를 논의하던 교회지도자들이 유대인들이 아니라 대부분 이방인들이었다. 특히 대부분의 교회가 이 책을 인정한 후에도 5세기까지 계속 반대 입장을 표명했던 시리아 교회들은 이런 이유가 강했다.

두 번째는 국가와 사회에서 교회의 지위가 바뀐 것이다. 교회는 계속해서 박해를 받았는데 이 상황이 바뀐 것은 4세기 초 콘스탄틴 황제의 밀라노 칙령(310)이 직접적인 계기가 되었다. 교회는 이제 공인된 종교가 되어 제국으로부터 핍박을 받지 않아도 되었다. 유대교의 박해는 유대민족이 132년에 바르 코치바를 메시야로 받들고 로마 제국과 제2차 전쟁을 시작했는데 135년에 무참하게 패배하면서 종말을 고했다. 아이러니한 사실은 기독교가 4세기 말 데오도시우스 황제 때부터 로마의 유일한 국교가 되면서 이제 박해받는 위치에서 박해할 수 있는 위치가 되었다는 것이다. 사실 유대교는 그때부터 기독교의 박해를 많이 받아왔다.

필자가 미국에서 공부할 때, 어떤 대학의 캠퍼스에 사람들의 눈길을 끄는 사진 전시회가 열렸다. 그 전시회는 유대인들이 기독교인들로부터 십수세기 동안 박해를 받은 역사적 현장을 사진으로 찍어 보존한 것을 전시한 것이다. 신약성경 안에는 유대인들이 기독교인들을 박해했지만 4세기 이후의 역사는 그 반대가 된 것이다. 이 상황의 변화는 요한계시록의 해석에도 지대한 영향을 미쳤다. 적어도 서구 교회에서는 박해받는 성도들을 위로하고 격려할 이유가 사라진 것이다. 그래서 서구 교회에서 이 책은 주로 그리스도의 재림, 천년왕국, 그리고 최후의 심판에 초점이 모아졌다. 물론, 우리 교회는 서구 교회와 달리 지난 세기 동안 일제 식민지 치하와 한국 전쟁 동안 공산주의 치하에서 박해를 경험했고, 지금도 북한은 박해를 경험하고 있기 때문에 요한계시록 해석에서 서구 교회의 주된 해석과 신학에서 탈피하여야 한다. 우리 교회는 신앙의 위기 가운데서 길선주 목사, 주기철 목사, 손양원 목사 같은 교회 지도자들이 이 책을 통해서 큰 위로와 능력을 얻어 승리할 수 있었다.

세 번째는 종교개혁 이후 과학 혁명과 산업 사회의 발흥으로 합리주의와 물질적 풍요가 가져다준 해석상의 변화이다. 합리주의와 물질주의가 팽배한 시대에서 종말적 소망은 실체없는 피상적 소망이 되고 내세의 축복은 현세의 축복으로 대체되고 교회의 관심사에서 밀려나게 되었다.

종교개혁 시대의 핵심 인물들인 루터와 칼빈은 요한계시록을 싫어했다. 루터는―성공하지는 못했지만―야고보서, 히브리서, 요한계시록을 '2차 정경'(secondary canon)으로 만들려고 했다. 2차 정경이란 성경의 권위로 볼 때 이 책들은 다른 성경책들보다 그 권위가 떨어지는 책이란 뜻이다. 왜 루터는 요한계시록을 그렇게 싫어했을까? 잘 아는 대로 칼빈은 신구약 전권을 다 주석했는데 유일하게 요한계시록 주석을 쓰지 않았다. 종교개혁자들이 이 책을 싫어했는데, 루터나 칼빈이 살았던 16세기에는 그럴 만한 이유가 있었다. 그것은 오늘날 우리가 이 책을 해석하면서 깊이 생각해 보아야 할 이유이다. 루터와 칼빈 이후로 계몽주의와 과학 혁명을 거치면서 개신교회는 천국과 지옥, 내세와 심판 등을 다루기를 기피했다. 그렇게 했던 이유 중의 하나는 중세 가톨릭교회에서 천국, 지옥, 연옥에 너무나 큰 관심을 기울였기 때문이다.

루터가 신부로서 시무했던 비텐베르크 성당의 중앙에는 두 개의 그림이 그려져 있는데, 한 곳에는 천국의 그림이 있고 다른 곳에는 지옥이 그려져 있었다. 이것이 바로 중세의 분위기였다. 그런데 우리가 그런 그림을 보면 천국을 바라보며 기뻐하는 순간이 많을까, 지옥을 바라보며 두려워하는 순간이 많을까? 루터는 신부였음에도 지옥을 바라보고 두려움과 불안(anfechtung)을 많이 느꼈다. 거룩한 하나님 앞에서 자신의 삶을 돌아볼 때 그는 너무나 두려웠다. 이 두려움에서 어떻게 해방될 수 있는가? 이 공포에서 어떻게 벗어날 수 있는가? 그는 구원의 확신을 얻기 위해서 금욕생활을 하며 교황이 있는 로마에 가서 무릎으로 돌계단을 올라가는 고행을 하면서 이 두려움에서 벗어나려고 몸부림을 쳤다. 루터와 칼빈은 천국, 지옥과 연옥을 강조하는 내세중심적 설교, 그것도 행복하고 축복받는 내세가 아니라 두려움밖에 없는 그런 내세 지향적 설교를 비판했다.

종교개혁자들은 그러한 공포와 두려움을 교리와 의식의 행위로 극복하고자 했지만 그 뜻을 이루지 못했다. 그 대신 그들은 예수 그리스도를 믿는 믿음으로 말미암아 그러한 불안과 두려움으로부터 벗어나 기쁨과 평안을 얻을 수 있음을 깨닫게 되었다. 그래서 개신교는 가톨릭보다 내세의 이야기를 많이 하지 않게 되었다. 대신에 내세보다는 현세에 맡겨진 일에 충실하라고 가르쳤다. 그래서 루터와 칼빈과 같은 종교개혁자들은 세속적 직업도 하나님의 소명이라는 점을 강조했다. 개신교의 신앙 자체가 천국이나 지옥을 깊이 있게 다루지 않게 되었는데, 그것을 주로 다루는 책이 요한계시록이니 종교개혁자들이 이 책을 좋아할 수가 없었다. 개신교의 신앙은 오직 믿음으로 구원을 얻었기 때문에 내세를 하나님의 주권에 맡기고 오직 현세의 소명을 다하는 쪽을 강조하면서 신앙은 다분히 현세 중심적이 되어 갔다.

종교개혁 시대는 천국과 지옥을 지나치게 많이 다루었기 때문에 개혁자들이 현세의 소명을 강조했다. 그런데 오늘날의 교회는 너무 현세에 사로잡혀서 설교나 교육에서 천국과 지옥이 사라져 버렸다. 서구 교회는 종말, 재림, 천국에 관한 설교를 거의 하지 않게 되었다. 그렇게 살다 보니 우리 믿음이 너무 현세에 국한되어 버려 미래에 대한 소망이 약화되었다. 이것이 현대 교회의 문제이다. 오늘날 개신교 신자들은 이 세상에서 믿음으로 구원받아서 선하게 살면 되고, 죽고 난 뒤에는 모든 것을 하나님이 알아서 하신다는 생각을 가지게 되었다. 믿음으로 얻은 구원이 너무 현세적이 되고 미래의 소망은 관념적이거나 추상적인 것으로 바뀌어 사실상 미래적인 소망이 사라져 버렸다. 이렇게 되면서 우리의 신앙에 있어서 과거와 현재는 있는데 미래가 증발해 버렸다.

문제는 정통교회가 이 책을 다루지 않으니 이단이나 사이비 집단들이 이 책을 집중적으로 다루기 시작했다는 것이다. 우리의 신앙에서 현세의 소명에 충실한 것이 중요하다. 그러나 미래의 소망이 약화된 신앙은 자칫 현세 중심적 기복신앙이 되기 쉽다. 중세 교회가 지나치게 내세를 강조해서 현세를 등한시했다면 현대 교회는 지나치게 현세를 강조하여 내세를 등한시한다. 건전한 신앙은 현세와 내세의 균형과 조화가 필요하다고 본다면 오늘날의 교회는 내세의 소망을 강화할 필요가 있다. 이런 불균형으로 인해서 발생하는 일차적인 문제는 정통교회가 종말론을 잘 다루지 않으니 교인들이 영적이며 내세적인 차원을 많이 잃어버리게 되었다는 것이다. 오늘날 많은 교인들은 내세에 대한 확신과 기쁨이 사라져 버렸기 때문에 영적인 갈급함을 느낀다. 어떤 교인들은 이것을 찾아서 이단으로 가게 되었다. 이런 이유들로 해서 이단과 사이비 집단들이 사람들을 끌어당기고 있다.

개신교 전체의 이런 분위기를 생각해 볼 때 교회에서 요한계시록을 바르게 해석해 주어야 할 필요를 느낀다. 그래서 교인들이 균형 잡힌 내세 신앙을 가질 필요가 있다. 교회사적으로 볼 때 현대는 이런 변화가 필요하다.

제2장

서사적 해석

1. 네 가지 해석법과 서사적 해석

요한계시록은 오랜 교회 역사 동안 다양한 방법으로 해석되어 왔다. 이 책이 난해하다 보니 해석법에 대한 논란이 많지만, 학문적으로 계시록을 해석하는 방법은 주로 아래의 네 가지이다. 아래에서는 이 네 가지 해석법을 간략하게 소개한다.

1) 과거적 해석 방법: 이는 20-22장을 제외하고는 유대인의 파멸과 로마 멸망을 통해서 다 이루어졌다는 해석 방법이다. 이 해석에 의하면 요한계시록의 예언은 과거의 사건, 인물과 배경이 들어 있는 과거의 이야기이다. 그러나 이 예언이 정경으로 받아들여진 것은 이것이 과거의 예언으로 끝난 것이 아니고 오늘을 사는 우리들에게 들려주는 교훈이 된다는 견해이다. 이 해석은 요한계시록이 가지고 있는 미래적, 예언적 측면을 약화시킨다.

2) 역사주의적 해석방법: 요한계시록에 나오는 내용들은 역사를 통해서 반복적으로 계속 일어나고 있다는 입장이다. 이 해석방법으로 여러 가지 재미있는 주장들이 많이 나타났었다. 예를 들어 히틀러, 나폴레옹, 칼 마르크스, 레닌 등이 적그리스도로 해석되기도 했다. 이 견해를 신봉하는

사람들 중에는 유럽이 적그리스도, 중국이 적그리스도라고 생각하는 사람도 있다. 그러나 이 해석방법은 자의적이고 주관적인 성격이 강해서 많은 해석자들로부터 지지를 받지 못하고 있다.

3) 상징적 해석방법: 이 해석방법은 요한계시록의 이야기들이 상징적인 영적 원리에 불과하다고 주장한다. 이 책의 모든 일을 영적 상징적으로 일어나고 있는 일로 이해한다. 우리는 항상 투쟁해야 한다고 보는 입장이다. 이 해석 원리에 따르면 요한계시록은 오늘날 우리들에게 들려주는 메시지가 많다. 그런데 이 해석 원리를 지나치게 강조하다 보면 신비주의적이고 내세지향적인 해석을 불러올 위험성을 안고 있다. 그리고 알레고리적 미시적 해석으로 개개의 상징이나 환상에 지나치게 상세한 해석들을 덧붙여 이 책의 중심 메시지를 잃어버리게 한다.

4) 미래적 해석방법: 이 해석 방법은 요한계시록의 4장 이후의 부분은 모두 다 미래에 일어날 일들을 예견하고 있다는 입장이다. 이 책에는 두 가지 시간관이 들어 있다. 하나는 연대기적(크로노스)적 시간이고 다른 하나는 영적이며 상징적인(카이로스) 시간이다. 요한계시록은 전자의 시간도 들어 있지만 후자의 시간관이 지배적이다. 미래적 해석의 문제는 요한계시록의 시간을 전자의 시간관으로 해석하고자 하는 것이다. 그래서 그릇된 시간관에 기초한 수없이 많은 그릇된 예언이 교회적으로 사회적으로 문제를 불러오는 원인이 되어 왔다.

이상의 해석법 외에도 교리적 해석도 있고 신학적 해석도 있다. 교리적 해석은 어떤 특정한 교단의 교리의 체계와 틀에 맞추어서 해석하는 방법이다. 신학적 해석은 신학이라는 학문적 방법으로 접근하되 특히 묵시문학의 배경을 강조한다. 이런 해석법들은 각기 장단점들을 가지고 있다. 이런 다양한 해석법들이 제시됨에 따라 요한계시록 해석은 상세하고 복잡해지면서 일반 독자들에게는 마치 실타래에 얽힌 실뭉치처럼 전체 내용을 풀어내는 실마리를 찾기 어렵다. 서사적 해석은 이 해석의 실마리를 요한계시록 전체 내용이 이야기로 구성되어 있다는 점에 착안하여 그 내용을 이야기로 풀어 보고자 하는 방법이다. 그래서 어느 한 해석법만으로 전체 요한계시록을 해석할 때에는 여러 가지 문제점들이 따른다. 이 책에서 채택한 서사적 해석법은 어느 한 해석법을 고수하기보다는 이상의 해석 원리의 기초가 되는 텍스트(본문)를 텍스트 중심으로 온전하게 읽어내는 방법이다. 어느 한 해석 원리를 주장하기 전에 그 해석의 대상인 이야기 텍스트의 이야기, 즉 텍스트의 서사성을 먼저 읽어내고자 하는 해석 방법이다. 말하자면 이 해석은 해석의 대상인 텍스트를 텍스트 그 자체로 먼저 읽어 보고자 하는 것이다.

요한계시록은 미래의 일들을 예언하고 있지만 이 예언은 미래를 점치는 것보다는 독자들의 현재적 신앙의 위기를 극복하는 것이 주된 목적이라는 주장이 점차 인정을 받기 시작하고 있다. 서사적 해석자들은 이 책을 전체적으로 일관성 있는 하나의 이야기로 풀어갈 수 있다고 주장한다. 문학 장르로 보면 이 책은 세 가지 장르, 편지, 예언, 묵시로 이루어져 있다. 요한계시록 1장에 보면 이 책의 내용이 예언이라고 되어 있으며 곧 이어서 편지가 등장한다. 4장 이후로는 묵시로 이루어져 있다. 이 두 가지를 간단하게 구별하기는 어렵지만, 예언은 보통 역사상에서 일어날 일에 관해서이고 묵시는 역사를 초월한 천상의 세계에서 일어날 일을 다룬다. 묵시와 예언을 엄격하게 구분하는 것은 전통적인 해석에 불과하다. 최근의 연구에 따르면 예언과 묵시는 엄격하게 구분하기 어렵다. 그리고 서신도 결국 이야기의 한 부분에 포함될 수 있다. 영화를 보면 편지로 시작하는 이야기가 있다. 그래서 요한계시록 전체를 하나의 일관성 있는 이야기로 볼 수 있다. 이 책에는 일곱 교회에 보내는 편지가 있고 천상의 세계를 묘사하는 이야기도 있는데 종전에는 이 둘을 분리시켜 독립적으로 해석해왔다. 그러나 최근에는, 요한계시록 해석의 대표적 학자들 중의 한 사람인 보링(M. E. Boring)의 견해처럼, 편지와 이야기를 연결시키면서 편지를 이야기 전개의 한 방식이나 일부분으로 해석할 수 있다고 본다.[1)]

요한계시록은 시작이 있고 절정이 있으며 끝이 있는 긴 이야기로 기록되어 있다. 이 이야기에는 등장인물들이 나오고 사건들이 일어나며 배경이 바뀌면서 진행된다. 그리고 이 이야기를 청자들에게 효과적으로 전하기 위해서 해설자가 등장하고 각가지 수사학적인 기법들이 사용되고 있으며 저자가 전하고자 하는 관점 또는 성경적 신학적 메시지가 뚜렷하게 들어가 있다. 특히 이 이야기는 평범하고 단순한 이야기가 아니고 청자들이나 독자들에게 강력한 상상력을 불러일으키는, 그래서 현실의 세속화 유혹과 박해를 극복해 나갈 수 있는 힘을 가진 극적이고 우주적인 드라마 같은 이야기이다. 최근의 요한계시록 연구에서는 청자들의 마음에 지울 수 없는 상상력을 불러일으키는 언어의 상징적이며 환상적인 힘과 그 영향력을 밝히고 있다.[2)]

이 이야기에서 주된 등장인물인 예수 그리스도는 장면에 따라서 각기 다른 모습으로 나타나서 하나님께서 위임한 역할을 수행하고 있다. 때로는 두려운 인자 같은 분으로, 때로는 희생되신 어린 양의 모습으로, 또 때로는 이제 막 태어난 아기의 형상으로, 그리고 짐승을 파멸시키는 백마 탄 전사로서 나타나 전체 이야기를 박력 있고 숨 가쁘게 이끌어 간다.

주된 사건은 우주적 심판의 주체이신 예수 그리스도와 그 심판에 저항하고 막으려는 용과 짐승들, 그리고 그들을 따르는 땅위의 왕들과 장군들 사이에 치열하고 끈질기게 전개된다. 등장인물들과 사건들은 신비스럽고 놀라운 천상의 세계와 타락한 땅위 그리고 무시무시한 지하 세계에 이르는 우주 전체의 배경 속에서 장엄하고 역동적으로 벌어진다. 그리고 인물들과 사건들 그리고 배경의 상호작용을 통해서 저자가 간절하게 전하고자 하는 예수 그리스도의 메시지가 아름다운 찬양들과 무서운 징벌들, 그리고 이 모든 투쟁과 환난을 지난 후에 아름답고 찬란하게 펼쳐지는 새 예루살렘과 낙원의 모습을 통해서 청자들과 독자들의 마음과 영혼 속

1) M. E. Boring, "Revelation" in *The New Testament Today*, M. A. Powell, ed. (Louisville, W. J. Knox Press, 1999), 140.

2) 위의 책, 139, 140.

에 감동적으로 다가오도록 구성되어 있다.

요한계시록에 나오는 많은 찬양들을 실제로 1세기 초대교회에서 사용되었던 찬송가들이었다. 서구의 예술사를 보면, 요한계시록이 예술가들과 작가들에게 불멸의 영감을 준 경우가 많음을 알 수 있다. 헨델의 오라토리오 메시아 중의 할렐루야 합창이나 미켈란젤로의 로마 시스티나 성당의 최후의 심판, 시인 단테 외 밀턴의 작품들, 작가 클루니 버나드의 황금성 예루살렘 등이 여기에 속한다.

서사적 해석은 계시록 본문을 명제 신학의 텍스트로 보기 전에, 즉 본문에서 신학적 교리적 진리와 교훈을 찾기 이전에 이야기에서 나타나는 삶의 역동적, 총체적 세계를 먼저 밝히고자 한다. 지·정·의와 영성으로 구성된 삶과 신앙의 통합적 측면은 어떤 신학적 메시지와 교리보다 이야기로 읽어 내기가 쉽다. 이것은, 사도행전에 나타나 있는 것처럼, 메시지가 있기 이전에 환상이 있어야 하는 것과 같다. 본문이 전하고자 하는 메시지나 교훈은 영적 세계의 체험이 우선되어야 하는데 이 영적 체험은 이야기로 풀어내는 것이 가장 효과적이다. 서사적 해석은 영적인 체험을 담고 있는 이야기를 먼저 일정한 서사적 방법으로 풀어냄으로써 그 이야기가 독자들의 삶에 적용되도록 하는 해석 방법이다. 다음에는 서사적 해석의 기초가 되는 서사(narrative)에 관해서 간략하게 설명한다.

2. 서사란 무엇인가?[3)]

1) 서사의 구성요소

요한계시록의 텍스트는 이야기체 또는 서사(narrative)로 기록되어 있

3) M. A. Powell/ 이종록 역, 『서사비평이란 무엇인가?』(대한예수교장로회 총회교육부편, 2002); D. F. 톨미/ 이상규 역, 『서사학과 성경 내러티브』(기독교문서선교회, 2008) 참조.

다. 이야기는 3대 요소인 등장인물(character), 사건(event)과 배경(background)으로 구성되어 있다. 그런데 이야기가 길어지고 복잡해지면 이야기의 일관성이나 흐름의 맥을 유지하기 위해서 일정한 논리나 체계가 필요하다. 이야기의 3요소들을 잘 엮어내면서 전체 이야기의 논리와 맥을 잡아주는 것을 구상(plot)이라고 한다. 구상이 있는 이야기를 서사라고 한다. 간단히 말하면 서사는 구상이 필요할 만큼 길고 복잡한 이야기라고 할 수 있다. 구상 외에도 저자의 사상과 의도를 효과적으로 전하기 위해서 여러 가지 요소들이 필요하게 되는데 이것들을 총괄해서 담론이라고 한다. 담론에는 구상(plot), 해설자(narrator), 평가관점(point of view), 수사학적 기법들(rhetorical techniques) 등이 포함된다. 저자는 해설자를 등장시켜서 이야기를 전개해 나가고 이야기의 요소들을 서로 엮어내는 구상의 기술과 수사학적 기법들을 사용하고 이 모든 것들을 통해서 자신의 가치관과 신념을 나타내고자 한다.

등장인물은 복합적인 성격을 가진 인물(round character)과 단순한 성격을 가진 인물(flat character)이 있다. 이야기에서 핵심적인 역할을 담당하는 인물들 중에는 복합적인 성격을 가진 인물들이 많고 주변적인 역할을 담당하는 인물들은 대부분이 단순한 성격을 가지고 있다. 한 인물은 그의 외모, 말, 행동, 정서와 가치관 등으로 묘사될 수 있다. 성경이야기에서는 인물의 외모에 대한 묘사가 적기 때문에 어떤 인물의 외모가 묘사되어 있다면 그것은 특별한 의미가 있는 것이다. 사건은 이야기를 이끌어 나가는 힘이라고 할 수 있다. 이것은 인과 관계에서 발생하고 갈등의 요소를 내포하고 있다. 갈등이란 서로 다른 성격, 배경, 이념, 관점 등으로 해서 일어난다. 이 갈등으로 해서 사건이 발단되어 이야기의 일정한 틀에 따라서 이야기가 진전되어 간다. 이야기는 서서히 그 갈등이 심각해지면서 절정에 이르고 어떤 계기로 점점 그 갈등이 해소되어 가다가 서서히 종결되게 된다.

배경에는 시간적, 공간적, 정치 경제 문화적 배경이 있다. 성경 이야기에서는 이 배경이 특별히 중요하다. 왜냐하면 성경의 배경은 현대 독자들의 배경과 판이하게 다른 것들이 많기 때문이다. 예를 들면, 시간적 배경에서 현대인들은 연대기적, 인간적 시간(크로노스, chronos)에 길들여져 있는 반면, 성경에는 상징적, 유형론적, 기념적, 영적 혹은 하나님의 시간(카이로스, kairos)이 지배적이다. 종말론을 다루는 요한계시록에서 이 구분은 매우 중요하다. 그릇된 종말론은 주로 이 사실을 분명하게 인지하지 못해서 일어나는 문제이다. 말하자면, 성경에서는 카이로스적 시간을 말하는데 그릇된 종말론자들은 성경에서 부지런히 크로노스적 시간을 찾고자 한다. 예수께서도 이것을 경고하고 계시고(막 13:32f.) 베드로후서(3:8)에서도 이것을 지적하고 있다. 공간적 배경에서도 성경적 공간과 현대적 공간 개념이 서로 다르다. 현대인들은 물리적, 지리적, 폐쇄적 공간개념에 익숙한 반면, 성경의 인물들은 영적, 관념적, 개방적 공간 개념을 가지고 있다. 성경이야기에서 정치, 경제, 문화적 배경은 많은 연구를 필요로 하는 분야이지만 주로 구약성경, 1세기의 유대교, 묵시문학, 그레코-로만 문화와 영지주의적 배경을 이해하는 것이 중요하다.

재미있게 그리고 효과적으로 메시지를 전달하기 위해서 저자는 여러 가지 수사학적 기법들을 사용한다. 여러 가지 기법들이 있지만, 요한계시록에서 자주 사용되는 기법들은 주로 반복, 대조, 비교, 절정, 전환, 삽입 등의 기법이다. 반복은 동일하거나 유사한 요소들을 되풀이하는 것이고 대조는 서로 다른 것을 비교해 보이는 것이고 비교는 비슷한 것을 묶어서 보여주는 것이다. 이야기의 흐름에서 정도가 약한 것에서 최고조에 이르는 것을 절정이라 하고 이야기의 방향이 바뀌는 것을 전환이라 하며 이야기의 중간에 다른 이야기가 끼어드는 것을 삽입이라 한다. 그리고 드라마에서 자주 사용되는 세부묘사 기법, 카타르시스(감정정화) 기법들도 나타난다. 이외에도 계시록에는 인과관계의 설명과 구체화 기법, 복선 등 여러 가지 수사학적 기법들이 사용되어 있다.

2) 서사의 중요성과 기능

필자의 주위를 살펴보면 언뜻 보기에는 평범하고 순탄한 삶을 살아온 것 같은 사람들도 그 삶의 이야기를 들어보면 그 삶 속에서 겪었던 갈등과 내면적 투쟁은 높이와 깊이를 가름할 수 없을 정도로 복잡하고 다양하다는 사실을 발견하고 놀란 적이 한두 번이 아니다. 그분들 한분 한분의 삶은 마치 드라마 같은 삶이고 그의 이야기는 그 드라마의 주역으로서 이야기와 같이 마음을 감동시킨다.

TV의 연속극이나 영화에는 조역들이 많이 있지만, 인생에는 개개인 모두가 자기 삶의 주역이다. 현대인들의 삶에서 이렇게 다양하고 복잡하고 처절하며 변화가 격심한 이야기들이 많다는 점은 그 삶을 조명하고 변화시켜야 할 성경도 이야기로서 읽혀야 할 필요성과 가능성을 높여 준다. 성경을 이야기로서 읽을 수 있을 때 그 성경은 나의 삶과 긴밀한 접촉점을 갖게 되고 성경의 이야기가 나의 삶의 이야기로 들릴 수 있다.

요한계시록을 이야기로서 읽을 때 이 이야기가 처음 읽히고 듣던 초대 신앙공동체 개인들의 갈급함과 바람, 두려움과 환희 등이 담겨 있는 그들의 삶의 현장을 생생하게 느낄 수 있다. 이야기의 중요성에 대해서 피터슨(E. Peterson)은 다음과 같이 말하고 있다.

> 우리가 우리의 삶을 기술하려 할 때, 또 실은 중대하지만, 겉으로는 대수롭지 않아 보이는 일에 주목하고자 할 때, 우리의 행동과 감정에 특유의 질감을 더해주는 색깔과 모양과 냄새의 미묘한 차이를 음미하고자 할 때, 또 직장과 가정에서 갖는 만남과 관계에 일관성을 부여하고자 할 때, 그리고 이웃과 역사 가운데서 우리의 정확한 자리를 발견하고자 할 때 우리가 사용할 수 있는 가장 좋은 방법은 바로 이야기다. 이야기는 예리하고 새로운 세세한 것들을 묘사하기 좋아한다. 그러나 동시에 이야기는 그 모든 세세한 일들 이면에 깔린 눈에 쉽게 띄지 않는 의미와 목적과

뜻 등을 발견하고 드러내 주기도 한다. 이야기 속에서는 사소한 일과 커다란 일 둘 다 똑같이 중요하게 대우받고 쉽게 동무가 되어 서로 연결되어 있다.[4)]

피터슨의 말처럼 이야기는 "이웃과 역사 가운데서 우리의 정확한 자리를 발견하고자 할 때 우리가 사용할 수 있는 가장 좋은 방법"이다. 이야기는, 그래서, 혼란스럽고 위기의 때에 자아 정체성을 발견하게 하고 유지 강화시켜 준다. 요한계시록 독자들은 로마 제국의 막강한 힘과 황제 숭배의 강한 압력, 그리고 이방 문화의 유혹 속에서 자신이 누구인지 그리고 어떻게 살아야 하는지를 이 이야기를 통해서 알게 되었다. 이 이야기는 개개인의 자아를 확인시켜 줄 뿐 아니라 공통된 신앙 고백을 통한 공동체를 형성시켜 주었다. 요한을 지도자로 한 일곱 교회 교인들은 이 이야기를 기초로 해서 공동의 연대의식을 갖게 되었고 시련의 때에 공동체를 통해서 환난과 유혹을 이겨나갈 수 있는 힘을 얻었다. 또한 요한계시록 이야기는 힘과 권력, 그리고 거짓 종교와 문화가 판을 치는 세상에서 갖가지 고통과 슬픔을 당한 자들이 이 이야기를 들음으로써 그 심령이 위로받고 상처가 치유되는 놀라운 경험들을 하게 되었고, 이로 인해 이 이야기 공동체는 온갖 핍박과 시련 속에서도 성도들에게 건강한 심령을 유지할 수 있게 해주었다.

요한계시록 이야기가 가지고 있는 힘은 성경이 가지고 있는 영적, 계시적 능력으로서 개인뿐 아니라 가정과 사회 그리고 민족과 세계를 변화시켜 왔고 지금도 변화시키고 있는 힘이다. 이 역사적 사실은 혼미스럽고 타락한 현 세상을 새롭게 하실 수 있는 하나님의 능력을 증거하는 것이고 성도들에게 꺼지지 않는 희망을 불러일으켜 준다. 특별히 이 책에 담긴 환

4) Eugene H. Peterson/이종대 역, 『다윗: 현실에 뿌리박은 영성』(*Leap Over a Wall*) (서울: IVP, 1999), 14.

상과 예언과 꿈은 성도들의 심령이 위로받는 쉼터이고 그들의 심령을 새롭게 하는 메시지가 샘솟는 샘물이다. 이 책을 이야기로 읽게 되면 종전의 해석이 단편적이고 개별적이며 세부적인 구절들에 얽매여 전체를 보지 못하는 폐단을 고칠 수 있다. 이 책을 일관된 이야기로 읽게 되면 개별적인 나무들뿐 아니라 전체적인 숲도 바라볼 수 있게 한다.

이야기는 그 자체가 하나의 생명체와 같아서 스스로 살아 움직이며 변화하는 생명력을 가지고 있다. 요한계시록은 이야기로서 읽히고 들려질 때 그 이야기를 듣고 읽는 개개인에게 독특하고 생명력 있는 경험을 하게 한다. 이 전체 이야기를 단락 단락별로 끊어서 읽게 되면 비록 그 단락에서 주요한 신학이나 교리 또는 메시지를 발견했다 하더라도 그것은 저자의 원 의도를 곡해한 것이 될 수 있다.

요한계시록을 일관된 이야기로 읽기 위해서는 몇 가지 설명이 필요하다. 이 책을 읽다 보면 일관된 이야기가 중간에 끊어지는 경우가 있다. 하나의 이야기가 진행되다가 갑자기 다른 이야기로 들어오는 경우가 있다. 이야기를 하다가 어떤 설명이나 전환이 필요하면 딴 곳으로 이야기가 갔다가 되돌아오곤 한다. 이것을 삽경 또는 간막극(interlude)이라 부르는데 이야기 중간에 끼어 있는 이야기이다.

재담꾼들(storytellers)은 듣는 사람들을 유심히 살핀다. 자신이 하고 있는 이야기가 청중들에게 먹혀들어가고 있는가를 살핀다. 서투른 재담꾼들은 자기 이야기하기에 바빠서 듣는 사람들을 신경 쓸 겨를이 없지만, 전문적인 이야기꾼들은 듣는 사람들을 항상 살핀다. 청중들이 이야기를 듣는 것 같은데 재미없어 하면, 톤을 높이거나, 독특한 제스처를 취하거나 때로는 주제를 바꾸면서 청중들의 관심을 다시 끈다. 설교를 할 때에는 교인들이 어떤 상태에 있는가를 꿰고 있어야 한다. 교인들이 피곤해하고 지치면 주제를 바꾸거나 톤을 바꾸거나 이야기 방식을 바꾸어서 메시지를 전해야 한다. 이것이 수사학인데 설득의 기술이다. 전문적인 이야기꾼들은 이런 기술을 가지고 있어야 한다.

이야기에는 이야기 자체의 상황도 있고 듣는 사람의 상황도 있다. '일곱 인'이나 '일곱 나팔'처럼 유사한 내용이 계속 나타나서 듣는 사람들이 지루하다 싶을 때 다른 이야기들이 나온다. 이야기에서는 이야기하는 사람이 듣는 사람들의 눈치와 관심을 본능적으로 읽을 수 있어야 한다. 서사적 해석에서는 이야기를 하는 사람이 청자들이 어떤 상황에 있으면서 무엇을 긁어주기를 원하는가? 무엇을 갈급해하는가?를 정확하게 이해해야 한다. 이 책에서 이 부분을 다루는 이유는 요한계시록의 저자가 이런 수사학적 기법들을 자주 사용하고 있기 때문에 그것을 이해하는 것이 본문을 바로 읽는 데 중요하기 때문이다. 다음에서는 이야기를 이야기로 읽는 간략한 이론과 방법을 소개한다.

3) 서사적 읽기

이야기 해석을 다루는 서사비평에 따르면 작품 속에서 듣는 사람을 내재적 독자(implied reader) 혹은 내포독자라고 한다. 이 내재적 독자는 작품 속에서 만날 수 있는 독자로서 내재적 저자(implied author)가 이 독자가 자기 작품을 읽을 것이라고 상상하고 있는 독자이다. 내재 혹은 내포라는 말을 쓰는 이유는 이 저자나 독자는 작품 속에서 발견할 수 있는 저자나 독자라는 뜻이다. 이 말은 우리가 작품을 반복적으로 읽다 보면 우리의 마음속에 저자가 '이런 사람이구나' 하는 느낌이나 이미지를 가질 수 있는데 독자의 마음속에 떠오르는 이 저자를 내재된 저자 혹은 내포 저자라고 부른다. 다시 말하면 내재적 혹은 내포 저자는 작품 속에서 만날 수 있는 암시된 저자이다. 내재된 혹은 내포 독자도 그 작품 속에서 전제되어 있거나 포함된 또는 만날 수 있는 상상의 독자이다. 서사비평은 본문 중심의 해석 방법으로서 본문 속에서 저자와 독자를 찾을 수 있다고 보고 이 독자와 저자의 입장에서 작품을 읽고 해석하는 것이 그 작품을 가장 잘 해석할 수 있는 방법이라 생각한다. 이 책에서는 별도의 표시가 없는 한 저자나 독자는 바로 이 내포 저자나 독자를 의미하는 것으로 전제한다.

요한계시록의 내포독자는 유대 그리스도인들이 중심이 되고 이방인 그리스도인이 포함된 공동체에 속해 있다. 유대인이라고 해도 팔레스틴에 있는 본국에서 사는 베드로나 야고보 같은 유대인이 있고 본국을 떠나서 멀리 혹은 가까이 다른 민족들 사이에 이주해서 살았던 바울이나 실라 같은 디아스포라 유대인이 있었다. 같은 유대인이라고 해도 이들은 본국에 사는 유대인들과 여러 가지 점에서 달랐다.

요한계시록의 내포 독자는 성전과 율법뿐 아니라 구약 성경의 중요한 이야기들과 예언들에 익숙해져 있었다. 특히 유월절과 출애굽기의 이야기는 유대인들이 매년 지키는 유월절 절기의 주요 부분이다. 독자들은 마음속에 있는 이 이야기들과 예언들을 배경으로 해서 이 책의 이야기를 읽고 그것들의 배경하에서 이해하게 된다. 예를 들면, 사탄을 옛 뱀이라 할 때 그 뱀은 에덴동산에서 하와를 유혹하던 그 뱀을 연상하게 되며 바벨론 파멸에 대한 얘가는 에스겔 선지자를 통해서 말씀하신 두로에 대한 심판과 그 파멸에 대한 얘가와 관련지어 듣게 된다. 그래서 이 책을 바로 읽기 위해서는 본문의 배경이 되는 구약의 이야기와 예언을 이해하는 것이 필요하다. 물론, 요한계시록의 이야기는 구약성경 외에 묵시적 환상들과 주제들이 많이 담긴 위경과 외경과의 관련이 있지만, 이 책에서는 구약성경에 초점을 맞추고자 한다.

저자나 독자가 속해 있었던 디아스포라 유대 그리스도인들의 세계를 바로 이해하는 것이 요한계시록을 바로 읽는 첩경이다. 이들은 그리스도 안에서 이방인들의 구원을 믿지만 그래도 유대인의 선민사상을 가지고 있고 오랫동안 율법을 지켜왔다. 그들은 성전 예배와 제사 의식을 잘 알고 있었으며 그들의 절기, 특히 유월절을 지켰으며 믿지 않는 다른 유대인들과 인근 지역에 살면서 갈등을 경험하고 있었다. 이 책의 재앙들은 유대인들이 매년 니산월 유월절 절기에서 이야기 형식으로 되풀이하는 애굽에서의 10대 재앙들의 배경을 이해해야 한다.

그래서 이 책에서는 구약성경과 유대교의 독특한 개념들, 상징들, 새로운 예루살렘, 성전과 같은 것이 생생하게 나타난다. 요한계시록이 기록된 시대는 흔히 기원후 90년대로 도미티안 황제 말기로 본다. 기원후 66년에 1차 유대-로마 전쟁이 일어나 기원후 70년에 유대인들이 생명처럼 아끼는 성전이 파괴되고 많은 유대인이 살육을 당하고 예루살렘이 함락되었다. 그때 살아남은 많은 유대인은 현재의 터키인 소아시아 지역으로 피난 갔었다. 기독교이든 아니든 유대인들은 성전이 파괴된 아픔에서 벗어날 길이 없었다는 것이다. 이때는 성전파괴로 인해서 유대인들의 고통이 너무나 컸던 시기였다. 이 성전을 파괴하고 유대인들을 살육했던 로마가 언제 망할 것인가? 언제 하나님께서 그들을 심판하실 것인가? 요한계시록을 바로 이해하려면 독자들의 이 절박한 심정을 느낄 수 있어야 한다.

문자적으로 교리적으로 요한계시록을 읽는 독자들은 그런 것을 지나치기 쉽다. 이 책은 유대인들이 사모하고 소중히 여겼던 성전이 무너지고, 사랑하는 사람들을 잃었던 사람들이 하나님의 공의를 애타게 기다리던 이야기이다. 그래서 이 책에는 로마 제국의 상징인 바벨론이 멸망하는 장면이 상세하게 기록되어 있다. '우리를 그렇게 괴롭히던 로마가 망했다.' 이렇게 한 줄로 끝내면 응어리가 풀리지 않는다. 하나님의 공의를 확실히 느끼기 위해서는 자세하고 정밀하게 그 장면을 묘사할 필요가 있다. 그렇게 함으로 그동안 하나님에 대해서 이해할 수 없었던 아픔이 풀리기 시작하면서 찬양이 흘러나오고 감동이 된다. 독자들로 하여금 그렇게 되게 하는 것이 요한계시록 저자의 궁극적 목적이다.

그들은 이방 나라들의 정치적 경제적 영향력 아래 있으면서 황제 숭배의 위협을 당했다. 황제 숭배 외에도 다신교의 문화 속에서 여러 가지 이방 신들과 동양의 비밀(밀의) 종교들의 영향도 받았다. 이런 환경 속에서 다른 신들과 문화에 동화되지 않고 예수 그리스도에 대한 충성을 지켜나간다는 것이 결코 쉬운 일이 아니었다. 요한계시록 해석에서 최근 주목을 받기 시작한 교회의 세속화 문제는 동화되기 쉬운 이런 황제 숭배와 이

교의 종교적 문화적 영향을 이해해야 한다.

많은 사람이 요한계시록에 접근할 때, 지구가 언제 종말을 맞이할 것인가에 관심을 가지지만 이 책을 처음 쓰고 들었던 사람들의 강렬했던 아픔에는 관심이 없다. 오늘날의 이방 그리스도인들은 '성전이 파괴되었으면 파괴된 것이지'라고 생각하고 별로 느낌이 없다. 유대인들에게 성전이라는 것은 꿈에도 그리던 아름답고 고귀한 곳이며 자신들의 삶의 모든 것이 담긴 곳이다. 이방 그리스도인들이 계시록을 해석하면서 유대인들이 가졌던 이러한 정서와 고통과 열망을 상실했다. 세월이 흐르면서 이 책을 읽는 사람들의 관심은 지구 종말로 바뀌었다. 세계 질서가 무너져가고 있다는 느낌이 강해지거나 예측할 수 없는 시대가 되면 많은 사람이 이 책에 관심을 가진다. 언제가 지구의 끝이냐? 천년왕국이 언제이냐? 이러한 관심들과 태도는 적어도 원저자와 독자의 일차적이고 지배적인 의도나 관심에서 벗어난 것이다. 서사적 읽기는 내포독자와 내포저자의 관점과 정서로 텍스트를 읽는 방식이다.

예를 들면, 저자가 인물의 외모나 사건의 상황을 세부적으로 묘사하는 것은 청자들로 하여금 어떤 느낌이나 정서를 가지도록 하기 위한 것이다. 그래서 경외감, 두려움, 혐오감, 가증스러움, 환희, 수치스러움, 분노, 감격 등 세부 묘사 뒤에 유발되는 정서가 무엇인지를 살펴보는 것이 중요하다.

이런 상황을 전제로 하면 요한계시록의 일차적 목적은 지구나 인류의 종말에 관한 것이 아니라 핍박과 세속화로 위기를 겪고 있는 신앙공동체의 결속을 위한 것이다. 이 말은 요한계시록이 지구나 인류의 종말과 무관하다는 것이 아니다. 인류는 죄악을 회개하지 않으면 결국 종말을 맞이하게 될 것이다. 그러나 이런 종말 이전에 구원의 진리를 담지하고 있는 신앙공동체가 위기를 맞게 될 것이다. 그리고 이 위기는 물리적 힘에 의한 핍박 때문이기도 하지만 그것보다 더 무서운 것은 종교적 문화적 영향에 의한 세속화이다.

그러면 서사적 읽기는 독자들에게 어떤 유익이 있는가? 어떤 텍스트를 읽더라도 독자는 일종의 읽기 체험을 할 수 있다. 이 독서 체험은 여러 가지가 있을 수 있지만, 그것을 두 가지로 정리해 볼 수 있다. 그 하나는 이 체험을 문자화해서 기억할 수 있는 메시지, 교훈, 정보, 사상 등을 취득하는 것이다. 이 체험을 통해서 독자는 많은 지식과 정보를 얻을 수 있다. 또 다른 하나는 독서를 통해서 언어로 표현할 수 없는 이미지, 상징, 느낌 등을 체험하는 것이다. 이 체험은 언뜻 보기에 쉽게 기억에서 사라져 버릴 것 같지만 예상외로 오랫동안 우리의 뇌리에 살아 움직인다. 서사적 읽기는 첫 번째 체험도 배제하지 않지만 두 번째 체험을 더 중시하는 읽기다. 왜냐하면, 이 읽기가 일차적으로 우리의 삶에 쉽게 접근할 수 있고 변화가 많은 우리의 삶에 적응력이 높다는 사실 때문이다.

우리의 삶이 계속 변화하기 때문에 이 삶에 구체적으로 적용될 수 있는 이야기도 고정된 틀과 의미를 가지기보다는 유연성이 있는 이미지로서 각인될 때보다 오랫동안 기억될 수 있다. 브룩스(Brooks)는 연극에서 이미지의 중요성과 효과에 대해서 아래와 같이 적고 있다.

> 사건은 하나의 개요, 취향, 흔적, 냄새가 있는 한 편의 그림으로 기억 속에 각인되었다. 여전히 남아 있는 것은 그 연극의 중심 이미지 곧 실루엣이다. 이것은 연극의 의미가 될 것이고, 말해야 하는 핵심 요소가 될 것이다. 수년이 지난 후 한 가지 뚜렷한 연극적 경험을 회고해 볼 때, 나는 나의 기억 속에 한 가지 핵심이 되는 것이 새겨져 있는 것을 발견한다.－나무 아래 서 있던 두 명의 방랑자와 짐수레를 끌고 가던 한 늙은 여인, 춤추고 있던 한 사람의 사관, 지옥의 소파에 앉아 있던 세 사람－ 혹은 때때로 형상보다 더 깊은 흔적이다. 나는 그 의미를 정확히 기억할 수 있으리라는 희망을 갖지는 않는다. 그러나 그 요점으로부터 일련의 의미들을 재구성할 수는 있다.[5]

5) P. Brooks, *The Empty Space* (New York : Avon, 1968), 124.

결국, 비언어적 이미지는, 그것이 연극에서 왔던 이야기 읽기 체험에서 왔던, 한번 우리의 심령에 각인이 되면, 언어적 메시지보다도 더 오래 기억될 수 있고 또 우리의 삶에 지속적으로 영향을 미칠 수 있다. 이야기 읽기에서 텍스트와 독자 간의 상호 작용으로 이미지, 상징, 형상이나 느낌이 창출되는 것은 일종의 문학적 효과이지만 성경 이야기에서는 성령의 사역과 밀접한 관련이 있다.

3. 성경서사의 독특성

요한계시록의 서사는 일반 서사의 구성 요소와 특징과 기능을 가지고 있지만, 일반 서사와는 다른 독특한 면을 가지고 있다. 그 이유는 이 서사는 서사이긴 하지만 일반 서사와는 구분되는 성경서사이기 때문이다. 요한계시록은 성경의 일부분으로서 정경의 권위를 가지고 있는데 그것은 이 서사는 다른 성경과 같이 성령의 감동을 입은 저자들이 기록하였기 때문이다. 저자 요한은 이 책의 메시지를 "주의 날에 내가 성령에 감동되어" (계 1:10) 받았다고 증언하고 있다. 그래서 요한계시록 서사는 일반 서사처럼 허구적 서사가 아니라 역사성을 가진 참된 환상의 서사이다. 그래서 미니어(P. S. Minear)가 잘 지적한 것처럼 저자가 성령의 감동을 입어 기록한 것처럼 독자나 청자도 성령의 감동을 입고 분별의 은사를 가질 때 이 이야기를 올바르게 이해할 수 있다.[6)]

요한계시록의 독자나 저자는 모두 하나님의 공의로운 심판과 보상을 믿고 있으며 그것이 이루어지는 때도 하나님께서 가장 적절하다고 판단되는 때에 이루어질 것이라고 굳게 믿고 있다. 즉 하나님의 심판은 하나님의 카이로스적 시간에 이루어질 것이다. 그 이루는 방식도 전지전능하시

6) P. S. Minear, *New Testament Apocalyptic* (Abingdon, 1981), 33ff.

고 길이 참으시고 회개하기를 사랑의 마음으로 기다리는 하나님의 관점에서 이루실 것이라고 믿는다. 그래서 요한계시록의 서사는 성경 전체의 구원 역사의 관점에서 읽혀야 한다. 요한계시록 이야기는 하나님께서 천지를 창조하시고 사람을 창조하신 그 후부터 끊임없이 계속되는 구원의 이야기와 깊은 관련을 가지고 읽혀야 한다. 요한계시록에서의 하나님의 심판은 성경의 다른 책들에서 찾아볼 수 없는 전혀 생소한 주제가 아니다. 성경을 전체적으로 볼 때 하나님의 심판과 구원 계획은 그 모든 내용의 중심에 자리 잡고 있다. 프라이(N. Frye)가 이 점을 잘 지적하고 있다. "… 근본적인 전제로 전체 성경은 모형론적 단위, 단일한 원형적(archetypel) 구조, 창조로부터 계시까지의 연장을 가지고 있어야 한다. …"[7)]

요한계시록의 이야기는 창조의 이야기와 그리고 그 하나님의 아름다운 창조가 죄로 인해 훼손되고 타락한 이야기, 그리고 그 죄악을 제거하고 원래의 창조를 회복하시고자 하는 하나님의 원대한 구원사의 틀 안에서 읽혀야 한다.[8)]

성경 안에는 짧고 긴 이야기들이 수없이 많이 들어 있다. 긴 이야기로 말하면, 아브라함의 이야기, 다윗의 이야기나 예수 그리스도의 이야기 등이 있다. 이런 긴 이야기는 다윗의 이야기처럼 몇 권의 책들에 기록되어 있기도 하고 예수 그리스도의 이야기처럼 단권에 기록되어 있기도 하다. 짧은 이야기를 단편 이야기라 한다면 이런 이야기는 장편 이야기라 할 수 있다. 그런데 성경에는 이런 장편 이야기보다 더 긴 이야기가 있으니 그것은 성경 전체를 하나의 이야기로 볼 수 있다는 것이다. 즉 창세기에서 요한계시록까지의 성경 전체 흐름을 하나의 거대한 이야기라 말할 수 있다. 그런데 과연 성경 66권이 하나의 이야기가 될 수 있을까? 우리가 성경을 전체적으로 하나의 이야기로 읽을 수 있을까?

---

7) D. F. 톨미, 앞의 책, 15.

8) 오우성 · 박민수, 『심령을 견고히 하는 성경이야기상담』(두란노, 2010), 80-82.

성경 66권은 저마다 독특한 배경과 내용을 가지고 있다. 이 개개의 책들은 저작시대, 저자, 메시지, 문학 장르, 내용 등이 다 다르다. 이 책들을 하나로 묶어 성경으로 받아들이지만, 이 책들을 전체적으로 상호 관련성 있게 설명하기는 어렵다. 서로 다른 점들이 너무 많고 때로는 상호 갈등과 긴장을 불러일으키는 요소들이 들어 있기 때문이다.

그러나 이런 다양성과 상이성에도 불구하고 성경은 전체적으로 통일성 있게 읽어갈 수 있도록 구성되어 있다. 다시 말하면 성경의 다양한 책들의 내용은 하나의 큰 틀이나 구도 속에서 읽을 수 있다. 이 하나의 큰 틀이나 구도가 있는지 여부는 아직도 학자들의 논쟁거리가 되고 이 큰 틀이나 구도가 무엇을 의미하느냐에 대해서도 일치된 견해가 없다. 때로는 구원사, 약속과 성취, 삼위일체의 도식 등으로 설명하는데 필자는 그중에서 구원사의 관점이 적절하다고 본다. 구원사의 관점이 적절하되 그 관점이 단순히 체계적인 신학적 메시지에 그치는 것이 아니라 이 메시지가 이야기 형식으로 기술된 것이다. 이 이야기는 구원받은 백성이 삶으로 살아낸 이야기이기 때문에 구원사 이야기라고 할 수 있다. 성경의 수많은 책은 다양한 시대, 종족, 장소, 상황을 배경으로 하여 이루어져 있지만, 성경 66권을 전체적으로 볼 때 구원의 역사를 드러내 주는 하나의 긴 이야기로 이해할 수 있다.

물론, 66권의 책 중에는 구원사의 이야기 흐름과 직접적 상관이 없는 책들이 있다. 예를 들면 성문서, 즉 시편, 잠언서, 전도서 같은 책들이다. 그러나 이 책들은 성경의 전체 이야기 흐름과 간접적인 관련을 가지고 있다. 말하자면 구원받은 백성들의 구체적 현실을 반영하고 있다는 것이다. 이렇게 보면 구원사 이야기들은 때로는 완성된 형태로 혹은 미완성된 형태로 나타나지만, 그 틀은 성경 전체이야기의 구조와 흐름과 관련을 가지고 있다. 그것이 창세기나 출애굽기 혹은, 예수 그리스도의 이야기든, 초대교회의 이야기든 아니면, 작은 수로보니게 여인의 이야기든, 탕자의 이야기든, 성경의 모든 이야기는 성경 전체의 구원 이야기와 깊은 관련을 가지고 있다.

이렇게 보면 신구약 성경은 구원의 역사를 담고 있는 하나의 거대 이야기이다. 이 이야기에는 이야기의 3대 요소인 사건, 등장인물, 배경이 들어 있다. 또한 그 이야기에는 분명한 관점이 나타난다. 하나님의 존재와 사역은 전제되어 있고 하나님의 그 사역은 분명 시작과 끝이 있으며 일정한 방향과 목적성을 가지고 있다. 전체 성경이야기에는 그 시원적 사건으로 창조 사건이 있고 이 창조의 질서가 깨어지는 결정적 사건으로 불순종과 타락의 사건이 있다. 타락의 사건은 그것으로 종지부를 찍는 것이 아니고 먼 미래에 있을 구원의 사건을 암시하며 그 사건이 예수 그리스도를 통하여 성취되며 궁극적 완성을 약속하고 있다. 등장인물에는 천상의 등장인물인 하나님, 메시야, 성령, 사단, 천사, 악한 영과 지상의 등장인물로서 아담과 하와, 아브라함, 모세, 예수 그리스도, 제자들이 있다.

이 이야기의 등장인물 중 천상의 등장인물들인 하나님, 성령, 그리스도, 사단, 천사, 악한 영들은 이야기의 시작부터 끝까지 일관되게 등장한다. 이 등장인물들은 창세기부터 구약의 전 이야기에, 그리고 신약성경의 예수 그리스도의 이야기부터 요한계시록에 이르기까지 성경 전체에 걸쳐 나타난다. 이에 반하여 지상의 등장인물들은 시대와 장소에 따라 바뀌고 있다. 이 이야기의 배경은 천상과 지상이 있고 지상은 특별히 이스라엘의 역사와 관련이 있다.

이상의 이야기 구성요소들을 가지고 창세기에서 요한계시록에 이르는 전체 성경을 하나의 이야기로 이야기해 보자.

하나님은 무의 세계에서 말씀으로 이 피조세계의 본질적이며 핵심적인 존재들을 창조하신다. 빛, 물, 식물, 해와 달, 동물들을 그 종류대로 차례로 만드셨다. 이 배경을 창조하신 후에 최종적으로 아담과 하와를 만드시고 만물을 관리하게 하시면서 창조의 질서를 세우셨다. 이 거대한 창조의 질서는 아담과 하와를 포함한 만물들이 평온함을 누리면서 살게 해주었다. 이 아름다운 에덴에서의 삶이 계속되었다. 얼마의 시간이 지났을까?

간교한 뱀이 등장하여 하와를 유혹하여 그녀와 아담은 하나님의 금지 명령을 어기고 선악과를 따먹게 된다. 이 순간부터 그렇게 평온하던 만물의 질서가 흔들리면서 하나님의 진노가 임하게 된다. 아담, 하와, 뱀은 각기 그들의 범죄에 합당한 벌을 받게 되고 그 행복하던 동산에서 추방당하게 된다. 만물은 이 사건으로 인해서 황폐하고 어둠에 사로잡히며 인간의 고통과 슬픔이 시작된다. 아담과 하와를 포함한 피조세계의 고통을 보신 하나님은 그 마음에 연민을 느끼시고 그 피조세계를 본래의 모습으로 바꾸고자 하시는 계획을 하신다. 타락한 만물 가운데 있는 인간들은 점점 그 모습이 흉악하게 변해 가는데 그러한 가운데 하나님은 피조세계의 회복을 위한 구체적 행위를 하신다. 아브람이란 한 인물을 부르신 것이다. 하나님은 이 아브람을 통해서 두 가지를 행하셨다. 그 하나는 구원의 비전을 보여주신 것이고 다른 하나는 그 비전에 따라 살아갈 자손들을 허락하신 것이다.

아브라함의 자손들 가운데서 그 구원의 비전을 실현시켜 나갈 인물들을 하나님은 계속 보내신다. 모세, 다윗, 엘리야, 이사야 등. 그러나 황폐하고 어두운 타락의 세상에 사는 이스라엘 자손들은 이들의 말을 듣는 것 같았지만 그들의 속마음은 변화가 없었다. 선지자 예레미야는 하나님이 새로운 마음을 주시고 새로운 계약을 하시리라 예언하는데 그 예언은 예수 그리스도의 오심으로 실현되었다.

하나님은 그 아들 예수를 보내시면서 "이는 내 사랑하는 아들이라." "그의 말을 들으라."고 말씀을 하셨지만, 이스라엘 사람들은 그를 죽였다. 죽임을 당한 많은 종과 달리 하나님은 그 아들을 살리셨다. 그 아들을 살리실 뿐 아니라 하나님은 성령을 보내셔서 그 아들의 일을 계속하게 하시면서 그 일을 방해하는 사단의 무리를 쫓아내시고 피조세계의 온전한 회복을 예수의 제자들을 통해서 추구하신다. 계시록의 환상으로 보여주신 그 세계에서는 하나님이 사단을 멸하시고 "보라 내가 만물을 새롭게 하노라… 이루었다."고 말씀하시면서 창조세계가 궁극적으로 회복된다.

이상은 전체 성경을 구원사의 이야기로 간략하게 꾸며 본 것이다. 물론 성경의 내용 중 이 이야기와 직접적으로 관련되는 부분도 있고 간접적으로 연관이 되는 부분도 있다. 그러나 성경의 전체 내용은 이 이야기로 요약될 수 있다. 요한계시록 이야기는 창조 이야기에서 시작되는 구원사 이야기의 마지막 이야기이다. 이 이야기는 부활하시고 승천하신 메시야 예수께서 죄악을 심판하시어 죄악과 죽음이 없는 처음의 창조세계가 회복되는 이야기이다.

4. 요한계시록의 세계

우리는 서사 상황과 내포 저자와 독자들의 이야기를 했는데, 마지막으로 중요한 것은 시대적 차이를 아는 것이다. 처음 이 책이 읽히고 들려지던 시대는 오늘 우리들의 시대와는 다른 시대이다. 어떤 면은 판이하고, 어떤 면은 비슷하다. 요한계시록의 세계에 들어가려면, 말하자면, 그 세계의 비자를 받아야 한다. 우리는 지금 요한계시록의 세계에 들어가려고 한다. 주의해야 할 점은 그 세계에 들어가서 그 세계를 여행하면서 체험하고 난 후 다시 나와야 한다는 것이다. 우리가 받는 것은 여행 비자이지 체류 비자가 아니다. 어떤 사람은 계시록 세계에 들어가서 나오지 않는 사람들이 있다. 이 사람들은 이단이나 광신도가 된다. 그들은 소위 말하면 불법 체류자들이다. 그리고 그들은 내세지향적이고 현세도피적인 열광주의자가 된다. 건전한 신앙인은 그 세계에 들어갔다가 거기에서 나와서 현실에 충실해야 한다.

요한계시록 세계의 대사관에서 여행 비자 인터뷰를 할 때 심사관은 다음과 같은 이야기를 할 것이다. 계시록 세계에 들어오기 위해서는 여러 가지 많은 주의 사항들이 있지만, 다음 세 가지를 꼭 유의해야 한다. 첫째는, 당신의 나라는 문자가 주된 커뮤니케이션의 시대이다. 우리 세계는 부끄럽지만 글자를 못 읽는 세계이다. 글자를 못 읽기 때문에 보는 것에 의존하지 않고 듣는 것에 의존한다. 그러니까, 시각 문화가 아니라 청각 문화이다. 우리 세계 사람들은 문자로 기록을 못 하니 마음속에 그 내용을 심겨주기 위해서 여러 가지 방법을 사용한다. 구전 문화에서는 청각으로 기억하게 하기 위해서 여러 가지 방법을 많이 쓴다. 예를 들면 반복을 하거나 대조시키거나 비교를 하면 기억을 쉽게 할 수 있다. 그래서 요한계시록을 보면 청각시대 사람들이 기억을 할 수 있게 하는 구전 이야기 기법이 많이 사용된다.

둘째는, 우리 세계에서는 추상적이고 관념적인 논리보다는 사건들이 연결되어 있는 일화적 스토리로 그 메시지가 전달되었다. 구전 문화권에서는 추상적인 개념이나 용어보다는 사건중심의 짧은 이야기나 일화들이 더 효과적이다. 그래서 이 짧은 이야기들이나 일화들이 구슬처럼 꿰어져서 이야기가 진행된다. 일화나 사건들의 배열은 반드시 연대기적인 시간 구성을 따르지 않는 경우가 많다. 이것은 이야기의 효과를 높이기 위해서 때로는 과거로 돌아갔다가 갑자기 미래로 들어가는 경우도 있다. 이야기의 효과를 높인다는 것은 청중들로 하여금 그 이야기 세계에 몰입하도록 유도하여 그 세계 속에서 여러 가지 개인적인 경험들을 하거나 메시지를 얻어서 어떤 변화를 일으키는 것을 말한다.

이 일화적 사건들은 요한계시록에서 자주 나타나는 현상으로서 연대기적인 시간인 과거, 현재, 미래의 순으로 배치되어 있지 않고 극적인 효과를 높이기 위해서 회상이나 예상과 같은 기법을 사용한다. 그리고 저자나 재담가는 청자들을 이야기 세계 안으로 자연스럽게 참여시켜 그 세계를 경험하게 하고 거기서 실제적 교훈과 삶의 변화를 추구한다. 특별히 요한계시록 저자가 이야기의 이런 속성을 잘 이해하고 활용하고 있다.

셋째는, 우리 세계의 상징들, 은유들, 숫자들, 그리고 환상들을 이해해야 한다. 현대인들에게는 생소하고 난해한 상징들이 우리 세계 사람들에게는 친숙한 것임을 이해해야 한다. 우리 세계에서는 현대인들이 사용하지 않는 상징, 각종 이미지, 영상, 숫자들이 많이 나온다. 예를 들면, 7이라는 숫자가 가장 많이 나오는데, 7의 의미는 일곱이라는 계량적인 의미도 있지만, 그보다도 더 중요한 의미는 완전이라는 의미이다. 왜냐하면 우리 세계에서 7은 4면으로 되어 있는 땅과 하늘, 땅 위 그리고 땅 아래의 3층으로 되어 있는 공간의 합이 7이기 때문에 7은 온전한 우주 전체를 의미한다. 일곱 인이라고 하면 완전히 봉인되어 있기 때문에 '전혀 비밀이 새지 않도록 봉인이 되었구나.'라고 생각해야 한다. 두루마리가 일곱 인으로 봉인되었다는 것은 전혀 아무도 알 수 없는 비밀이라는 의미가 내포되어 있다.

요한계시록에는 또한 상징, 이미지와 숫자가 나올 뿐 아니라, 기괴한 짐승, 동물, 식물, 각종 보석, 음향 등이 등장한다. 요한계시록에는 각종 향이 연기처럼 올라가고 피비린내 나는 전쟁의 참상과 각종 색깔의 보석들이 찬란하게 빛을 발한다. 여러 가지 소리와 음향이 어우러져 나오기 때문에 현대 4D 작품을 연상할 정도이다. 그런 것들이 우리의 이미지 속에서 살아 느껴져야 한다. 그래서 서사적 읽기에서 중요한 것은 상상의 세계 속에서 살아 움직이는 이미지와 느낌이다.

기본적으로 이상의 사실들을 염두에 두면 요한계시록을 해석하기가 수월해진다, 이상에서 언급되지 않은 것들도 많이 있다. 예를 들면, 이 책을 기록할 때에는 아라비아 숫자가 없었기 때문에 문자로 숫자를 나타냈다. 이것은 고대 히브리어나 헬라어 모두 마찬가지이다. 그래서 고대 세계에서는 모든 이름이나 문자는 쉽게 숫자로 바꿀 수 있었다. 예를 들면 666이라는 숫자는 문자의 의미를 나타낸다.

한 가지 꼭 유의해야 할 사실은 요한계시록의 환상과 상징을 이미지로 해석해야지 그것을 알레고리적으로 해석해서는 안 된다는 것이다. 알레고리적 해석을 한다는 것은 상징이나 이미지의 세세한 부분까지 어떤 영적 혹은 사실적 의미를 부여하고자 하는 것이다.[9] 예를 들면, 일곱 머리와 열 뿔을 가진 짐승을 보자. 알레고리적 해석은 짐승의 일곱 머리와 열 뿔에 역사적 사실이나 사건을 근거로 일일이 어떤 의미를 부여하는 것을 말한다. 서사적 해석에서 더 중요한 것은 일곱 머리와 열 뿔을 가진 그 짐승의 이미지를 상상해 보고 느끼는 것이다. 상상해 보라. 짐승의 일곱 머리가 각기 제멋대로 움직이는 모습은 어떤 느낌을 줄까? 그 머리들이 서로 꼬일까? 그 괴물은 징그럽기도 하지만 무섭기도 하다. 머리 여섯 개가 사라지고 하나만 있어도 그 괴물은 살아 있다. 그 짐승은 죽은 것 같아도 산다. 이 짐승이 하나님 없는 인간의 제국을 상징한다. 우리는 상징의 세부적인 의미보다는 전체 이미지를 먼저 살려야 한다. 요약하면, 서사적 해석은 텍스트에서 어떤 교훈이나 교리 또는 메시지를 찾기 전에 해석의 대상이 되는 텍스트 자체를 먼저 이야기로서 충실하게 읽는 방법이다.

9) P. S. Minear, *New Testament Apocalyptic* (Abingdon, 1981), 93.

제3장

요한계시록 이야기 구조와 흐름

이 장에서는 요한계시록의 세부적인 단락별 해석을 하기 전에 먼저 이야기의 전체 구조와 그 흐름을 살펴보고자 한다. 새삼 강조하듯이 요한계시록은 일관성 있는 하나의 이야기이기 때문에 오늘날의 독자는 이 책의 전체 이야기 구조와 흐름에 익숙해져야 한다.

1. 이야기 구조

1:1-1:8 서언
1:9-3:22 인자 환상과 일곱 교회 편지들
4:1-5:14 보좌와 어린 양
6:1-7:17 일곱 인과 인침
8:1-9:21 여섯 나팔들(경고성 재앙)
10:1-11:14 회개의 권고
11:15-13:18 일곱 번째 나팔과 불법한 자의 나타남
14:1-16:21 심판 최종 예고와 일곱 대접 재앙

17:1-19:10　바벨론 멸망과 어린 양의 혼인 잔치
19:11-20:15　최후의 심판
21:1-22:5　새 하늘과 새 땅, 그리고 새 예루살렘 성
22:6-22:21　결어

요한계시록 이야기의 전개에서 일곱 인과 일곱 나팔 그리고 일곱 대접의 관계를 도식화하면 다음과 같다.

- 두루마리의 일곱 인
  - 첫째 인
  - 둘째 인
  - 셋째 인
  - 넷째 인
  - 다섯째 인
  - 여섯째 인
    - 삽경: 십사만 사천 명 인침
  - 일곱째 인
    - 첫째 나팔
    - 둘째 나팔
    - 셋째 나팔
    - 넷째 나팔
    - 다섯째 나팔
    - 여섯째 나팔
      - 삽경: 예언자와 두 증인
    - 일곱째 나팔
      - 삽경: 용과 여자
      - 두 짐승과 어린 양
      - 첫째 대접
      - 둘째 대접
      - 셋째 대접
      - 넷째 대접
      - 다섯째 대접
      - 여섯째 대접
      - 일곱째 대접
      - 바벨론 멸망 환상

2. 이야기 흐름

먼저 해설자가 등장하여 이 계시는 예수 그리스도의 계시임을 밝히고 이 계시가 천사들을 통하여 종 요한에게 주어졌음을 말한다. 요한은 그가 보고 들은 것을 증거하는 증거자로서 예수 그리스도의 명령에 의해서 일곱 교회에 편지하게 된 것과 그가 곧 오실 것임을 분명한 어조로 강조한다.

종 요한은 주의 날에 성령의 감동하심을 입어 인자 같으신 예수 그리스도를 환상 중에 만나게 된다. 인자 같으신 그분의 모습이 자세하게 묘사되어 있으며 그분의 명령에 따라서 요한은 소아시아에 있는 일곱 교회에 편지를 보낸다. 주님은 세상을 심판하시기 전에 먼저 교회를 살피신다. 왜냐하면 교회는 세상의 빛이기 때문이다.

이 일곱 교회 중 박해와 곤핍한 중에서도 믿음을 잘 지켜나가는 서머나 교회와 필라델피아 교회에게는 칭찬과 위로, 그리고 보상의 약속이 주어진다. 그러나 믿음 가운데서 선한 싸움을 싸우지만, 세속화되어 가거나 이단을 용납하여 우상숭배와 음란의 죄를 범하는 에베소 교회, 버가모 교회, 두아디라 교회와 사데 교회에 대해서는 칭찬과 회개하라는 경고가 함께 주어진다. 마지막으로, 스스로 부유하다고 자만하는 라오디게아 교회에 대해서는 오직 책망과 징계의 말씀만이 주어진다. 그러나 책망과 징계는 사랑하기 때문이라는 사실이 강조되고 회개하여 주님과 더불어 먹는 축복을 약속한다.

이 일곱 교회에 보내는 메시지에 공통적으로 등장하는 문구는 아래의 두 가지이다. 첫째, "귀 있는 자는 성령이 교회들에게 하시는 말씀을 들으라."는 명령이다.(2:7, 11, 17, 29; 3:6, 13, 22) 둘째는 "이기는 그"에게는 각가지 다양한 축복의 약속이 주어진다는 것이다.(2:7, 11, 17, 26; 3:5, 12, 21) 주님께서 여러 가지 축복을 약속하신 것은 그 교회가 겪고 있는 어려움을 어찌하든지 극복하기를 간절히 원하신다는 것이다. 일곱 교회에 동일하게 일곱 번에 걸쳐서 같은 말씀이 주어진다는 것은 성령님께 귀 기울이는 것과 핍박과 세속화를 이기는 것이 그만큼 중요하다는 사실을 거듭 강조하고 있다. 이 두 가지는 계시록 메시지의 핵심이라고 할 수 있다.

이 일 후에 요한은 다시 성령의 감동을 입고 천상의 세계로 초청을 받게 된다. 하늘나라에는 그 중앙에 신비스러운 보좌가 보이며 그 주위에 이십사 장로들과 일곱 영들과 네 생물들이 끊임없이 하나님을 찬양하는 장면이 보인다.

이 천상 세계의 묘사에서 초점은 하나님의 오른손에 들려 있는 두루마리로 옮겨진다. 이 두루마리는 철저하게 일곱 인들로 봉인되어 있어서 하늘과 땅 위나 땅 아래의 그 누구도 펴볼 수가 없게 되어 있다. 이 두루마리의 비밀은 오직 어린 양에게만 허락되어 있는데 어린 양이 이 두루마리를 취하자 온 하늘과 땅에서 찬양이 우렁차게 울려 퍼진다.

어린 양이 일곱 인들로 봉인된 두루마리의 인을 하나씩 하나씩 떼어 나가면서 미래에 일어날 일들에 대한 징조들이 나타난다. 이 징조들은 믿는 자들로 하여금 깨어 있으라는 경고가 된다.(막 13장, 종말 담론 참조) 처음 네 인들을 뗄 때 순서대로 흰색, 붉은색, 검은색, 그리고 청황색 말이 등장하는데 이 말들은 종말 때 일어날 일들을 상징한다. 곧, 세상을 미혹하는 거짓 메시야의 등장과 그 뒤를 따르는 잔혹한 전쟁과 기근과 죽음이 나타난다. 이 징조들은 예수께서 말씀하신 종말 담론(막 13장)과 연결되어 있다.

다섯째 인을 뗄 때 제단 아래 있던 순교자들의 '어느 때까지 기다려야 합니까?' 하는 탄원이 들려온다. 순교자들의 탄원은 하나님의 심판을 재촉함으로 여섯째 인을 떼실 때 뒤에 일어날 우주적 심판 재앙의 간략한 청사진을 보여주신다. 여섯째 인은 미래에 일어날 일을 미리 보여주는 예견적 환상의 성격을 띠고 있다. 이 심판의 환상 속에서 순교자들을 괴롭히던 땅의 모든 강한 자들이 고통을 당하는 모습이 뚜렷하게 보인다.

이제 마지막으로 일곱째 인을 떼게 되는데 이것은 하나님의 재앙 심판이 본격화되며 구체화되는 단계이다. 이 재난의 과정에서 믿는 자들은 어떻게 될 것인가? 이 질문에 대한 답이 7장의 십사만 사천 명의 인침이다. 하나님의 백성을 이마에 인을 침으로써 그 재앙에서 보호하시고자 하는 주님의 배려가 나타난다. 이 십사만 사천 명은 믿는 유대인 12지파에서 12,000명씩 뽑은 숫자인데 요한계시록은 구원의 반열에서 유대인의 우선성을 강조하는 책이다. 사도 바울도 환난이나 곤고가 있어도 먼저는 유대인이고 그다음이 이방인이며 영광과 존귀가 있어도 먼저는 유대인이요 그다음이 이방인이라고 말한다.(롬 2:9, 10) 유대 그리스도인들 뒤에 각 나라 족속에서 구원받은 이방 그리스도인들이 하나님을 찬양하면서 등장한다.

일곱째 인을 떼게 되자 전체 두루마리의 심판과 구원 계획이 온전히 드러나게 된다. 이것은 일곱 나팔들로 시작하는 경고성이며 부분적 재앙들과 일곱 대접들을 통해서 내려지는 본격적이고 전체적인 심판의 재앙과 구원 계획이다. 처음 네 나팔들이 차례대로 불리면서 땅, 바다, 강, 그리고 해, 달과 별의 3분의 1에 대한 타격이 시작된다. 이 재난이 내리면서 인침을 받지 않은 불신자들은 큰 고통을 당하게 된다.

다섯째 나팔이 불리면서 밑바닥이 없는 암흑의 구덩이에서 무섭고 강한 힘과 독성을 가진 황충이 쏟아져 나와서 사람들을 괴롭힌다. 그날에는 하나님의 인침을 받지 못한 사람들이 고통으로 죽기를 간구해도 죽을 수 없을 정도의 고난을 당하게 된다. 그다음에 여섯째 나팔이 불리는데 강력하고 수많은 마병대가 들이닥쳐 불신자들의 3분의 1이 죽임을 당하게 된다. 그런데 놀라운 사실은 이토록 혹독한 고통을 당하지만 살아남은 사람들은 회개하지 아니한다는 것이다.

이제 남은 마지막 일곱째 나팔이 있는데 이 나팔이 불리면 전면적이며 결정적인 심판인 일곱 대접들의 심판이 시작된다. 그런데 이 결정적 나팔을 불기 전에 하나님은 불신자들에게 회개의 기회를 주시고자 한다. 처음에 하나님은 요한에게 힘센 천사를 보내어 심판 예언의 두루마리를 취하게 하여 많은 백성과 나라와 왕들에게 예언하도록 하신다. 두 번째는 하나님께서 두 증인을 보내셔서 백성들에게 증언을 하도록 하시는데 백성들은 그 증인을 괴롭게 여기다가 무저갱에서 나온 짐승에게 그 증인들이 죽임을 당하는 것을 보고 기뻐한다. 두 번에 걸친 회개의 권면에도 불구하고 백성들이 회개하지 않게 되면서 결국 마지막 결정적 재앙의 심판이 내리게 된다.

이제 하나님의 공의로운 심판이 바야흐로 막 시작하려는 순간에 놀랍게도 하나님의 뜻에 도전하는 세력들이 두각을 드러내기 시작한다. 처음 장면에서 하나님의 공의를 집행하는 대리인으로서 메시야가 하늘의 신비스러운 모습을 한 여인을 통해서 태어나려고 한다. 그런데 태어나려는 아이를 삼키려고 무섭고 강한 용으로 상징되는 사탄이 입을 벌리고 있다. 메시야를 탄생시키려는 여인과 그를 죽이려는 용의 절박하고 극적인 갈등이 묵시적, 우주적 상징들로 묘사되고 있다. 이 갈등은 창세기 3:15에서 하나님께서 예언하신 여자의 후손과 뱀 간의 태곳적 갈등을 연상시킨다.("내가 너로 여자와 원수가 되게 하고 네 후손도 여자의 후손과 원수가 되게 하리니 여자의 후손은 네 머리를 상하게 할 것이요 너는 그의 발꿈치를 상하게 할 것이니라.")

용은 메시야를 해산하려는 여인을 추격하여 그 여인을 죽이려고 하는데 그 여인은 용을 피하여 광야에서 숨는다. 천사장 미가엘이 이 용과 싸워서 용을 하늘에서 쫓아낸다. 하늘에서 쫓김을 당한 용은 분기가 충천하여 땅으로 내려온다. 땅에 내려온 용은 자신을 추종하는 두 마리의 짐승과 그들을 따르는 백성들을 동원하여 하나님께 대적한다. 이 두 마리의 짐승은 바다에서 나온 짐승과 땅에서 올라온 짐승이다. 바다에서 나온 짐승은 머리가 일곱이요 뿔이 열 개인 용과 같은 모습을 하고 있으며 용에게서 권세를 위임받아 놀라운 기적을 행하여 사람들을 미혹한다.

이 짐승은 로마 제국과 그의 화신인 황제들, 특히 잔인한 네로 황제 같은 적그리스도를 상징하고 있다. 잘 알려진 666이라는 숫자는 바로 네로 황제를 지칭한다. 이에 비해서 땅에서 올라온 짐승은 그 모양이 어린 양과 같지만 두 개의 뿔을 가지고 있는데 놀랍게도 그는 용과 같이 하나님을 모독한다. 이 땅의 짐승은 바다 짐승으로부터 권세를 받아 바다 짐승을 우상으로 경배하도록 백성들을 미혹한다. 이 땅의 짐승은 로마 황제를 우상으로 숭배하도록 백성들을 미혹하는 거짓 선지자들을 상징한다. 이 땅의 짐승은 백성들에게 바다 짐승을 경배하도록 하고 경배하는 자들에게 이마와 오른손에 짐승의 표를 준다. 그리고 누구든지 이 표가 없으면 매매를 못 하게 한다.

짐승의 표를 받은 많은 사람이 있는 반면에 다른 편에서는 이와 대조적으로 시온산에 어린 양이 서 있고 이마에 어린 양과 아버지의 이름이 쓰인 십사만 사천 명이 하나님을 찬양하는 모습이 등장한다. 하늘에서 찬양이 울려 퍼지는 가운데 세 천사들이 나타나서 마지막 심판에 대한 최후의 준비 작업을 한다.

첫 천사는 만국에 전파될 영원한 복음을 선포하고 두 번째 천사는 바벨론의 멸망을 예고한다. 세 번째 천사의 메시지는 요한계시록의 핵심적 메시지 중의 하나이다. '즉 짐승과 그 우상에게 경배하지 말고 짐승의 표를 받지 마라. 이 일로 해서 박해를 받고 혹 순교의 위험이 따르더라도 끝까지 믿음을 잃지 마라. 왜냐하면 순교에는 그 대가가 있기 때문이다.' 그 후에 전면적 심판과 구원 계획이 곡식 추수와 포도 추수라는 상징들로 묘사된다.

이 모든 일 후에 결국 마지막 재앙인 대접 재앙이 시작되는데 하늘에서는 이 심판을 고대해온 믿는 백성들의 찬양이 울려 퍼진다. 하나님의 진노가 가득 담긴 첫 번째 대접이 짐승의 표를 받고 우상에게 경배한 자들에게 쏟아진다. 강력한 대접 재앙이 제일 먼저 짐승의 표를 받고 우상숭배한 자들에게 떨어진다는 사실을 기억해 둘 필요가 있다. 두 번째 대접이 바다에 쏟아지니 바다의 모든 생물이 죽는다. 세 번째 대접은 강과 물 근원에 쏟아지니 물이 피가 된다. 네 번째 대접은 해에 쏟아지니 해가 권세를 받아 사람들을 태운다. 다섯 번째 대접은 짐승의 왕좌에 쏟아지니 사람들이 심한 고통을 당하게 된다. 그 고통에도 불구하고 사람들은 회개치 아니한다. 여섯 번째 대접은 유브라데 강에 쏟아지는데 강이 말라 전면적 타격을 줄 왕들이 침공할 수 있게 되면서 용과 두 짐승의 거짓 영들이 백성들을 미혹하여 최후의 전쟁을 위해서 아마겟돈으로 백성들을 모은다. 마지막 대접을 쏟으니 큰 지진이 나서 바벨론과 만국의 성들이 무너진다.

이 단락에서 해설자는 청자들의 욕구를 잘 간파하여 그렇게도 성도들을 괴롭히던 바벨론이 멸망하는 것을 보다 상세하게 설명해 준다. 이렇게 함으로써 청자들은 그들 속에 있던 두려움과 증오, 그리고 무엇보다도 하나님의 공의에 대한 갈급함을 속시원하게 풀 수 있게 된다.

해설자는 청자들에게 먼저 궁금했던 바벨론의 정체부터 분명하게 설명해준다. 바벨론은 사치가 극에 달하고 만국을 음란하게 만드는 자색 옷을 걸친 음녀로 묘사되는데 놀라운 것은 이 음녀가 붉고 기괴한 짐승을 타고 있다는 것이다. 이 짐승이 붉은 것은 성도들의 피에 취했기 때문이라고 한다. 이 음녀는 그 짐승과 함께 하나님을 모독하고 성도들을 박해해 왔다. 그리고 모든 나라를 음란의 잔으로 취하게 만들었다.

그런데 놀라운 사건이 발생하게 된다. 그것은 이 음녀를 태우고 있던 짐승이 그 음녀를 죽이고 그 시체를 불사르는 끔찍한 일이 일어난 것이다. 이것은 무엇을 말하는 것일까? 여기에 등장하는 상징들을 풀어보면, 먼저 그 음녀는 일곱 산과 많은 물 위에 앉아 있기 때문에 분명하게 로마 시를 지칭하는데, 보다 구체적으로는 로마 시의 수호신인 로마 여신을 말한다. 그녀가 타고 있던 짐승은 로마 여신을 숭배하던 로마 제국, 그리고 무엇보다도 그 제국의 지도자인 황제를 의미한다. 그 황제들 중에서도 특히 네로와 같이 스스로를 신이라 자칭하여 모든 백성으로 하여금 자신을 경배하도록 한 인물이다. 그러니 결국 이 사건은 황제들이 전통적인 숭배의 대상인 로마 여신을 폐위시키고 자신들을 모든 백성의 숭배의 대상으로 강제

하게 되는 일련의 사태를 상징적으로 묘사한 것이다. 이러한 역사적 사건을 배경으로 할 때 이 상징적인 사건을 가장 잘 해석해 낼 수 있다.

바벨론의 정체와 갈등을 묘사하고 난 뒤 해설자는 그 제국의 멸망과정과 참상을 보다 상세하게 설명한다. 이 제국은 지중해 연안의 국가들을 식민지로 삼음으로써 그 식민지들로부터 막대한 재화와 각종 진귀한 물품들을 상납받고 활발한 무역 거래도 하였다. 황실과 귀족들에게 진귀한 상품들을 공급하는 대상인들과 선주들이 또한 부를 향유하게 되었다. 이런 구조로 인해 로마 제국의 황실과 귀족들은 막대한 부와 사치를 누리는 대신에 하층 계층과 노예들의 삶은 빈곤의 극치를 이루었다. 그래서 로마는 빈부의 격차가 격심해지고 가난한 사람들의 고통은 가중되었다.

이 바벨론이 심판을 받아 불타며 멸망해가는 것을 보고 땅의 왕들과 대상인들이 놀라며 탄식한다. 이 장면에서 불타며 연기가 자욱한 바벨론을 멀리서 바라보며 두려움에 휩싸이는 사람들의 모습이 역력하게 그려져 있다. 이런 가운데 하늘에서는 하나님의 공의로운 심판을 찬양하는 노래가 울려 퍼지고 어린 양의 혼인 잔치가 성대하게 열리게 된다. 이 잔치는 어린 양이신 예수 그리스도께서 주빈이 되시고 믿음을 지킨 모든 성도가 초청을 받는다. 성도들을 그토록 괴롭히던 제국이 하나님의 공의에 따라 심판을 받으면서 성도들은 이제 안도의 한숨을 내쉬고 어린 양의 잔치에서 기쁨과 안식을 마음껏 누리게 된다.

그 일 후에 하늘에서는 만왕의 왕이시요 만주의 주이신 그리스도께서 하늘 군대를 이끌고 위세 당당하게 등장하신다. 이에 맞서서 짐승과 땅의 왕들과 군대들이 전쟁을 일으키지만, 그 짐승이 사로잡혀서 유황 불못에 던져진다. 그 후에 천사가 내려와서 남아 있는 용을 잡아 천년 동안 무저갱에 집어넣고 단단히 봉인한다.

용이 갇히고 짐승이 사라진 평온한 천년 동안 순교자들과 짐승의 표를 받지 아니한 성도들이 부활하여 그리스도와 함께 다스리는 축복을 누린다. 이때의 부활이 첫 번째 부활로서 이 부활에 참여한 사람들에게는 더 이상 죽음이 없는 축복이 주어진다.

천년이 지난 후에 용이 잠시 놓이는데 이때 용은 다시 땅의 사방에서 하나님을 적대하는 백성들(곡과 마곡)을 모아 하나님을 대적하나 하늘에서 불이 내려와 그들을 태운다. 용은 사로잡혀 불과 유황이 타는 못에 던져짐으로 온 하늘과 땅은 평화와 기쁨을 되찾는다. 온 세상을 공의로 심판하신 후 하나님께서 흰 보좌에 앉아 이제까지 죽은 모든 자를 부활시켜 생명책에 기록된 대로 심판하신다. 이것이 두 번째 부활이요 전면적 총체적 심판이다. 생명책에 기록된 사람들은 영생을 누리고, 기록되지 못한 자들은 불못에 던져진다.

이 일 후에 새 하늘과 새 땅이 보이고 새 예루살렘 성이 하늘로부터 내려온다. 하나님께서 이 성에 들어갈 수 있는 사람들에게 위로의 말씀과 축복의 약속을 주신다. 눈물과 고통과 죽음이 다 지나가고 영생을 누리는 하나님의 자녀가 된다. 그다음에는 그곳에 들어갈 수 없는 사람들을 엄격하게 규정하신 후에 새 예루살렘 성을 종 요한에게 상세하게 보여주신다.

그 성은 하나님의 영광으로 보석같이 맑고 아름다우며 열두 지파의 이름이 기록된 열두 문과 열두 사도들의 이름이 새겨진 열두 기초석으로 되어 있다. 이 성은 네모반듯하며 크고 넓으며 그 성곽은 벽옥으로 만들어져 있고 그 성은 맑은 정금으로 되어 있다. 그 성의 기초석은 열두 보석들로 꾸며져 있고 하나님의 영광이 가득하여 해와 달이 필요 없고 성전이 없다. 그 성에는 수정같이 맑은 생명수의 강이 흐르며 생명나무의 열두 가지는 달마다 열매가 맺히어 만국을 치료한다. 하나님과 어린 양의 보좌가 그 중앙에 있으며 구원받은 백성들은 항상 하나님을 바라보며 세세토록 기쁨으로 섬길 것이다.

이 모든 계시와 환상을 다 보여주신 후에 예수께서는 성령과 신부와 더불어 다시 한 번 그 종을 통하여 청자들에게 구원의 확신을 심어준다. 이 계시와 환상은 참되기 때문에 때가 가까워서 곧 실현될 것이다. 그래서 성도들은 말씀을 붙들고 끝까지 믿음을 지키며 악한 자들을 경계해야 한다. 이 예언의 말씀은 온전하기 때문에 이에서 더하거나 빼거나 해서는 안 된다는 것을 강조하고 인사말로 끝맺는다. "주 예수의 은혜가 모든 자에게 있을지어다. 아멘."

이상의 서사적 흐름은 아래의 구조를 가지고 있다

발단 → 전개 → 진전 → 위기 → 절정 → 해소시작 → 해소 → 종결

이 구도에 맞추어 요한계시록의 흐름을 살펴보면 인자 같은 이가 나타나서 교회에 경고와 위로를 보내고 그 후 일곱 인을 떼면서 세상의 심판에 대한 증후들을 보여준다. 그다음에 일곱 나팔을 통해서 부분적 심판이 이루어지고 결정적이며 전체적인 심판이 일곱 대접으로 가해지고 그 후 세상 타락의 장본인인 용과 짐승이 파멸된 후 만물이 새롭게 되며 새 하늘과 새 땅이 열린다.

이 서사적 흐름을 문학적 구조에 맞추어 도식화하면 아래와 같다.

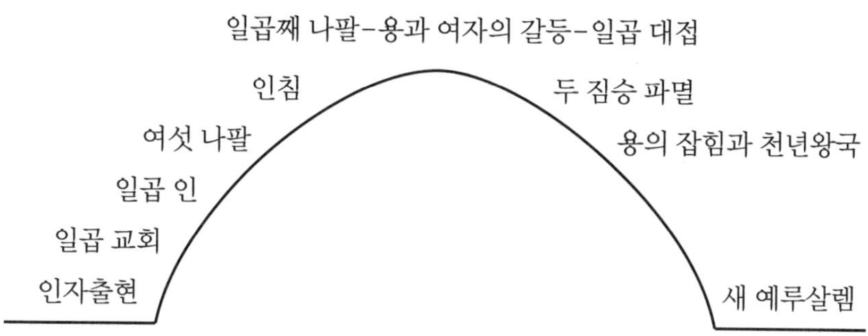

제4장

이야기 구성요소

요한계시록은 이야기로서 다음 네 가지의 구성요소로 구성되어 있다. 여기서는 이 구성요소를 간략하게 살펴본다.

1. 등장인물

먼저 요한계시록에서의 등장인물(character)을 살펴보자. 이 책에는 무수한 등장인물이 나타나지만, 그중에서 주요 등장인물은 예수 그리스도와 짐승과 용이다.

예수 그리스도는 여러 가지 모습과 형상으로 나타난다. 성경에서는 일반적으로 등장인물의 외모나 외적 형상에 대해서는 무관심한 데 반하여 요한계시록에서는 이 묘사가 자세하고 다채롭게 되어 있다. 사복음서가 있지만 예수 그리스도의 모습이나 외모에 대한 묘사가 한 곳에서도 나타나지 않는다는 사실을 상기해 보면 알 수 있다. 예수 그리스도는 이 책에서 여러 가지 모습으로 나타나는 다중 역할(multiple cast)을 하고 있는데, 이 모습은 그 장면이나 상황에서의 그의 역할과 관련이 있다. 크게 보면 다음의 네 가지로 묘사되어 있다. 인자 같은 분, 어린 양, 막 태어난 아이, 백마 탄 전사.

이야기의 서두에서 인자 같은 이는 밧모 섬에 있는 요한에게 나타났다. 그분의 모습은 요한으로 하여금 죽은 자 같이 되도록 무섭다. "촛대 사이에 인자 같은 이가 발에 끌리는 옷을 입고 가슴에 금띠를 띠고 그의 머리와 털의 희기가 흰 양털 같고 눈 같으며 그의 눈은 불꽃 같고 그의 발은 풀무불에 단련한 빛난 주석 같고 그의 음성은 많은 물소리와 같으며 그의 오른손에 일곱 별이 있고 그의 입에서 좌우에 날선 검이 나오고 그의 얼굴은 해가 힘있게 비치는 것 같더라."(1:13-16) 그러나 그분이 요한에게 하신 첫 말씀은 "두려워하지 말라."는 것이다. 그분은 요한에게 일곱 교회에 보낼 편지의 내용을 명료하게 일러 주셨다.

요한이 하늘로 불림을 받은 후 천상의 세계에서 하나님의 보좌 앞에서 만난 그리스도는 죽임을 당한 것 같은 어린 양의 모습이다. 그는 보좌와 네 생물들과 장로들 사이에 서 있는데 그에게 일곱 뿔과 일곱 눈이 있는데 이 눈들은 온 땅에 보내심을 받은 하나님의 일곱 영이다. 그 어린 양이 보좌에 앉으신 분의 오른손에서 두루마리를 취할 때 하늘과 땅과 온 우주가 그분을 찬양한다. 결국 그리스도는 하나님의 구속 계획을 제단에 희생된 어린 양과 같이 십자가의 죽음으로 이루신 분으로 그 구원의 역사를 끝까지 이루실 분이다. 이 어린 양은 일곱 인을 하나씩 떼시면서 구원의 비밀을 열어 보이신다. 이 일 후에 이 어린 양은 시온 산에 서서 짐승의 표를 받지 아니하고 어린 양의 이름과 아버지의 이름을 받은 십사만 사천 명과 함께 새 노래를 부르며 하나님의 심판을 찬양한다. 이 어린 양은 후에 모든 성도를 초청하여 큰 혼인잔치를 베풀며 하나님의 공의의 심판을 찬양하며 기뻐한다.

그리스도의 가장 짧은 역할은 이제 막 태어난 아이로 묘사되는데 그는 장차 철장으로 만국을 다스릴 남자로서 그는 태어나자마자 하나님 앞으로 올림을 당한다.(12:5) 그러나 이 아이를 해산한 여인은 용으로부터 계속 추격을 당하고 위협을 느끼게 된다.

그 후 예수 그리스도는 백마를 타고 나타나는데, 그 눈은 불꽃 같고 그 머리에는 많은 관들이 있고 또 이름 쓴 것 하나가 있으니 자기밖에는 아는 자가 없고 또 그가 피 뿌린 옷을 입었는데 그의 이름은 하나님의 말씀이다. 그가 희고 깨끗한 세마포 옷을 입은 백마를 탄 하늘의 군대를 거느리고 하나님의 심판을 집행한다. 그의 또 다른 이름은 만왕의 왕이요 만주의 주이다. 그의 최종적인 사역은 땅의 임금들과 그 군대들을 거느린 짐승과 거짓 선지자를 잡아 산 채로 유황 불못에 던지는 것이다.

이 일 후에 그리스도는 용이 잡혀 천년 동안 결박당할 동안 첫째 부활에 참여한 성도들과 함께 만국을 다스리게 된다. 그 후 그는 결어 부분에서 성도들에게 권면의 말씀과 경고의 말씀을 하시며 속히 오시리라는 약속과 함께 교회들을 위하여 심판의 증언을 하신다. 이상과 같은 예수 그리스도의 다양한 모습들과 사역을 보면 서두에서 이 계시가 예수 그리스도의 계시라고 한 사실을 다시 한 번 확인하게 된다.

두 번째 주요인물로 짐승이 등장하는데, 이 짐승은 두 종류이다. 하나는 바다에서 나오는 기괴한 모습을 한 짐승이요 다른 하나는 어린 양의 모습을 하고 땅에서 올라오는 간교한 짐승이다. 첫 번째 짐승은 이야기의 중간 부분에서 그리스도를 낳은 신실한 신앙공동체를 상징하는 여자를 핍박하는 용의 하수인으로서 기괴한 모습을 하고 나타난다. 짐승이 나타나는 이 부분은 이야기의 절정에 해당된다. 그리스도를 탄생시키는 성도들의 공동체를 상징하는 여인을 핍박하는 용과 그 용의 하수인으로서의 짐승의 만행은 결국 성도들이 현재 겪고 있는 핍박과 유혹의 원인을 극적이며 다채로운 묘사로 드러내 보이고 있다.

용이 미가엘 천사와의 전투에서 패하여 땅으로 쫓김을 당한 뒤 분기가 충천하여 성도들과 싸우려고 바닷모래 위에 서 있는데 바다에서 기괴하고 무서운 짐승이 출몰한다. 이 짐승은 "뿔이 열이요 머리가 일곱이라 그 뿔에는 열 왕관이 있고 그 머리들에는 신성모독하는 이름들이 있다."

이 짐승은 "표범과 비슷하고 그 발은 곰의 발 같고 그 입은 사자의 입 같은데 용이 자기의 능력과 보좌와 큰 권세를 그에게 주었더라."(13:2, 3) 그의 머리 하나가 상하여 죽게 된 것 같더니 그 죽게 되었던 상처가 나으매 온 땅이 놀랍게 여겨 그를 따랐다. 이 짐승은 하나님을 모독하는 말을 하고 마흔두 달 동안 세상을 다스리는 권세를 받는다.

이 짐승은 또한 땅에서 올라오는 짐승에게 권세를 위임하여 그를 경배하게 하며 이 땅의 짐승은 거짓 선지자들로서 모양은 어린 양과 같이 생겼으나 용과 같이 말한다. 이 땅의 짐승은 바다 짐승의 우상을 만들어 경배하도록 하며 경배하지 않는 사람들은 죽이며 또 경배한 자들에게는 이마와 오른손에 짐승의 표를 해서 이 표가 없으면 매매를 못 하게 하였다.

세 번째로 등장하는 주요 인물은 용인데 이 용은 해설자의 말에 의하면 "옛 뱀 곧 마귀라고도 하고 사탄이라고도 하며 온 천하를 꾀는 자라."(12:9) 그것은 크고 붉은색을 하고 있으며 머리가 일곱이요 뿔이 열인데 그 여러 머리에 일곱 왕관을 쓰고 있다. 그 꼬리가 얼마나 힘이 센지 하늘의 별 3분의 1을 끌어다가 땅에 내던졌다. 그 용은 여자가 메시야를 낳으려고 하자 그 여자 앞에서 아이가 태어나는 것을 기다리면서 그 아이를 집어삼키려고 한다. 그 아이를 놓치자 그 용은 여자를 쫓아다니며 박해하며 그 여자를 홍수로 떠내려가게 하고자 물을 강같이 토하지만, 그것도 실패한다. 이 용은 천사장 미가엘에게 패하여 하늘에서 땅으로 내쫓기는데 분노가 가득하여 땅에 내려와 여자의 남은 자손들을 핍박하고자 바다의 짐승과 땅의 짐승과 더불어 세력을 규합한다.

그러나 이 용은 후에 천사에게 잡혀서 무저갱에 천년 동안 결박당하게 된다. 천년 후에 그 용은 잠시 풀려나서 또 왕들과 백성들을 선동하여 하나님께 대적하다가 결국 잡혀서 유황 불못에 던져짐으로 그 운명이 끝난다.

결국, 그리스도를 대적하는 무리들은 용과 바다 짐승, 그리고 땅의 짐승으로서 그 정체가 드러나게 된다. 이들의 등장으로 성도들은 그들이 겪는 시련과 유혹의 정체가 무엇인지를 분명하게 알게 된다.

당시의 독자들이 궁금해했던 것은 무서운 짐승의 정체가 아니다. 그 당시의 독자들은 현실적으로 그들을 미혹하며 박해하고 있는 그 짐승이 로마 제국이며 그 제국의 화신인 황제들이며 그중에서 특별히 잔혹했던 네로 같은 황제라는 사실은 이미 잘 알고 있다. 물론 현대의 일반 독자들은 여러 가지 기괴하고 복합적인 상징들과 이미지들의 등장과 그때와는 다른 삶의 상황으로 인해서 그 짐승의 정체를 쉽게 알 수가 없다.

그런데 당시의 독자들이 실제로 궁금해했던 것은 이 짐승이 어떻게 세상을 뒤흔드는 그런 놀라운 권세를 가지게 되었으며 그 권세가 얼마나 오랫동안 계속될 것인가, 그리고 그 권세가 어떻게 종말을 맞을 것인가 하는 점이었다. 따라서 요한계시록은 이상의 세 등장인물을 통해서 그 짐승이 가진 이 가증스럽고 무서운 권세의 근원이 무엇이며 그것이 언제까지 지속될 것이며 그 권세를 누가 어떻게 파멸시킬 것인가를 잘 보여준다.

2. 사건

요한계시록에는 장엄하고 역동적인 사건(event)들이 많이 일어난다. 그중 대표적인 것만 보더라도 그 수가 적지 않다. 나팔이 하나씩 불릴 때마다 땅, 바다, 강, 천체의 3분의 1이 뒤흔들리며 파괴된다. 그 후 무시무시한 황충의 떼와 강력한 마병대의 침공으로 무수한 사람들이 말로 형언할 수 없는 고통을 당하고 처절한 죽음을 맞이한다. 여섯 번의 나팔들이 불리고 난 뒤 일곱째 나팔이 불리면서 일곱 대접 심판이 내리는데, 이 심판은 그 정도와 파괴력이 나팔 심판에 비길 수 없을 정도로 가혹하고 철저하다. 대접이 하나씩 부어지면서 나팔 재앙에서 살아남은 자연계와 사람들이 극심한 고통을 당하고 파멸된다.

이러한 사건들은 듣기만 해도 소름이 끼칠 정도로 무섭고 잔혹하다.

이 대접 심판의 마지막 심판에는 많은 성읍이 무너져 내리는데 그중에서 초점은 큰 성 바벨론이 시뻘겋게 타오르면서 무너지는 사건에 맞추어진다. 타오르는 연기와 불기둥들을 멀리서 바라보는 왕들과 선장들과 선주들의 슬픈 노래가 듣는 사람들의 마음을 처절하게 만든다.

이렇게 크고 강력한 사건들 외에도 백마 탄 그리스도와 그의 군대들과 승과 그 군대 간의 전투, 용과 여자와의 갈등, 미가엘 천사장과 용과의 싸움 등 많은 사건이 일어난다, 이렇게 수많은 사건이 일어나고 있기 때문에 어느 것이 핵심 사건인지를 결정하기가 쉽지 않다.

사건은 인과관계를 가지고 있는데 인과관계는 대부분 갈등에서 비롯된다. 갈등이란 이념, 종교, 계층, 이해관계, 배경, 성격 등의 불일치에서 발생한다. 계시록 이야기에서는 여러 가지 갈등이 발생하는데, 미약하고 심각하지는 않지만, 그리스도와 교회 간의 불일치가 갈등이 되어 먼저 나타나며, 붉은 짐승을 타고 있는 음녀와 그 짐승 간에도 갈등이 있다. 요한계시록에서 가장 명백하게 드러나는 갈등은 심판을 수행하는 예수 그리스도와 그것을 방해하고 도전하는 용과 짐승 간의 갈등이다. 예수 그리스도와 용과의 갈등은 성도들의 신앙적 투쟁의 진원지이다. 사도 바울은 그것을 이렇게 묘사하고 있다. "우리의 씨름은 혈과 육을 상대하는 것이 아니요 통치자들과 권세들과 이 어둠의 세상 주관자들과 하늘에 있는 악의 영들을 상대함이라."(엡 6:12) 이 갈등은 결정적인 일곱 대접 심판을 불러오는 일곱째 나팔이 불리고 난 후 발생한다. 일곱째 나팔 후 바로 일곱 대접 심판이 집행되지 못하는 것은 용과 짐승들의 세력들이 집결하여 그것을 막기 때문이다.

이 용의 정체와 비밀스러운 사역에 대해서는 사도 바울이 잘 설명하고 있다.

> 너희는 지금 그로 하여금 그의 때에 나타나게 하려 하여 막는 것이 있는 것을 아나니 불법의 비밀이 이미 활동하였으나 지금은 그것을 막는 자

가 있어 그중에서 옮겨질 때까지 하리라 그때에 불법한 자가 나타나리니 주 예수께서 그 입의 기운으로 그를 죽이시고 강림하여 나타나심으로 폐하시리라.(살후 2:6-8)

이 갈등은 원초적, 심층적으로 그리스도와 그 그리스도의 탄생을 저지하는 용과의 갈등이지만 표면적으로나 현실적으로는 성도들과 용의 권한을 위임받은 짐승 간의 갈등이다.[1] 그래서 12-13장에 나타난 이 사건이 핵심사건이고 이야기의 절정이라 볼 수 있다. 이 갈등은 결국 그리스도께서 두 짐승을 잡아 유황 불못에 던지고 용이 무저갱에 천년 동안 갇히면서 잠정적으로 해소되나 온전한 해소는 잠시 풀려난 용이 완전히 패배하는 시점에 일어난다.

3. 배경

이야기의 배경(background)에는 일반적으로 공간적, 시간적, 사회적 배경이 있다. 배경이 없는 이야기는 없다. 모든 이야기에는 나름대로 배경이 있는데, 이 배경이 중요한 역할을 하는 이야기도 있고 그렇지 않은 이야기도 있지만, 배경이 없는 이야기는 없다.

공간적 배경은 그 이야기의 장소 및 위치 등을 나타내는 배경이다. 요한계시록의 독자들이 볼 때 이 세계나 우주는 3층으로 되어 있다. 하늘, 땅 위, 땅 아래. 하늘은 중앙에 하나님의 보좌가 있고 그 주위에 네 생물과 이십사 장로와 무수한 천사들이 있는데 그중에는 타락한 천사인 용도 포함되어 있다. 그중에서도 가장 중요한 역할을 수행하시는 분은 어린 양이다. 땅 위는 크게 두 부분으로 나뉘는데 땅과 바다이며 바다는 혼돈과 두려움

1) P. S. Minear, *New Testament Apocalyptic*, 100.

의 장소이며 이 바다에서 무서운 바다 짐승이 나온다. 땅은 하나님의 진노 대상이며 타락하여 그 가운데 사는 사람들은 온갖 재난을 당하는 곳이다. 이 땅에서 그 심판을 피하기 위해서는 하나님의 인침을 받아야 하고 그 핍박과 고난 중에서도 인내와 믿음을 가져야 하는 곳이다. 땅 아래는 무서운 심판의 장소로 무저갱과 유황 불못으로 묘사된다. 이 무저갱에 용이 갇혀서 천년 동안 고통을 당하게 되고 용과 짐승이 잡혀서 끝내는 유황 불못에 던져지게 된다. 백보좌 심판 때에 구원받지 못한 영혼이 가는 곳도 땅 아래 유황 불못이다. 그런데 다른 묵시문학과는 달리 요한계시록에서는 이 땅 아래의 모습이 상세하거나 장황하게 묘사되어 있지 않다. 대신에 하늘에서 내려오는 새 예루살렘은 자세하게 묘사되어 있다.

시간적 배경은 그 이야기의 시대 및 시간을 의미한다. 시간의 본질을 설명하기는 어렵지만, 일반적으로 성경 이야기에는 두 종류의 시간이 있다. 하나는 연대기적 시간(크로노스)으로서 우리가 일상적으로 쓰는 연, 월, 일, 시로 표시되는 시점이나 기간을 나타내는 인간적인 시간이다. 요한계시록에서 황충이 인침을 받지 않은 사람들을 괴롭히는 기간이 5개월로 되어 있는데 이 기간은 현실적으로 메뚜기 떼가 창궐하면 대략 5개월 동안 곡식과 수목을 폐허로 만드는 기간과 비슷하다.(9:5) 이에 비해서 상징적, 유형론적 시간(카이로스)이란 인간의 시간 수치로 나타낼 수 없는 영적이며 하나님의 시간이다. 이 시간은 인간의 지식으로는 알 수 없는 일정한 시점이나 기간을 의미한다. 예를 들면, 6장에서 다섯째 인을 떼실 때에 제단 아래에서 순교 당한 영혼들이 울부짖으며 "땅에 거하는 자들을 심판하여 우리 피를 갚아 주지 아니하시기를 어느 때까지 하시려 하나이까?" 하고 질문하는데 그 질문에 대한 대답은 "순교자들의 수가 차기까지"이다. 이 대답에서 나타나는 시간은 인간적인 지식으로는 알 수 없는 하나님의 시간이다.

또한, 요한계시록에서 자주 나타나는 7의 반인 3.5시간은 연대기적인 인간의 시간을 의미하지 않고 어떤 온전한 기간의 전반부나 진행 중인 시간 또는 부분적인 시간을 의미한다. 이 3.5의 시간은 요한계시록에서 여러 가지 표현으로 나타난다. 한 때와 두 때와 반 때(12:14), 삼일 반(11:11), 사흘 반(11:9), 마흔두 달(11:2; 13:5), 천이백육십 일(11:3; 12:6). 이 3.5의 시간도 상징적인 시간이긴 하지만 비교적 짧은 시간은 사흘 반, 삼 일 반으로 표시되고 비교적 긴 시간은 삼 년 반, 마흔두 달, 천이백육십 일로 표시된다. 예를 들면, 두 선지자가 죽임을 당한 후 백성들이 장사하지 못하게 하는 기간이 사흘 반(11:9)이요, 비록 그들이 죽임을 당했지만 하나님께서 그들을 곧 살리게 되는 기간도 삼 일 반(11:11)이다. 이에 반해서 성전 바깥마당이 이방인에게 짓밟히는 기간은 비교적 긴 시간이기에 삼 년 반, 즉 마흔두 달(11:2)이요 두 증인이 굵은 베옷을 입고 예언하는 기간도 삼 년 반, 즉 천이백육십 일(11:3)이다. 그러나 연대기적 시간으로 계산하기 어려운 더 긴 기간은 한 때, 두 때, 반때(12:4)로 표현된다. 이 기간은 그리스도를 해산한 여자가 뱀의 낯을 피하여 양육받는 긴 기간이다.(12:4) 요한계시록 이야기 속의 대부분 시간은 이 상징적 시간에 속한다. 해설자와 그리스도께서 말씀하시는 "속히 오리라"(1:1; 22:12, 20)라는 말씀의 시간도 연대기적이며 인간적인 시간이 아니고 유형론적이며 상징적인 하나님의 시간에 속한다.

사회적 배경은 1세기 말의 소아시아 지역의 정치 경제, 종교적 상황으로서 로마 제국의 권세는 지중해 연안을 석권하여 수많은 식민지 백성들이 수탈당하고 핍박받는 상황을 전제하고 있다. 이 가운데서도 믿는 성도들에게 가장 고통스러운 것은 거짓 선지자들이 갖은 압력과 교묘한 속임수로 이 제국이나 황제를 우상시하여 예배하도록 강제하는 것이었다. 물리적 박해를 서슴지 않았던 거짓 선지자들의 이런 횡포에 교회와 성도들이 굴복하거나 동화되어 서서히 세속화되어가는 1세기 말 교회의 상황을 배경으로 하고 있다.

4. 담론

담론(discourse)은 이야기를 구상하는 플롯과 이야기의 전개를 돕는 해설자와 이야기를 일정한 논리로 이끌어가게 하는 평가관점과 이야기의 수사학적 기법들로 이루어진다. 구상(plot)은 이야기의 세 요소인 인물, 사건, 배경의 상호 작용으로서 이 세 요소를 엮어서 이야기로 만드는 기술이다. 이에 대해서 관점, 또는 평가시점(point of view)은 엮어진 이야기를 통해서 저자가 전하고자 하는 가치, 윤리, 신념, 사상, 신학적 혹은 성경적 메시지이다. 저자는 또한 메시지를 효과적으로 전하기 위해서 해설자를 등장시키고 수사학적 기법들을 사용한다.

요한계시록을 전체적으로 하나의 이야기로 보는 것이 어려운 부분 중의 하나는 요한이 일곱 교회에 편지를 보낸 후에 하늘로 불려 올라가는 부분이다. 이 부분을 문학 장르로 보면 서신과 묵시문학이 만나는 부분으로서 이 부분을 연결하기가 쉽지 않다. 그러나 이 부분이 수사학적 기법인 장면전환으로 보면 연결이 가능해진다. 즉 저자는 이야기의 초점을 땅의 교회에서부터 하늘의 보좌로 그 장면을 바꾸면서 이야기를 계속해 나가는 것이다. 이야기 흐름은 먼저 땅에 있는 일곱 교회들의 보호에서 세상의 심판을 계획하는 하늘로 옮겨간 것이다.

요한계시록 전체 이야기를 관통하는 맥은 관점, 혹은 신학적 성경적 메시지이다. 이 책의 주된 관점은 편만해지고 깊어가는 죄에 대한 하나님의 경고와 심판 그리고 그 후의 회복이다. 비록 죄가 보편화되고 생명을 파멸시키지만, 하나님은 철저하게 그 죄를 청산하고 새로운 땅과 하늘을 회복시키고자 하시는 뜻을 분명히 보여주고 있다. 이 관점은 최초의 총체적 심판인 노아의 심판 사건과 일맥상통한다. 하나님이 온 세계를 물로 심판하시기로 작정하시는데 이 엄청난 심판이 어떻게 시작하는지 창세기 저자의 이야기를 들어보자.

여호와께서는 사람 지으셨음을 한탄하시고 마음에 근심하셨다. 그 이유는 "사람의 죄악이 세상에 가득함과 그의 마음으로 생각하는 모든 계획이 항상 악할 뿐임을" 보셨기 때문이다.(창 6:5) 왜 사람들의 생각이 항시 악하게 되었을까? 창세기 저자는 이렇게 답한다. 하나님의 아들들이 사람의 딸들의 아름다움을 보고 자기들이 좋은 대로 결혼하여 하나님의 영이 그들을 떠나고 그들이 육신이 되었기 때문이다.(창 6:2-3) 하나님의 영 곧 성령이 사람들로부터 떠나게 되므로 사람들은 영적으로 죽게 된 것이다. 그러나 이런 심판 가운데서도 노아와 그 가족들은 하나님의 은혜를 입고 새로운 삶을 살아갈 수 있게 된 것이다.

요한계시록의 이야기도 결국 사람의 죄악이 세상에 가득하게 되고 점점 그 뿌리가 깊어지면서 하나님의 진리 위에 세워진 교회까지도 침투해 들어오게 된 것이 하나님의 심판을 불러오게 되었다는 것이다. 하나님은 죄를 싫어하시고 사람들이 그 죄악으로 인해서 생명을 잃게 되는 것을 한탄하신다. 하나님은 그 죄를 청산하실 계획을 세우시되 그 후 새로운 세계를 회복하실 계획도 함께 세우시는 것이다. 그래서 그분은 먼저 그리스도의 피로 세우신 교회를 찾아오시고 회개를 촉구하시면서 그 심판에 참여하지 말 것을 경고하신다. 계시록의 주된 관심사는 성도들의 회개와 인내와 믿음에 있다.

그러나 요한계시록 메시지의 심각함은 이 회개가 결코 쉽지 않다는 것이다. 예수께서도 요나의 예언을 듣고 회개한 니느웨 사람들을 칭찬하셨다. 그들은 사실 기적 같은 일을 한 사람들이다. 그래서 예수께서 말씀하신 대로 그들이 마지막 때에 많은 사람을 정죄할 것이다.(마 12:41) 그에 비해서 니느웨로 가라는 하나님의 명령을 어기고 다시스로 가다가 폭풍을 만나 죽을 뻔한 요나는 비록 일시적으로 회개를 했지만, 그 회개가 온전치 못했다. 그는 니느웨 사람들이 회개함으로 심판을 내리시지 않는 하나님에 대해서 매우 싫어하고 성내어 하나님의 설득 말씀에도 불구하고 자신의 주장과 고집을 버리지 않았다. "그(요나)가 대답하되 내가 성내어

죽기까지 할지라도 옳으니이다."(욘 4:9)

요한계시록 이야기의 핵심사건이요 절정 부분인 13장에서 해설자가 독자들에게 전하는 메시지는 이 책 저자의 주된 메시지 중의 하나이다. "누구든지 귀가 있거든 들을지어다. 사로잡힐 자는 사로잡혀 갈 것이요 칼에 죽을 자는 마땅히 칼에 죽을 것이니 성도들의 인내와 믿음이 여기 있느니라."(13:9-10) 성도들의 인내와 믿음을 촉구하는 메시지는 14:12에서 다시 반복되어 나타난다. 이 메시지는 일곱 교회에 보내는 인자 같은 이의 메시지이다. 그는 일곱 교회에 메시지를 보내고 난 뒤 일곱 번씩이나 반복적으로 "이기는 자"에게 위로와 축복을 약속한다. 각 교회마다 이겨야 할 대상들은 다르지만, 한결같이 그리스도는 그 대상들을 이겨야 함을 강조한다.

또한 결어부분에서도 유사한 메시지가 나타난다. "이 두루마리의 예언의 말씀을 지키는 자는 복이 있으리라."(22:7) "불의를 행하는 자는 그대로 불의를 행하고 더러운 자는 그대로 더럽고 의로운 자는 그대로 의를 행하고 거룩한 자는 그대로 거룩하게 하라."(22:11) "자기 두루마기를 빠는 자들은 복이 있으니."(22:14) 요한계시록에서 나오는 해설자는 신뢰할 만한 전지한 해설자이기 때문에 그의 이 메시지는 신뢰할 만하다. 요한계시록의 평가관점은 이렇게 묘사할 수 있다. 죄는 끈질기고 보편적이며 그 힘이 강하며 간교하다. 그래서 예수께서 말씀하신 대로 이 세대의 유일한 표적은 요나의 표적이라 하였는데 악하고 음란한 세대에서 니느웨 사람들이 회개한 것은 기적과 같은 일이었다.

회개가 그토록 어려운 것이 되다 보니 요한계시록에서는 "불의를 행하는 자는 그대로 불의를 행하고 더러운 자는 그대로 더럽고 의로운 자는 그대로 의를 행하고 거룩한 자는 그대로 거룩하게 하라."(22:11)고 말씀하신다. 회개는 삶 속에서 점진적으로 일어나기도 하고 급진적인 것도 있지만, 회개가 없으면 세상의 급한 물살을 피하기 어려운 것이 사실이다. 죄가 보편적이고 뿌리 깊다고 하여, 그러나 하나님께서 회복하시고자 하고 새롭게 하시고자 하는 뜻과 계획을 포기하신 것은 아니다. 그 가운데서도 하나님은 성도들을 어떻게 하든 구원하시고자 예수 그리스도와 성령님을 통해서 죄악과 대결하게 하시고 믿는 자들을 끝까지 보호하시고 구원하신다.

요한계시록에는 해설자가 등장하여 이야기를 전개해 나가는데 처음과 끝, 그리고 중간마다 3인칭 전지한 해설자가 나타난다. 그 외에는 주로 요한이 일인칭 단수 형태로 전체 이야기를 꾸려 나가고 있다. 1:9부터 요한은 '나'라고 칭하며 등장해서 전 이야기에서 "내가 보니" 또는 "내가 들으니"라는 구절로 그가 보고 들은 바를 직접적으로 묘사하면서 이야기의 진실성과 역동성을 높여 주고 있다.

요한계시록은 저자의 주된 메시지와 다양한 교훈을 전하기 위해서 여러 가지 수사학적 기법들을 사용한다. 이 책에서 많이 사용되는 수사기법은 반복, 대조, 비교, 장면전환, 복선, 절정, 회상 등이다. 반복은 7이라는 숫자가 일곱 교회로부터 일곱 인, 그리고 일곱 나팔과 일곱 대접의 순으로 반복해서 나타나는데, 이 반복은 겉으로 보면 7의 반복이나 그 내용은 경고와 책망에서 재앙의 징조로, 부분적 재앙으로부터 전체적 재앙으로 점진적으로 그 정도가 강해지면서 반복된다.

대조의 경우는 13장에서 오른손과 이마에 받는 짐승의 표와 시온 산에 서 있는 십사만 사천 명이 이마에 어린 양의 이름과 아버지의 이름(14:1)이 대조를 이룬다. 또한, 해를 옷입고 그 발아래에는 달이 있고 그 머리에는 열두 별의 면류관을 쓴 여인(12:1)과 붉은빛 짐승을 타고 자줏빛과 붉은빛 옷을 입고 금과 보석과 진주로 꾸미고 손에 금잔을 가진 큰 음녀(17:3, 4)와도 대조가 된다. 그리고 18장에서 연기가 자욱하며 불타고 무너져 내리는 바벨론 성과 21장에서 하늘로부터 내려오는 거룩하고 아름다운 예루살렘 성도 대조를 이룬다.

요한계시록에서는 일반 서사적 기법뿐 아니라 극적인 서사에서 연극적 효과를 나타내기 위한 기법들도 많이 사용된다. 예를 들면, 성도들을 심히도 괴롭히던 바벨론의 패망을 상세하게 다루어 성도들의 감정을 정화시키는 카타르시스(catharsis) 기법이나, 권세를 가졌다고 교만하다가 결국 비참하게 종말을 맞는 음녀의 경우를 묘사하는 페리페테이아(peripeteia; 운명의 전환) 기법도 눈에 띈다. 또한 이야기 곳곳에서 요한이 중요한 사실이나 깨달음을 얻게 되는 장면을 묘사하고 있는 깨달음(anagnorisis) 기법이나 사건이나 사태가 예상치 못한 방향으로 급진전되는 트위스트(twist) 기법도 사용되고 있다. 이외에도 이 책에는 많은 수사학적 기법들이 사용되어 독자들로 하여금 이야기의 극적이며 교훈적인 효과를 강하게 느끼게 해준다.

이상을 종합해서 요한계시록의 현대적 메시지를 크게 세 가지로 집약할 수 있다.

1. 하나님은 노아의 홍수 심판 때처럼 생명을 파멸시키는 죄가 퍼지고 뿌리가 깊어지며 무서운 결과를 가져오는 것을 결코 그냥 두시지 않고 그 죄악을 철저하게 제거함으로써 새로운 하늘과 땅을 회복하기를 원하신다.

2. 요한계시록은 참된 신앙에 따르는 박해와 고통에 대한 위로와 보상을 약속하고 신앙의 세속화와 우상숭배를 경계하며 깨어 있는 삶을 권고한다. "주의하라 깨어 있으라 그때가 언제인지 알지 못함이라."(막 13:33) 종말의 때에는 윤리적이거나 영적인 면에서 유혹과 혼란이 많을 것이다.

3. 요한계시록은 현세중심적 기복신앙의 폐해를 지적하고 내세적 소망을 강조하기 때문에 현세와 내세의 균형 있는 신앙을 회복하기 위해서 계시록의 바른 이해가 필요하다. 이 책의 메시지는 종말의 때에 이 세상에 있는 것들에 대한 미련과 집착을 버려야 한다는 것을 가르친다. 그것이 명예, 지식, 돈, 권세든 상관없이 이 세상에 속한 것에 대해서 자유로워야 하며 삶과 신앙에서 보다 본질적인 것을, 즉 신앙, 자유, 건강, 생명, 기쁨을 찾아야 한다는 것이다.

최근의 요한계시록 연구동향에 의하면 이 책의 중심 메시지는 종전의 지구와 인류의 종말에 관한 예언과 관심에서부터 신앙공동체 내부의 성도들에 대한 믿음과 인내의 격려와 위로로 바뀌었으며 물리적 힘에 의한 핍박보다는 종교적 문화적 영향을 통한 세속화에 대한 경계로 바뀌었다. 이런 현상은 바람직한 변화이며 이 변화를 이루어낼 수 있는 방법 중의 하나가 요한계시록에 대한 서사적 해석이다.

제5장

서사적 주석

서사적 주석은 요한계시록의 전체 이야기가 이야기로서 들릴 수 있도록 독자들을 돕는 것을 일차적 목적으로 하고 있다. 요한계시록은 그 역사적 배경에 관한 연구도 많이 이루어졌고 신학적, 교리적 논쟁점들도 많이 가지고 있다. 그리고 묵시적 개념들과 용어들, 상징들, 숫자들과 문법적 독해의 어려움 등이 이 책의 해석을 어렵게 하고 있다.

이 주석에서는 이러한 부분들에 대한 상세한 토론과 설명은 전체 이야기의 흐름에 도움이 되는 범위 내에서 축소시켜 소개한다. 이런 방식은 가급적 개개의 부분보다는 전체 흐름을 잃지 않고자 하는 시도이다. 다시 말하면, 개개의 나무보다는 전체의 숲에 대한 조망을 잃지 않고 이야기를 읽어 보고자 하는 것이다. 그리고 이야기의 흐름을 보다 생생하게 느끼게 하도록 문장을 이야기체로 엮어 본다.

1. 서언과 인자환상(1:1–20)

제1장

1 예수 그리스도의 계시라 이는 하나님이 그에게 주사 반드시 속히 일어날 일들
을 그 종들에게 보이시려고 그의 천사를 그 종 요한에게 보내어 알게 하신 것이
라 2 요한은 하나님의 말씀과 예수 그리스도의 증거 곧 자기가 본 것을 다 증언
하였느니라 3 이 예언의 말씀을 읽는 자와 듣는 자와 그 가운데에 기록한 것을
지키는 자는 복이 있나니 때가 가까움이라 4 요한은 아시아에 있는 일곱 교회에
편지하노니 이제도 계시고 전에도 계셨고 장차 오실 이와 그의 보좌 앞에 있는
일곱 영과 5 또 충성된 증인으로 죽은 자들 가운데에서 먼저 나시고 땅의 임금
들의 머리가 되신 예수 그리스도로 말미암아 은혜와 평강이 너희에게 있기를
원하노라 우리를 사랑하사 그의 피로 우리 죄에서 우리를 해방하시고 6 그의 아
버지 하나님을 위하여 우리를 나라와 제사장으로 삼으신 그에게 영광과 능력이
세세토록 있기를 원하노라 아멘 7 볼지어다 그가 구름을 타고 오시리라 각 사람
의 눈이 그를 보겠고 그를 찌른 자들도 볼 것이요 땅에 있는 모든 족속이 그로
말미암아 애곡하리니 그러하리라 아멘 8 주 하나님이 이르시되 나는 알파와 오
메가라 이제도 있고 전에도 있었고 장차 올 자요 전능한 자라 하시더라.

일반적으로 1:1–8은 서언으로서 서사 이야기의 시작에 해당합니다. 서사 이야기는 일정한 구상과 관점이 있고 해설자가 있고 여러 가지 수사학적 기법들이 사용되는 이야기라고 할 수 있습니다. 이 단락에서 저자는 해설자를 등장시켜서 이야기를 전개시키고 있습니다. 해설자는 3인칭이냐, 혹은 1인칭이냐?를 구분하고 그 시점이 전지적이냐, 아니냐? 그리고 그 해설자는 신뢰할 수 있느냐, 없느냐?로 구분합니다. 1:1–8을 자세히 읽어보면 해설자가 등장해서 이야기를 해설합니다. “예수 그리스도의 계시

라."(1:1) 요한계시록의 서언은 3인칭 해설자가 전지적 시점에서 이야기를 이끌어가는 방식을 취하고 있습니다. 전지적 시점이라는 것은 해설자가 이야기 속의 인물들이나 독자도 모르는 사실을 다 알고 있다는 뜻입니다. 전지적 해설자는 이 계시의 출처 및 계시 과정을 다 알고 있습니다. 해설자는 요한계시록이 예수 그리스도의 계시임을 알고 있으며 이 계시는 하나님이 예수 그리스도에게 주신 계시이며, 예수 그리스도께서 이를 그 종 요한에게 천사를 통하여 나타낸 계시라는 사실도 알고 있습니다. 이 해설자는 계시가 나타난 그 비밀스럽고 복잡한 과정을 잘 알고 있습니다.

이 해설자는 신뢰할 만한 전지한 해설자이기 때문에 이 계시는 하나님이 예수 그리스도에게, 예수 그리스도는 요한에게 나타내신 것이라는 사실을 독자는 알게 됩니다. 그리고 해설자는 이 이야기를 직접 목격자 된 자로서 이끌어 나갈 요한을 소개합니다. 이 요한은 "하나님의 말씀과 예수 그리스도의 증거 곧 자기가 본 것을 다 증언"하였습니다.(1:2) 요한계시록을 전체적으로 살펴보면 전체 내용은 결국 요한이 '보고 들은 것'을 증언하는 것입니다. 그래서 이야기의 흐름에서 "내가 보니" 그리고 "내가 들으매" 또는 "내가 보고 들으매"가 반복적으로 되풀이되면서 이야기의 처음과 끝까지 계속됩니다.

그는 예수 그리스도의 목격자 된 종이기 때문에 그의 증언은 신실합니다. 그래서 이 계시의 말씀을 읽고, 듣고 지키는 자들에게 복이 있음을 선언합니다. 왜냐하면, 그 예정하신 때가 가깝기 때문입니다. 그 후에 이 예수 그리스도의 종인 요한이 예수 그리스도의 편지를 일곱 교회에 보낸다는 사실을 해설자의 시점에서 객관적으로 보고하고 있습니다.

4-8절에서 요한은 일곱 교회에 편지를 보내는데 일반적인 편지의 형식으로 발신자, 수신자, 인사가 나옵니다. 그러면서 그 뒤에는 본문이 쭉 나옵니다. 하지만 이 단락은 전형적인 서신이라 하기는 어렵습니다. 그 서신의 발신자는 요한이요, 수신자는 아시아에 있는 일곱 교회이며 긴 인사와 축복의 말이 나오고 그리스도를 찬양하는 송영이 나옵니다. 그런데 이

단락에서는 편지의 본문이 없습니다. 단지 그리스도께서 재림하실 것이고 그의 오심으로 말미암아 그를 찌른 자들과 땅의 모든 족속이 그 합당한 보응을 받을 것임을 경고하고 있습니다. 그를 찌른 자들은 그의 행위에 대한 형벌을 받을 것이고 그를 믿지 않은 모든 사람은 그들의 삶의 기반이 무너짐으로 슬퍼할 것입니다.

요한이 보내는 편지의 구체적인 상황과 내용은 그다음의 이야기로 미루어 놓음으로 독자들의 기대감을 더 해주고 있습니다. 그리스도께서 교회들에게 어떤 내용의 편지를 보낼까요? 그리고 왜 보낼까요? 하늘에 계신 그분이 땅에 있는 교회들에게 어떻게 편지를 보낼까요? 그리스도께서 어떻게 편지를 보내는지는 1:9 이하에서, 이 편지의 구체적인 내용은 2:1에서부터 시작합니다.

8절에서 문맥과는 예상외로 갑작스럽게 하나님이 등장하여 말씀하십니다. "나는 알파와 오메가라 이제도 있고 전에도 있었고 장차 올 자요 전능한 자라 하시더라."(1:8) 이 서언의 끝은 시작과 끝, 과거, 현재와 미래를 주관하시는 전능하신 주 하나님이 나타나셔서 말씀하심으로 인해서 이 계시에 권위를 더해주고 있습니다. 알파와 오메가는 헬라어(그리스어)로 첫 글자와 마지막 글자입니다. 하나님께서 여기에 등장하는 이유는 이 계시가 궁극적으로 하나님의 계시임을 확증하기 위함입니다. 즉 이 계시는 예수 그리스도의 계시이지만 이 계시의 근원은 전능하시고 영원하신 하나님입니다. 칼빈은 모든 것의 주권을 가지신 하나님께 깊은 감동을 받았습니다. "이는 만물이 주에게서 나오고 주로 말미암고 주에게로 돌아감이라 그에게 영광이 세세에 있을지어다."(롬 11:36)

9 나 요한은 너희 형제요 예수의 환난과 나라와 참음에 동참하는 자라 하나님의
말씀과 예수를 증언하였음으로 말미암아 밧모라 하는 섬에 있었더니 10 주의 날
에 내가 성령에 감동되어 내 뒤에서 나는 나팔 소리 같은 큰 음성을 들으니 11 이
르되 네가 보는 것을 두루마리에 써서 에베소, 서머나, 버가모, 두아디라, 사데,

빌라델비아, 라오디게아 등 일곱 교회에 보내라 하시기로 12 몸을 돌이켜 나에
게 말한 음성을 알아 보려고 돌이킬 때에 일곱 금 촛대를 보았는데 13 촛대 사이
에 인자 같은 이가 발에 끌리는 옷을 입고 가슴에 금띠를 띠고 14 그의 머리와 털
의 희기가 흰 양털 같고 눈 같으며 그의 눈은 불꽃 같고 15 그의 발은 풀무불에
단련한 빛난 주석 같고 그의 음성은 많은 물 소리와 같으며 16 그의 오른손에 일
곱 별이 있고 그의 입에서 좌우에 날선 검이 나오고 그 얼굴은 해가 힘있게 비
치는 것 같더라 17 내가 볼 때에 그의 발 앞에 엎드러져 죽은 자 같이 되매 그가
오른손을 내게 얹고 이르시되 두려워하지 말라 나는 처음이요 마지막이니 18 곧
살아 있는 자라 내가 전에 죽었었노라 볼지어다 이제 세세토록 살아 있어 사망
과 음부의 열쇠를 가졌노니 19 그러므로 네가 본 것과 지금 있는 일과 장차 될 일
을 기록하라 20 네가 본 것은 내 오른손의 일곱 별의 비밀과 또 일곱 금 촛대라
일곱 별은 일곱 교회의 사자요 일곱 촛대는 일곱 교회니라.

1:9-20의 단락에서 요한은 "나 요한"이라고 자신을 소개하고 시작함으로 요한이 직접 자기 자신의 이야기를 이끌어가는 형식을 취합니다. 이 요한은 독자들이나 청자들의 형제요 "예수의 환난과 나라와 참음에 동참하는 자"입니다. 그는 하나님의 말씀과 예수를 증언함으로 말미암아 박해를 받아 밧모 섬에 유배되어 있습니다. 밧모 섬은 소아시아(지금의 터키) 서부지역에 위치한 에베소 시에서 약 50마일 떨어진 지중해의 섬으로서 죄수들의 유배지였습니다.

1:9에서부터 요한은 1인칭을 사용해서 어떻게 해서 자신이 편지를 쓰게 되었는가, 어떻게 예수 그리스도께서 자기에게 계시를 주시게 되었는가를 좀 더 명확하고 구체적으로 설명해 주고 있습니다. 그러면서 9절부터는 요한이 중심이 되어서 이야기가 전개되어 가고 있습니다. 요한계시록 전체 이야기는 요한이 1인칭으로 자신이 목격한 것을 직접 서술하는 형식으로 전개되고 있습니다. 이 책에는, 그래서 전체적으로 "내가 보니" 또는 "내게 보이니"라는 구절이 무려 40회 이상 나타나면서 이야기가 계

속되고 있습니다. 이와 더불어 "내가 들으니"라는 구절도 20회 정도 나타나는 것을 보면 결국 요한계시록은 요한이 보고 들은 것을 이야기 형식으로 증언하는 내용이라는 사실이 분명해집니다. 요한이 보고 듣는 것 외의 행동은 말하는 것과 기록하는 것과 예언하는 것(적은 두루마리를 먹는 것)과 측량하는 것이 있는데, 이 행위는 거의 1-2회 정도로 나타나는 것을 보면 요한의 역할은 압도적으로 보고 들은 것을 증언하는 것입니다. 그래서 요한계시록은, 간단히 말해서, 증언 혹은 간증의 이야기라 할 수 있습니다.

이런 것을 보면 처음 부분인 1-3장도 이야기적 측면을 많이 담고 있다고 할 수 있습니다. 우리가 플롯이라고 하면 이야기 전개 방식이라고 합니다. 여러분이 스토리텔러가 되면 스토리텔링 기법을 활용하게 됩니다. 요한계시록의 저자가 사용하고 있는 기법을 보면, 1: 1-8까지의 객관적으로 서술된 내용을 9절 이하에서는 요한이 직접 등장해서 구체화하고 극화시키는 개인적 환상 경험으로 이야기하고 있습니다.

그는 주의 날에 성령의 감동을 받게 됩니다. 성령의 감동을 받고 난 뒤에 그는 주님의 음성을 듣게 되고 동시에 인자 같은 이를 보게 됩니다. 인자를 만나는 이 장면은 요한이 받은 계시의 권위와 진정성을 보증하는 효과를 나타냅니다. 이것은 해설자가 앞에서 했던 객관적인 진술을 구체화하고 명료화하는 작업이라고 할 수 있습니다. 이것은 데이비드 바우어가 말한 '구체화' 기법과 유사합니다.[1] 이것이 앞에서 해설자가 객관적으로 이야기한 것을 요한이 주관적으로 체험한 것으로 바꾸어 이야기하는 방식입니다.

성경의 다른 책들은 등장인물들의 외모에 대해서 자세하게 묘사를 하

1) 데이비드 바우어는 성경에서 보통 사용되는 15가지의 이야기 수사 기법을 찾아내어 보고하고 있습니다. 성경에서 제일 많이 나오는 수사 기법은 반복 기법입니다. 반복 이외에도 비교, 대조, 절정, 전환 등의 기법이 있습니다. 그중에서 복선, 교차대조 등의 기법도 있습니다. M. A. Powell, 『서사비평이란 무엇인가?』, 68-69.

지 않습니다. 복음서가 4편이나 있지만, 예수님의 외모에 대한 설명이 거의 없습니다. 그런데 요한계시록에 들어오면 정반대의 현상이 나타납니다. 인자 같은 이에 대해서 외형의 묘사가 매우 자세합니다. 어떤 모습을 하고 있습니까? "발에 끌리는 긴 옷을 입고, 금띠를 띠고 … 그의 머리와 털의 희기가 흰 양털 같고 … 그의 눈은 불꽃 같고 … 그의 발은 풀무불에 단련한 빛난 주석 같고 …." 이 이미지가 무엇인가에 주목합시다. 이미지가 가지는 의미보다는 이미지를 그대로 상상해 보는 것이 중요합니다.[2] 인자 같은 이가 나타났을 때 우리의 반응은 어떨까요? 요한의 반응을 보면 알 수 있습니다. 요한은 완전히 죽을 것 같은 느낌이 들면서 엎드려져서 숨쉬기가 힘들어질 것처럼 고통스러워졌습니다. 이것이 하나님을 만났을 때 보편적으로 느끼는 감정입니다.

그런데 인자 같은 이가 요한에게 하시는 첫 번째 말씀이 무엇입니까? '두려워 말라'입니다. 우리가 하나님을 만났을 때 일차적으로 느끼는 감정은 두려움입니다. 복음서에서도 바다 위를 걸어오신 예수님께서 제자들에게 하신 첫 번째 말씀도 역시 '두려워 말라'였습니다. 인자의 모습이나 뒤에 나오는 재앙들을 볼 때 두렵지 않을 수가 없지만, 요한계시록의 독자가 제일 먼저 극복해야 할 것은 두려움의 감정입니다. 놀라운 것은 둘째 사망에 던져질 첫 번째 사람들은 "두려워하는 자들"(21:8)이란 사실입니다. 요한계시록 독자들이 박해나 세속화의 유혹을 이기고 담대하게 살아

2) 예수님께서 자신을 인자라고 부르는 경우는 많습니다. 그런데 다른 사람들이 예수님을 인자라고 부르는 경우는 거의 없습니다. 대체로 다른 사람이 예수님을 인자로 부르는 경우는 순교 장면이나 환상 가운데서 나타납니다. 스데반의 순교 장면이나 여기 요한계시록에 나타나는 인자 같은 이의 정체가 무엇입니까? 이 주제에 대해서는 여러 가지 이론들이 있지만, 다니엘서 7:13f.이 중요한 본문입니다: "내가 또 밤 환상 중에 보니 인자 같은 이가 하늘 구름을 타고 와서 옛적부터 항상 계신 이에게 나아가 그 앞에 인도되매 그에게 권세와 영광과 나라를 주고 모든 백성과 나라들과 다른 언어를 말하는 모든 자들이 그를 섬기게 하였으니 그의 권세는 소멸되지 아니하는 영원한 권세요 그의 나라는 멸망하지 아니할 것이니라."

야 할 이유가 여기 있습니다.

해설자는 요한이 편지를 썼다고 기록하고 있는데 이 편지는 결국 예수님의 명령으로 쓴 것임을 알 수 있습니다. 일곱 교회에 보낸 편지는 바로 예수님의 명령으로 쓴 것으로 결국 예수님의 글이기 때문에 그 편지는 권위를 가지고 있습니다. 이야기의 서두는 이렇게 예수께서 편지를 보내는 것으로 시작됩니다. 1:9-20의 내용은 1:4-6의 편지 서두를 극화하는 방식으로 이야기를 전개해 나가는 부분으로 수신자인 일곱 교회가 구체적으로 나타나며 발신자인 요한이 편지를 보내게 된 경위를 자세하게 설명합니다.

이야기에서는 장소와 환경도 중요합니다. 요한은 어디에 있습니까? 요한은 에베소 앞에 있는 지중해의 밧모 섬에 있습니다. 그곳은 구리 광산이 있던 곳으로 알려져 있었는데 죄수들의 유배지로서 죄수들이 강제 노역을 했던 곳입니다. 이곳에서 요한은 일곱 교회에 편지를 보내는데 일곱 교회는 지도를 보면 그 위치가 시계방향으로 돌아갑니다. 에베소, 서머나, 버가모, 두아디라, 사데, 빌라델비아, 라오디게아. 요한은 이 교회들에 편지를 한 장씩 보내는데 편지의 형식 자체가 상당히 정형화되어 있습니다.

> … 한 이가 가라사대
> 내가 네 행위를 아노니…
> 그러나 너를 책망할 것이 있나니…
> … 을 회개하라.
>
> 귀 있는 자는 성령이 교회들에게 하시는 말씀을 들을지어다.
> 이기는 그에게는 내가 … 을 줄 것이다.[3)]

---

3) B. M. 메츠거/나채운 역, 『신약성서 개설』(대한기독교출판사, 1987), 293.

이 편지들은 칭찬, 꾸중, 경계, 경고, 위로의 형식을 취하고 있습니다. 요한계시록 저자의 주된 관심은 세상의 심판보다도 성도들의 회개와 믿음의 승리에 있기 때문에 아래에서는 개별 교회의 현황을 주님의 불꽃 같은 눈으로 보다 상세하게 살펴보도록 합니다.

2. 일곱 교회 편지(2:1-3:22)

제2장

1) 에베소 교회에 보내는 말씀(2:1-7)

1 에베소 교회의 사자에게 편지하라 오른손에 있는 일곱 별을 붙잡고 일곱 금 촛
대 사이를 거니시는 이가 이르시되 2 내가 네 행위와 수고와 네 인내를 알고 또
악한 자들을 용납하지 아니한 것과 자칭 사도라 하되 아닌 자들을 시험하여 그
의 거짓된 것을 네가 드러낸 것과 3 또 네가 참고 내 이름을 위하여 견디고 게으
르지 아니한 것을 아노라 4 그러나 너를 책망할 것이 있나니 너의 처음 사랑을
버렸느니라 5 그러므로 어디서 떨어졌는지를 생각하고 회개하여 처음 행위를
가지라 만일 그리하지 아니하고 회개하지 아니하면 내가 네게 가서 네 촛대를
그 자리에서 옮기리라 6 오직 네게 이것이 있으니 네가 니골라 당의 행위를 미
워하는도다 나도 이것을 미워하노라 7 귀 있는 자는 성령이 교회들에게 하시는
말씀을 들을지어다 이기는 그에게는 내가 하나님의 낙원에 있는 생명나무의 열
매를 주어 먹게 하리라.

주님은 세상을 심판하시기 전에 먼저 교회를 살피시면서 세상의 심판에 교회가 고난을 당하지 않게 경고를 주십니다. 심판의 때에는 예수께서 미리 예고하신 것처럼 믿는 자들조차 유혹을 당할 수 있기 때문입니다. 교

회 안에서 이미 세상과 같은 증후들이 나타나서 주님은 이것을 염려하시고 회개를 촉구하십니다. 주님은 에베소 교회의 사자에게 편지하라고 하시는데 여기서 사자는 천사(angel)로서 에베소 교회의 수호천사라고 해석할 수 있으며 이 사자에게 전한 편지는 교회지도자와 교인들에게 전해질 것입니다. 예수 그리스도는 여기서 "오른손에 일곱 별을 붙잡고 일곱 금 촛대 사이를 거니시는 이"로 묘사되어 천사와 교회를 다스리시는 초월적이며 신비스러운 분으로 나타납니다.

에베소 교회는 제일 먼저 편지가 보내진 교회이고 역사와 전통을 자랑하는 교회입니다. 이 교회는 소아시아의 일곱 교회들 중 가장 영향력이 있는 교회로서 다른 교회들의 모체와 같은 역할을 하였습니다. 이 교회는 사도 바울이 2차 선교 여행 중에 개척한 것인데 두란노 서원을 세워 두 해 동안 열심과 정성을 다해 섬겼던 교회입니다.(행 19:1-10) 에베소는 정치, 경제 및 종교의 중심지로서 로마 제국의 비호 아래 번영과 권세를 누리던 도시였습니다. 특히 종교적으로 세계 7대 불가사의라고 할 만한 거대하고 화려한 아데미 신전이 있었던 곳으로 그 세력이 막강했습니다. 발굴된 고대 유적을 보면 아데미 여신은 가슴에 수많은 유방을 가지고 있는 풍요의 여신이었습니다. 이 여신상을 만드는 은장색 데메드리오로 인해서 소동과 박해를 겪었던 곳이기도 합니다.(행 19:23-40) 사도 바울은 막강한 세력을 가진 아데미 여신교의 영향 아래에서도 복음의 진리와 주님에 대한 사랑을 잃지 않고 꿋꿋이 에베소에서 3년여 동안 수고한 것을 주님이 기억하셨으리라 봅니다. 주님에 대한 첫 사랑은 사도 바울의 헌신적 삶에서 잘 나타나 있습니다. "그러므로 여러분이 일깨어 내가 삼 년이나 밤낮 쉬지 않고 눈물로 각 사람을 훈계하던 것을 기억하라." "내가 아무의 은이나 금이나 의복을 탐하지 아니하였고 여러분이 아는 바와 같이 이 손으로 나와 내 동행들이 쓰는 것을 충당하여 범사에 여러분에게 모본을 보여준 바와 같이 수고하여 약한 사람들을 돕고 또 주 예수께서 친히 말씀하신 바 주는 것이 받는 것보다 복이 있다 하심을 기억하여야 할지니라 이 말을 한 후 무릎을 꿇고 그 모든 사람들과 함께 기도하니 다 크게 울며 바울의 목을 안고 입을 맞추고 다시 그 얼굴을 보지 못하리라 한 말로 말미암아 더욱 근심하고 배에까지 그를 전송하니라."(행 20:31, 33-39) 이 교회는 사도들의 이런 수고와 눈물로 세워진 교회였습니다.

에베소는 사도들의 헌신적인 노력으로 세워졌음에도 불구하고 세월이 흐르면서 복음의 진리와 사랑보다도 역사와 전통, 그리고 의식과 인간관계에 얽매이기 시작하면서 '첫 사랑'을 잃어버렸다고 주님으로부터 책망을 받습니다. 거대한 신전과 수많은 신도를 거느리고 막대한 재정과 제국의 강력한 비호를 받던 아데미 여신교로 인해서 하나님께 대한 헌신과 열심이 위축당하고 그 세력의 간교한 위협과 영향력으로 에베소 교인들이 점점 세속화의 길을 걸을 수 있었을 것입니다.

에베소 교회에 보낸 편지를 보면 이 교회가 물리적이고 심각한 박해를 받았다는 내용은 없습니다. 오히려 문제가 되는 것은 상업과 무역으로 풍요로워진 도시의 교회가 겪는 세속화입니다. 요한계시록에서 경계하는 것은 종전의 정치적이고 경제적인 박해보다도 물질의 풍요와 종교적 문화적 다원주의 영향으로 교회가 정체성을 상실하고 세상과 동화되어 가는 세속화의 현상입니다.

주님은 에베소 교회가 거짓 사도들을 시험하여 물리친 것을 칭찬하십니다. 에베소는 교통의 요지이고 대도시이기 때문에 그 교회에는 사도들과 선지자들이 자주 방문하여 권면하고 설교를 하였습니다. 그런데 이들 중에는 그릇된 교훈을 가르치고 자칭 사도라 하며 권위를 세우고 금품을 요구하는 사례도 빈번하게 일어났습니다. 이 거짓된 사도들과 선지자들은 주님의 이름을 빙자하여 순진한 성도들을 미혹하여 자기들의 말을 듣지 않으면 무서운 저주와 욕설을 하여 성도들의 신앙과 삶을 파괴시키려고 하였습니다.

사도 바울은 그가 3차 선교여행을 마치고 예루살렘으로 마지막 여행을 하는 중에 에베소 장로들을 밀레도에 청하여 미리 이 위험을 경고했습니다. "내가 떠난 후에 사나운 이리가 여러분에게 들어와서 그 양 떼를 아끼지 아니하며 또한 여러분 중에서도 제자들을 끌어 자기를 따르게 하려고 어그러진 말을 하는 사람들이 일어날 줄을 내가 아노라."(행 20:29-30)

또한 에베소 교회가 니골라 당의 행위를 거절한 것을 주님은 칭찬하시는데 니골라 당은 사도행전 6:5에 보면 처음으로 집사직에 세워진 일곱 사람 중에 안디옥 사람 니골라가 있는데 일설에 의하면 이 사람이 나중에 변심하여 일종의 영지주의 신앙을 가지고 그를 중심으로 만든 당입니다. 영지주의란 믿음으로 구원받기보다는 신비스러운 영적인 지식이나 체험을 통하여 구원받는다는 초대교회의 가장 위협적인 이단 종교였습니다. 이 종교는 분명한 기원과 정체를 알기 어려운 혼합주의적 종교로서 성도들의 건전한 신앙을 파괴하는 존재였습니다.

에베소 교회는 요한이 계시를 받았던 밧모 섬과도 가장 가까운 거리에 있었고 일곱 교회 중 가장 영향력이 있었던 교회였음을 감안해 보면 이 교회가 처음에는 참고 견디며 그리스도의 이름을 위하여 게으르지 않았으나 '처음 사랑'을 잃은 것은 그 교회뿐 아니라 다른 교회에도 큰 영향을 끼칠 수 있기에 주님의 책망이 심각합니다. "만일 그리하지 아니하고 회개하지 아니하면 내가 네게 가서 네 촛대를 그 자리에서 옮기리라." 주님이 촛대를 옮긴다는 것은 그 교회를 파멸시킨다는 의미이고 보면 그 경고는 심히 무섭고 두려운 것입니다.

그러나 주님은 그 어떤 상황에서도 교회는 그것을 이길 힘이 있고 또 믿음과 인내로 이겨야 함을 권면합니다. 에베소 교회에 주님은 말씀하십니다. "이기는 그에게는 내가 하나님의 낙원에 있는 생명나무의 열매를 주어 먹게 하리라." 이 생명나무는 낙원에 있는 생명수의 강 좌우에 살면서 열두 가지 열매를 맺는데 이 열매는 영생을 주고 그 잎사귀는 만국을 치료하는 데 사용되었습니다.(22:2)

2) 서머나 교회에 보내는 말씀(2:8-11)

8 서머나 교회의 사자에게 편지하라 처음이며 마지막이요 죽었다가 살아나신
이가 이르시되 9 내가 네 환난과 궁핍을 알거니와 실상은 네가 부요한 자니라
자칭 유대인이라 하는 자들의 비방도 알거니와 실상은 유대인이 아니요 사탄의
회당이라 10 너는 장차 받을 고난을 두려워하지 말라 볼지어다 마귀가 장차 너
희 가운데에서 몇 사람을 옥에 던져 시험을 받게 하리니 너희가 십 일 동안 환
난을 받으리라 네가 죽도록 충성하라 그리하면 내가 생명의 관을 네게 주리라
11 귀 있는 자는 성령이 교회들에게 하시는 말씀을 들을지어다 이기는 자는 둘째
사망의 해를 받지 아니하리라.

여기서 그리스도는 신성을 지니시고 부활하신 분으로 묘사되어 죽음을 이기는 권세를 가지고 계심을 보여줍니다. 이것은 그분이 죽기까지 충성하는 성도들에게 부활의 축복을 주실 수 있는 권세를 가진 분임을 나타냅니다.

서머나 교회는 그 받는 환난과 궁핍이 심각한 교회입니다. 가난에 쪼들리기도 하지만 자칭 유대인들로부터 받는 고난이 컸습니다. 당시 유대인들은 70년에 제1차 유대 로마 전쟁에서 참패를 당한 후 성전이 파괴되고 예루살렘이 함락되어 그 비참함이 극에 달했습니다. 많은 유대인은 정든 고향 팔레스틴을 떠나 소아시아 지역으로 이주했습니다. 서머나에도 이주한 유대인들이 많이 살았는데 이 유대인 중에 예수님을 배척한 유대인들이 단연 그 세력이 강했기 때문에 믿는 유대인들을 강력하게 박해했습니다. 믿지 않는 유대인들은 잃어버린 성전과 땅을 회복하는 유일한 길은 모세의 율법과 바리새적 랍비들의 전통을 엄격하게 지킴으로써 가능하다고 믿었습니다. 그래서 그들은 예수님을 믿는 유대인들을 그들의 공동체에서 쫓아내고 그들의 영향력으로 서머나 지역의 관원들을 동원해서 믿는 유대인들을 체포하고 죽이기까지 하였습니다. 그들은 유대인이

라 하여도 실상은 하나님을 저버린 사람들이요 그들의 모임은 사탄의 회당이 되었습니다. 그리스도께서 그들의 모임을 사탄의 모임이라고 강력하게 비난한 점은 서머나 교인들이 그들에게서 당한 심한 고난을 연상시킵니다. 사도 바울도 데살로니가 교인들에게 보낸 편지에서 자신의 동족이지만 복음을 철저하게 배척하는 유대인들에 대해서 이렇게 적개심을 표현하고 있습니다. "유대인은 주 예수와 선지자들을 죽이고 우리를 쫓아내고 하나님을 기쁘시게 하지 아니하고 모든 사람에게 대적이 되어." (살전 2:15)

사도 바울 시대나 요한계시록의 저자 시대에는 믿지 않는 유대인들이 세력이 더 강해서 믿는 유대인들과 믿는 이방인들을 박해했으나 그 후 세월이 흘러 313년 콘스탄틴 황제가 밀라노 칙령을 통해서 기독교를 공인하게 되고 그 뒤에 테오도시우스 황제가 380년 기독교를 로마 제국의 유일한 국교로 만들면서 이 박해는 종식되었습니다.

"십 일 동안 환난을 받으리라."에서 십 일을 문자 그대로 해석하기보다는 그 환난이 결코 그렇게 길지 않음을 말한다고 보는 것이 옳습니다. 그러나 "네가 죽도록 충성하라."는 말씀을 보면 이 박해가 몇 사람의 생명을 앗아갈 가능성이 있음을 암시하는데 이기는 자에게 주시는 축복이 생명의 면류관이고 또한 둘째 사망의 해를 받지 않는 것이기 때문입니다. 이 박해를 끝까지 견딘 자들은 20장에 나오는 첫째 부활에 참여하는 자들이며 그리스도와 함께 천년 동안 세상을 다스리는 축복이 주어지는 자들입니다.

3) 버가모 교회에 보내는 말씀(2:12-17)

12 버가모 교회의 사자에게 편지하라 좌우에 날선 검을 가지신 이가 이르시되
13 네가 어디에 사는지를 내가 아노니 거기는 사탄의 권좌가 있는 데라 네가 내
이름을 굳게 잡아서 내 충성된 증인 안디바가 너희 가운데 곧 사탄이 사는 곳에
서 죽임을 당할 때에도 나를 믿는 믿음을 저버리지 아니하였도다 14 그러나 네게

두어 가지 책망할 것이 있나니 거기 네게 발람의 교훈을 지키는 자들이 있도다
발람이 발락을 가르쳐 이스라엘 자손 앞에 걸림돌을 놓아 우상의 제물을 먹게
하였고 또 행음하게 하였느니라 15 이와 같이 네게도 니골라 당의 교훈을 지키는
자들이 있도다 16 그러므로 회개하라 그리하지 아니하면 내가 네게 속히 가서
내 입의 검으로 그들과 싸우리라 17 귀 있는 자는 성령이 교회들에게 하시는 말
씀을 들을지어다 이기는 그에게는 내가 감추었던 만나를 주고 또 흰 돌을 줄 터
인데 그 돌 위에 새 이름을 기록한 것이 있나니 받는 자 밖에는 그 이름을 알 사
람이 없느니라.

버가모는 당시 로마 제국의 황제 숭배신전이 있었던 곳입니다. 주님은 이곳을 사탄의 권좌가 있는 곳이라 하셨습니다. 아우구스투스나 티베리우스 같은 초기의 황제들은 자신들이 살아 있는 동안에는 신으로 불리거나 예배의 대상이 되는 것을 원치 않았습니다. 백성들은 그들이 죽고 난 후에 그들을 승격시켜 신의 반열에 두고 예배를 했습니다. 그러나 칼리규라와 네로, 그리고 도미티안 같은 황제들은 그들이 살아 있을 동안에 백성들에게 신으로 숭배하기를 강요하여 특히 유일신을 섬기는 유대인들과 그리스도인들에게 엄청난 시련을 가져다주었습니다. 그레코-로만 사람들은 다신교의 시대에 살고 있었기에 수많은 신과 천사들, 그리고 영적 존재들을 섬기면서 사는 것에 익숙해져 있었습니다. 요한계시록에서도 요한은 몇 번씩이나 천사들에게 엎드려 경배하려는 모습을 보이고 있습니다. "내가 그(천사) 발 앞에 엎드려 경배하려 하니 그가 나에게 말하기를 … 삼가 그리하지 말고 오직 하나님께 경배하라."(19:10) "이것들을 보고 들은 자는 나 요한이니 내가 듣고 볼 때에 이 일을 내게 보이던 천사의 발 앞에 경배하려고 엎드렸더니 그가 내게 말하기를 나는 … 종이니 그리하지 말고 하나님께 경배하라 하더라."(22:8-9)

황제 숭배가 성행했던 버가모에서는 황제 숭배를 거절하는 안디바와 같은 순교자가 생겼습니다. 버가모 교인들은 그런 위험하고 힘든 상황 속

에서도 주님을 향한 충성심을 잃지 않았다는 것을 주님은 크게 칭찬하고 계십니다. 안디바가 죽임을 당한 곳도 '사탄이 사는 곳'이라고 분명하게 밝히고 있는 것을 보면 그때 그 황제의 신전에서 일어났던 그 시련이 얼마나 교인들에게 큰 충격으로 다가왔는지를 짐작하게 합니다.

버가모 교인 중에는 안디바와 같은 충성된 교인이 있는 반면에 몇몇 교인들은 그릇된 교훈에 끌려 신앙을 잃어버리기도 하였습니다. 발람과 발락은 민수기 22장에 등장하는 인물들로서 이스라엘 백성들이 40년에 걸친 광야 생활을 마치고 여리고 성을 점령하고자 그 성 맞은 편 모압 평지에 진을 치고 있을 때 거짓 선지자인 발람은 모압 왕 발락의 설득에 꼬임을 당하여 이스라엘을 저주하고 타락시키려고 하였습니다. 처음에 발람은 발락의 요구대로 이스라엘을 저주하고자 하였으나 하나님의 영이 임하여 오히려 이스라엘을 세 번 축복하게 되었습니다. 그러나 그 후 발락 왕의 회유에 탐욕이 발동하여 이스라엘을 타락시키게 됩니다. 발람이 예언의 영을 가졌던 사람이고 니골라 또한 미혹된 영의 능력을 소유한 사람이니 결국 버가모 교인들이 바른 진리에 거하지 아니할 때에 초자연적이고 신비한 영적인 능력을 소유한 사람들에게 미혹 당하게 된 것을 주님이 책망하신 것입니다.

1세기나 오늘날이나 미혹하는 영들이 많기 때문에 성도들은 바른 교훈을 배우고 그 교훈에 순종하는 삶을 열심히 살아야 합니다. 이 악한 영들은 놀라운 이적과 능력으로 성도들을 미혹하여 그들의 종으로 삼고자 합니다. 만약 성도들이 그들의 말을 따르지 않으면 그 성도들에게 혹독한 저주를 퍼부어 엄청난 고통을 줍니다. 요한1서 저자는 주님의 경고를 다시 한 번 새롭게 해줍니다. "사랑하는 자들아 영을 다 믿지 말고 오직 영들이 하나님께 속하였나 분별하라 많은 거짓 선지자가 세상에 나왔음이라." (요일 4:1)

주님은 회개하지 아니하면 '내 입의 검'으로 싸우리라 하셨는데, 이때 검은 말씀의 검입니다. 주님은 말씀의 진리를 가지고 거짓된 교훈을 물리치십니다. 회개하여 이기는 자에게는 주님이 광야의 양식인 감추었던 만나를 주고 아무도 그 이름을 알 사람이 없는 새 이름이 기록된 흰 돌을 주실 것이라 약속하십니다. 미혹하는 영들만이 비밀을 가진 것이 아니고 주님께서도 감추어둔 만나를 가지고 계시고 신비스럽고 비밀스러운 이름이 기록된 흰 돌을 가지고 계십니다.

4) 두아디라 교회에 보내는 말씀(2:18-29)

18 두아디라 교회의 사자에게 편지하라 그 눈이 불꽃 같고 그 발이 빛난 주석과
같은 하나님의 아들이 이르시되 19 내가 네 사업과 사랑과 믿음과 섬김과 인내
를 아노니 네 나중 행위가 처음 것보다 많도다 20 그러나 네게 책망할 일이 있노
라 자칭 선지자라 하는 여자 이세벨을 네가 용납함이니 그가 내 종들을 가르쳐
꾀어 행음하게 하고 우상의 제물을 먹게 하는도다 21 또 내가 그에게 회개할 기
회를 주었으되 자기의 음행을 회개하고자 하지 아니하는도다 22 볼지어다 내가
그를 침상에 던질 터이요 또 그와 더불어 간음하는 자들도 만일 그의 행위를
회개하지 아니하면 큰 환난 가운데에 던지고 23 또 내가 사망으로 그의 자녀를
죽이리니 모든 교회가 나는 사람의 뜻과 마음을 살피는 자인 줄 알지라 내가
너희 각 사람의 행위대로 갚아 주리라 24 두아디라에 남아 있어 이 교훈을 받지
아니하고 소위 사탄의 깊은 것을 알지 못하는 너희에게 말하노니 다른 짐으로
너희에게 지울 것은 없노라 25 다만 너희에게 있는 것을 내가 올 때까지 굳게 잡
으라 26 이기는 자와 끝까지 내 일을 지키는 그에게 만국을 다스리는 권세를 주
리니 27 그가 철장을 가지고 그들을 다스려 질그릇 깨뜨리는 것과 같이 하리라
나도 내 아버지께 받은 것이 그러하니라 28 내가 또 그에게 새벽 별을 주리라
29 귀 있는 자는 성령이 교회들에게 하시는 말씀을 들을지어다.

두아디라 교회는 에베소 교회와는 대조적으로 네 나중 행위가 처음 것보다 많다고 칭찬을 받습니다. 이 행위는 사업과 사랑과 믿음과 섬김의

행위들인데 그들의 신앙생활이 점차 깊어져 가면서 이런 열매들을 맺게 되어 주님의 칭찬을 받게 되었습니다. 그러나 이 교회의 큰 문제는 다른 교회와 같이 거짓 선지자의 가르침에 노출되어 있을 뿐 아니라 우상의 제물을 먹고 행음하는 무서운 죄에 빠져 있다는 것입니다. 신앙의 열심이 있는 이 교회 성도들의 문제는 거짓 선지자의 가르침을 분간하지 못한 것입니다. 자칭 이세벨이라는 이 선지자는 기원전 9세기 말 북왕국 이스라엘의 왕 아합의 아내처럼 거짓 종교에 열정을 품은 자였습니다.

이세벨은 두로와 시돈의 제사장이자 왕인 엣바알의 딸로서 바알 신의 열렬한 숭배자였습니다. 그녀는 남편인 아합을 통하여 권세를 휘둘러 여호와의 선지자들을 죽이고자 하였고 제단을 헐었습니다. 결국 엘리야와의 갈멜 산상에서 대결로 바알 선지자들이 참패함으로 그 뜻을 이루지 못했으나 선지자 엘리야를 죽이고자 하였습니다.(왕상 18:20-19:2) 그녀의 잔인함은 나봇을 술책으로 죽이고 그의 포도원을 교활하게 빼앗는 사건에서 잘 드러납니다. 그녀는 그러나 결국 예후에게 죽임을 당하고 그녀의 남편과 자녀들을 파멸시켰습니다.(왕하 9:30-37)

자칭 선지자라 하는 이 여자 이세벨도 거짓 종교를 열정적으로 가르쳐 열심이 있는 두아디라 성도들에게 우상의 제물을 먹게 하고 행음케 하는 죄를 범하게 하였습니다. 이 거짓 선지자의 교훈을 소위 '사탄의 깊은 것'이라 하였는데 이 교훈은 당시 그레코-로만 지역에서 널리 성행하던 태양신 아폴로와 아데미 여신을 숭배하는 종교나 박카스, 디오니소스, 키벨레와 같은 밀의(비밀) 종교들과 신비종교들, 또는 영지주의자들의 악한 교훈들을 말합니다. 이 종교들은 열심 있으나 무지한 자들을 꼬여 여러 가지의 기이한 의식과 예배행위들을 통해서 악령과의 교제나 사로잡힘, 또는 혼연일치의 황홀경과 환희의 영적 경험을 하게 함으로 그들의 삶과 영혼을 파멸시켰습니다. 이러한 신비적 영적 체험들을 통해서 악령의 주술, 비밀, 환상, 마술을 하게 함으로 건전한 신앙과 삶에서 멀어지게 하였습니다.

이러한 영적 체험들에 열심 있는 자들은 자신들이 신들의 깊은 것을 터득한 완전한 자들이라 생각하고 그런 경험들을 하지 못한 다른 사람들을 소외시키거나 멸시하였습니다. 이들은 또한 영적인 교만과 엘리트주의에 빠져 건전한 도덕과 윤리와 양심을 무시하는 도덕률 폐기론자들(antinomians)이 되어 교회를 분열시키거나 문제를 일으켰습니다. 그리스도는 "그 눈이 불꽃 같다."고 묘사되어 있는데 이것은 본문에 있는 것같이 그리스도는 '사람의 뜻과 마음을 살피는 자'라는 뜻입니다. 그래서 그분은 교회의 모든 문제와 갈등의 원인을 잘 아시고 심판하실 것입니다.

이런 문제가 고린도 교회에서도 발생하여 사도 바울이 유례없는 엄격함으로 대처한 사례가 기록되어 있습니다. 고린도전서 5장에 나타나는 어떤 사람이 이방인도 하지 않는 가공할 범죄를 저질렀는데, 그는 그 아비의 아내를 취한 것이었습니다. 이 사람의 종교적 배경에 대해서는 여러 학설이 있지만 이 사람이 어떤 영적 우월함으로 건전한 윤리를 초월한다고 생각하였음이 틀림없고 고린도 교인들도 그 사람을 제재할 수 없을 정도로 영향력이 있었음이 분명합니다. 바울은 "그 일 행한 자를 너희 중에서 쫓아내라."(고전 5:2)고 하였고 그를 "사탄에게 내주었으니"(5:5)라고 하면서 강경한 조치를 취하였는데 이것은 그가 다른 성도들에게 악한 영향력을 행사하기 때문입니다.

주님은 열심이 있으나 그릇된 종교와 영적 체험을 추구하는 교인들에게 회개할 것을 경고하고 그렇지 않을 경우에 마치 이세벨 왕후가 당한 것처럼 큰 환난을 당하고 자녀들이 파멸하는 징벌을 받게 될 것이라고 경고합니다. 주님은 철장을 가지고 질그릇을 깨뜨리는 것과 같이 하리라고 하시면서 단호하게 경고하시는 것은 이런 거짓 종교나 영적 체험에 빠지면 온 교회를 파멸시킬 수 있을 뿐 아니라 사회적으로 교회가 지탄을 받게 되기 때문입니다.

제3장

5) 사데 교회에 보내는 말씀(3:1-6)

1 사데 교회의 사자에게 편지하라 하나님의 일곱 영과 일곱 별을 가지신 이가 이
르시되 내가 네 행위를 아노니 네가 살았다 하는 이름은 가졌으나 죽은 자로다
2 너는 일깨어 그 남은 바 죽게 된 것을 굳건하게 하라 내 하나님 앞에 네 행위의
온전한 것을 찾지 못하였노니 3 그러므로 네가 어떻게 받았으며 어떻게 들었는
지 생각하고 지켜 회개하라 만일 일깨지 아니하면 내가 도둑 같이 이르리니 어
느 때에 네게 이를는지 네가 알지 못하리라 4 그러나 사데에 그 옷을 더럽히지
아니한 자 몇 명이 네게 있어 흰 옷을 입고 나와 함께 다니리니 그들은 합당한
자인 연고라 5 이기는 자는 이와 같이 흰 옷을 입을 것이요 내가 그 이름을 생명
책에서 결코 지우지 아니하고 그 이름을 내 아버지 앞과 그의 천사들 앞에서 시
인하리라 6 귀 있는 자는 성령이 교회들에게 하시는 말씀을 들을지어다.

사데 교회는 한쪽으로는 헤르무스 강으로 인한 비옥한 평야가 있고 다른 한쪽으로는 깎아지른 암벽으로 견고하게 자리 잡은 도시에 있는 비교적 부유한 교회였습니다. 이런 환경에 있는 교회가 처하기 쉬운 영적 위험을 주님은 간결하게 이렇게 표현했습니다. "살았다 하는 이름은 가졌으나 죽은 자." 이 신앙은 경건의 모양은 있으나 경건의 능력은 부인하는 신앙으로서(딤후 3:5) 마지막 날에 나타나는 안일하고 세상일로 바쁜 신앙인의 모습을 그려주고 있습니다. 그런데 주님은 그런 상태에서도 아직 죽기 전의 남은 것이 있음을 상기시키면서 그것을 굳게 지킬 것을 말씀하십니다. 아직 남은 것을 굳게 붙잡으면 처음 복음의 진리를 듣고 구원을 받았던 그 감격과 회개의 눈물을 회복하게 될 것입니다. 이 말씀은 온전하지는 못하지만 그래도 아직 남은 것을 근거로 해서 회개하고 믿음을 굳게 지키라는 주님의 간절한 심정이 담긴 부탁입니다.

그렇지 않으면 주님께서 도둑같이 임할 것이라고 경고하고 계시는데, 이 경고는 사데 사람들이 역사적으로 두 차례나 경험했던 이 도시의 함락을 상기시킵니다. 이 사데 시는 기원전 549년 페르샤의 고레스 왕에 의해, 기원전 218년 시리아의 안티오쿠스 3세에 의해 각각 함락당했습니다. 이때 적군들은 가파른 암벽 때문에 공격하기 어려운 쪽을 수비가 소홀한 틈을 타서 기습적으로 공격함으로 그 도시를 점령했습니다. 주님이 이 역사적 사건을 상기시키는 것은 우리의 신앙이 든든하다고 잘못 생각하고 소홀히 하는 틈을 사탄은 교묘하게 이용해서 우리를 무너뜨릴 수 있다는 것을 가르쳐 주시고자 함입니다.

신앙이 해이하면 거짓 종교나 미신에 휩싸이기 쉽습니다. 사데 지역에서는 밀의(비밀) 종교인 키벨레 여신을 예배하는 종교가 성행했는데 이 종교로 인해서 사데 교인들은 시험을 당했을 가능성이 큽니다. 그리스도께서 일곱 영을 가지고 계신다는 것은 그분이 영적 세계를 주관하고 거짓 영들의 정체를 아신다는 것입니다. 그래서 그리스도의 영을 가지고 있으면 악한 영들의 미혹을 막을 수 있습니다. 별은 일반적으로 천사를 상징하고 있기 때문에 그리스도께서 일곱 별을 가지고 계신 것은 모든 천사를 주관하신다는 의미입니다.

이 교회에는 거짓된 종교의 유혹을 과감히 물리친 성도들이 아직 남아 있었기 때문에 주님은 그들을 더욱 격려하시면서 주님과 함께 흰옷을 입고 다니는 축복을 약속하십니다. 그리고 그들의 이름이 생명책에 기록되고 주님께서 그 이름을 하나님 앞에서 시인할 것이라 말씀하십니다.

6) 빌라델비아 교회에 보내는 말씀(3:7-13)

7 빌라델비아 교회의 사자에게 편지하라 거룩하고 진실하사 다윗의 열쇠를 가
지신 이 곧 열면 닫을 사람이 없고 닫으면 열 사람이 없는 그가 이르시되 8 볼지
어다 내가 네 앞에 열린 문을 두었으되 능히 닫을 사람이 없으리라 내가 네 행

위를 아노니 네가 작은 능력을 가지고서도 내 말을 지키며 내 이름을 배반하지
아니하였도다 9 보라 사탄의 회당 곧 자칭 유대인이라 하나 그렇지 아니하고 거
짓말 하는 자들 중에서 몇을 네게 주어 그들로 와서 네 발 앞에 절하게 하고 내
가 너를 사랑하는 줄을 알게 하리라 10 네가 나의 인내의 말씀을 지켰은즉 내가
또한 너를 지켜 시험의 때를 면하게 하리니 이는 장차 온 세상에 임하여 땅에
거하는 자들을 시험할 때라 11 내가 속히 오리니 네가 가진 것을 굳게 잡아 아무
도 네 면류관을 빼앗지 못하게 하라 12 이기는 자는 내 하나님 성전에 기둥이 되
게 하리니 그가 결코 다시 나가지 아니하리라 내가 하나님의 이름과 하나님의
성 곧 하늘에서 내 하나님께로부터 내려오는 새 예루살렘의 이름과 나의 새 이
름을 그이 위에 기록하리라 13 귀 있는 자는 성령이 교회들에게 하시는 말씀을
들을지어다.

주님은 모처럼 마음에 드시는 교회를 만났으니 이 교회가 바로 빌라델비아 교회입니다. 이 교회는 작은 능력을 가지고서도 주님의 말씀을 지키고 그 이름을 저버리지 않았음을 주님은 칭찬하십니다. 여기서 주님은 “다윗의 열쇠”를 가진 분으로 묘사되는데, 이것은 주님이 하나님 나라의 출입을 주관하는 권세를 가진 것을 의미합니다.

빌라델비아는 ‘형제애’라는 의미를 지닌 성읍으로 소아시아 서편 루디아 지역에 있으며 로마로 가는 길에 인접해 있습니다. 이 성읍은 그 자체로서 어떤 발전된 산업이나 상업의 중심지는 아니기 때문에 그곳에 위치한 교회도 큰 능력을 가지기가 어려웠을 것입니다. 교회의 규모와 예산이 작았을 것이고 교인 중에서 유력한 자들도 많이 없었을 것입니다. 작은 능력을 가진 교회는 여러 가지 어려움을 이겨내야 하는데 오랜 세월 동안 그 어려움을 이겨내기가 쉽지 않습니다.

주님께서 이 교회가 ‘나의 인내의 말씀을 지켰은즉’ 하고 칭찬하신 것을 보면 이 교회는 작은 능력을 가지고서도 쉽게 좌절하지 않고 세상과 타협하지도 않고 그 믿음을 끝까지 지켰음을 알 수 있습니다. 주님께서 이

작은 교회를 칭찬하시는 것을 보면 교회의 규모나 예산보다도, 교회의 대외적 활동보다도 주님의 말씀을 지키고 주님의 이름을 배반하지 않는 것이 얼마나 중요한지를 깨닫게 됩니다.

교인들이나 세상 사람들의 인정보다도 주님의 인정을 받는 것이 무엇보다도 중요함은 이 교회가 주님과 항시 열린 관계를 가지고 있으며 이 세상의 그 무엇도 그 문을 닫을 수 없는 축복을 받고 있다는 것입니다. 사탄과 같은 일을 하는 자칭 유대인의 회당 사람들이 이 성도들을 괴롭히지만, 주님께서는 그들이 성도들 앞에 무릎을 꿇도록 하시겠다고 약속하심으로 성도들의 두려움을 물리쳐 주십니다. 빌라델비아 지역도 소아시아의 다른 지역처럼 유대인들의 영향력이 강하였고 상대적으로 더 큰 세력을 가진 유대인의 회당이 작은 이 교회를 위협했을 것입니다. 그러나 인내와 믿음으로 단련한 이 교회는 아무리 세력이 큰 다른 종교의 반대가 있어도 두려워할 이유가 없다는 것을 말해 줍니다.

주님의 또 다른 축복은 이 교회 성도들이 끝까지 인내함으로 장차 닥치게 될 일곱 나팔과 일곱 대접의 재난과 시험을 면하게 해주시겠다는 것입니다. 그들은 이 시련의 때를 거치지 않고 바로 새 예루살렘 성에 들어갈 수 있게 된 것입니다. 이것을 보면 마지막 때에는 작은 능력을 가진 교회에서 주님의 말씀을 지키고 그 이름을 배반하지 않고 사는 것이 큰 축복이란 사실을 알 수 있습니다.

소아시아의 여러 교회 가운데서 이 교회를 지적해서 칭찬하시는 주님의 뜻은 다른 교회들도 이 교회를 본받기 원하시는 것입니다. 죄악이 만연한 때에는 큰 능력을 얻기 위해서 주님의 말씀을 가볍게 여기고 그 이름을 더럽히는 것보다 빌라델비아 교회의 본을 받는 것이 받은 구원을 끝까지 지키는 길일 것입니다. 이 교회에 주신 주님의 말씀은 오늘 우리 교회들과 교인들이 성령님의 도우심을 받아 깊이 마음에 새겨야 할 것입니다.

7) 라오디게아 교회에 보내는 말씀(3:14-22)

14 라오디게아 교회의 사자에게 편지하라 아멘이시요 충성되고 참된 증인이시
요 하나님의 창조의 근본이신 이가 이르시되 15 내가 네 행위를 아노니 네가 차
지도 아니하고 뜨겁지도 아니하도다 네가 차든지 뜨겁든지 하기를 원하노라
16 네가 이같이 미지근하여 뜨겁지도 아니하고 차지도 아니하니 내 입에서 너를
토하여 버리리라 17 네가 말하기를 나는 부자라 부요하여 부족한 것이 없다 하나
네 곤고한 것과 가련한 것과 가난한 것과 눈 먼 것과 벌거벗은 것을 알지 못하
는도다 18 내가 너를 권하노니 내게서 불로 연단한 금을 사서 부요하게 하고 흰
옷을 사서 입어 벌거벗은 수치를 보이지 않게 하고 안약을 사서 눈에 발라 보게
하라 19 무릇 내가 사랑하는 자를 책망하여 징계하노니 그러므로 네가 열심을
내라 회개하라 20 볼지어다 내가 문 밖에 서서 두드리노니 누구든지 내 음성을
듣고 문을 열면 내가 그에게로 들어가 그와 더불어 먹고 그는 나와 더불어 먹으
리라 21 이기는 그에게는 내가 내 보좌에 함께 앉게 하여 주기를 내가 이기고 아
버지 보좌에 함께 앉은 것과 같이 하리라 22 귀 있는 자는 성령이 교회들에게 하
시는 말씀을 들을지어다.

라오디게아 성읍은 소아시아의 루커스 강가의 계곡에 자리 잡고 있으며, 에베소에서 시리아에 이르는 대로에 인접해 있으므로 교통의 요충지였고 상업도 활발한 도시였습니다. 이 성읍은 비옥한 땅과 초원을 가지고 있어서 일찍부터 모직물을 이용한 섬유와 의류 산업이 번성하였고 안약 제조업과 금융업도 발전하였습니다. 그래서 물질적 풍요를 누리고 큰 자본력에 의한 뛰어난 도시 시설을 자랑하였습니다. 이 도시의 규모로 큰 극장들, 운동 경기장들, 체육관, 공중목욕탕 및 신전들이 많은 사람을 끌어들였습니다.

그런데 이 도시는 교통의 요충지에 건설되어 자연적인 환경이 열악했습니다. 특히 심각한 문제는 생수가 부족했다는 것입니다. 그래서 이 도시

사람들은 멀리 남쪽 약 10km 지점에 있는 데니즐리(Denizli) 근처에 있는 샘들로부터 폭이 약 1m 정도가 되는 돌 수도관을 통해서 생수를 이 도시로 끌어들였습니다. 그런데 이 물이 먼 거리를 오는 동안 처음 생수가 가졌던 차고 신선한 맛이 없어지고 오는 도중에 불순물도 섞여서 물의 가치가 떨어졌습니다. 특히 날씨가 무더운 여름철에는 미지근한 그 물을 마셨다가 토해내는 사람들도 있었습니다.

이 도시의 북쪽 약 10km 되는 위치에 있는 히에라폴리스(Hierapolis)에는 광물질이 풍부하게 녹아 있는 유명한 광천수가 있었는데 이 뜨거운 광천수는 풍부한 광물질로 말미암아 피부병과 같은 병들에 효과가 있었습니다. 특히 라오디게아 성읍은 의료 기술이 발달하여 가르치고 배우는 학원들이 번성했습니다. 의약품 중에서도 눈에 바르는 안약과 귓병을 낫게 하는 연고가 유명해서 원근 지역에서부터 사람들이 몰렸습니다. 그런데 이 온천수도 먼 거리를 흘러오는 동안에 치유효과를 내는 뜨거운 수질이 변해서 그 효과가 약해졌습니다. 이 도시에 있는 교회에 주님이 하신 말씀은 이 도시의 이런 환경을 염두에 둘 때 이해하기가 쉽습니다.[4)]

사실, 이 교회는 다른 교회들처럼 거짓 사도들이나 선지자들의 교훈에 빠지거나 우상 숭배나 음란의 행위로 책망을 받지도 않았습니다. 이 교회가 책망을 받은 것은 그 교인들의 삶과 신앙의 자만한 모습 때문입니다. “나는 부자라 부요하여 부족한 것이 없다.” 그 교인들이 생각하기에는 풍요롭고 만족스러운 교회인데 주님이 보시는 관점은 다릅니다. “네 곤고한 것과 가련한 것과 가난한 것과 눈 먼 것과 벌거벗은 것을 알지 못하는도다.”

많은 주석가들은 이 교회를 풍요로운 현대 교회에 비유합니다. 물질적 풍요와 부가 가져다주는 신앙의 위기를 잘 지적하고 있다는 것입니다. 삶이 편안해지고 만족스러워지면 가련한 죄인으로서 주님의 큰 은총을

4) R. H. Mounce, *The Book of Revelation* (W. B. Eerdmans, 1977), 123–125.

받고 구원받았다는 사실을 잊기 쉽습니다. 그 구원의 은총에 감격해서 주님을 열심히 사랑했던 삶이 먼 과거의 아련한 기억이 되기도 합니다. 그래서 주님께서 "네가 열심을 내라 회개하라."라고 말씀하십니다. 주님의 이런 책망은 주님 안에서 형제 자매 된 성도들이 이 지역에서 그렇게 멀지 않은 교회에서 궁핍과 환난을 당하고(서머나 교회), 증인 안디바가 죽임을 당하며(버가모 교회), 작은 능력으로 힘겹게 믿음을 지켜나가는(빌라델비아 교회) 성도들이 있으며 더구나 지도자격인 요한이 믿음으로 인해서 밧모 섬에서 고난을 당하고 있는 상황에서 "나는 부자라 부요하며 부족한 것이 없다."고 자만하는 이 교회에 대한 섭섭함이 담겨 있을 것입니다.

잠언 기자의 기도가 기억됩니다. "… 나를 가난하게도 마옵시고 부하게도 마옵시고 오직 필요한 양식으로 나를 먹이시옵소서 혹 내가 배불러서 하나님을 모른다 여호와가 누구냐 할까 하오며…."(잠 30:8-9) 또한 주님이 양과 염소의 비유로 잘 말씀하신 것처럼 자만한 삶은 네 이웃의 고통이 보이지 않게 합니다. "… 이 지극히 작은 자 하나에게 하지 않은 것이 곧 내게 하지 아니한 것이니라."(마 26:45) 그러나 이 교회에 대해서도 주님은 사랑하는 마음을 버리지 않으시고 문 밖에서 두드리시고 그 음성을 듣기를 원하십니다. 그래서 그 교인들이 문을 열고 함께하는 삶을 살기를 청하십니다. 주님은 말씀하십니다. "내가 사랑하는 자를 책망하여 징계하노니."

이상으로 일곱 교회에 보낸 편지들을 대략 읽어 보았습니다. 이제 일곱 교회에 보낸 편지들을 종합해서 살펴보겠습니다.

일곱 교회에 보낸 편지들은 고대 헬라 세계에서 널리 사용되던 수사학적 기법에 따라서 쓰였음을 알 수 있습니다. 여러 가지 수사학적 기법들이 있지만, 이곳에서는 특히 과시적 혹은 예전적(epideictic/ceremonial) 기법이 사용되었는데 이 기법은 수신자를 칭찬하거나 꾸중함으로써 그의 잘된 점을 위로하고 못된 점을 교정하거나 경계하기 위함입니다.

저자는 또한 청자들의 기억을 돕기 위해서 고대 세계에서 흔하게 사용하던 교차대조(chiasm) 구조를 사용하고 있습니다. 그리스도께서 일곱 교회에 보내는 위로와 책망이 여러 가지가 있지만 대략 아래와 같은 구도로 이해해 볼 수 있습니다.

a. 에베소 교회: 처음 사랑을 버렸느니라(2:4).

b. 서머나 교회: 칭찬받는 교회, 자칭 유대인의 비방(2:9).

c. 버가모 교회: 안디바의 죽음(2:13), 죽었으나 살았음.

d. 두아디라 교회: 거짓 선지자, 우상의 제물, 행음.

c'. 사데 교회: 살았으나 죽었다(3:1).

b'. 빌라델비아 교회: 칭찬받는 교회, 자칭 유대인의 굴복(3:9).

a'. 라오디게아 교회: 사랑하는 자를 책망하여 징계하노니(3:19).

교차대칭이라는 문학적 구도에서 저자가 전하고자 하는 주요 메시지는 그 구도의 중간에 두어집니다. 여기서는 두아디라 교회에 보낸 메시지가 됩니다. 이 구도는 에베소 교회와 라오디게아 교회가 서로 대칭이 되며, 서머나 교회와 빌라델비아 교회가 대칭이 됩니다. 그리고 버가모 교회와 사데 교회가 대칭이 됩니다.

이 교차 대칭 구조로 보면 저자가 강조하는 중요 메시지는 두아디라 교회에 보낸 것으로서 거짓 선지자를 삼가고 우상의 제물과 행음을 피하라는 것입니다. 이 주제는 요한계시록 전체에 걸쳐서 반복해서 나타나는 주제인 만큼 요한계시록의 주된 메시지 중의 하나라 할 수 있습니다.

일곱 교회에 주신 말씀들을 종합해 보면 오늘날 우리에게 주시는 여러 가지 메시지가 크게 부각됩니다. 일곱 교회 중에서 칭찬만 받는 교회는 어딥니까? 서머나 교회와 빌라델비아 교회입니다. 서머나 교회와 빌라델비아 교회는 왜 칭찬을 받았습니까? 서머나 교회와 빌라델비아 교회는 환난과 궁핍, 적은 능력 중에서도 신앙을 지키는 교회였습니다. 이것을 보면 작고 힘들지만 믿음을 지킨 교회에는 주님의 위로와 축복의 약속이 있습니다. 부유하고 교만한 라오디게아 교회는 경고와 책망을 받습니다. 경고와 책망은, 그러나 주님께서 사랑하시는 증거로서 회개하게끔 하기 위한 것입니다.

에베소 교회는 주님을 위한 열심과 인내를 가지고 거짓 사도와 영지주의인 니골라당을 배척한 점은 칭찬을 받습니다. 그러나 이 교회는 처음 사랑과 처음 행위를 잃어버린 것에 대해 책망을 받습니다. 버가모 교회는 사탄의 권좌가 있는 곳으로 안디바가 순교까지 하였지만, 그 믿음을 저버리지 않았습니다. 여기서 사탄의 권좌는 황제 숭배 신전을 의미합니다. 그러나 주님은 이 교회가 발람과 니골라 당과 같은 그릇된 교훈을 가르치는 자들을 용납한 것을 책망하십니다. 두아디라 교회는 사업과 사랑과 믿음과 섬김과 인내가 점점 성장하는 것을 칭찬받으나 거짓 선지자 이세벨을 받아들여 행음하고 우상의 제물을 먹은 것에 대해 책망을 받습니다. 그리고 주님은 거짓 선지자의 영적인 은밀한 교훈을 경계하라고 말씀하십니다. 사데 교회는 살았다는 이름은 가졌으나 실상은 죽은 자라는 책망을 당하며 회개하라는 경고의 말씀을 듣습니다. 주님은 이 교회들이 회개하고 말씀을 지키면 각 교회에 합당한 보상을 주시겠다는 약속을 하십니다. 생명나무의 열매(2:7), 둘째 사망에서의 면제(2:11), 만나와 흰 돌(2:17), 만국을 다스리는 권세와 새벽 별(2:26), 흰 옷과 생명책에 기록(3:5), 성전의 기둥(3:12), 보좌에 함께 앉음(3:21).

일곱 교회는 교회마다 특징이 있지만, 이 교회들이 모두 다 겪는 문제들은 핍박과 세속화입니다. 이 문제들은 이 교회들이 이방 지역에 있다 보니 이방인들의 영향을 많이 받음으로 발생하는 것입니다. 그래서 유대인들과 이방인들이 섞여 있는 일곱 교회는 문화와 종교적인 갈등이 많았습니다. 주님께서 가장 경계하는 것은 우상과 관련된 것이고 음행의 문제입니다. 유대인들이 이방인들을 꺼리고 접촉하기 싫어하는 가장 큰 이유가 바로 우상입니다. 유대인들이 보기에 이방인들은 우상숭배자들입니다. 그리고 유대인들이 이방인에 대해서 경멸했던 부분은 이방인들의 성적 문란이었습니다. 유대인들은 이방인들을 개와 돼지라고 불렀는데 그것은 그들이 성적인 정절이 없다는 것입니다. 유대인들은 '이방인들에게는 아버지가 없다.'고 비방했는데 이것은 유대인들이 이방인들의 성적 문란에 대해서 혐오감을 느꼈던 표현입니다.

그리스도께서 일곱 교회에 편지하는 것은 표면적으로 보면 그 교회들이 겪는 문제들에 대한 해결책을 제시하고자 하는 것처럼 보이지만 보다 심층적으로는 그리스도와 교회 간의 깊은 사랑의 관계가 단절되는 것을 막고자 함입니다. 교회는 그리스도의 신부로서 교회와 그리스도 간의 관계는 혼인의 관계입니다.(엡 5:32) 그래서 신랑으로서의 주님은 신비스러운 연합의 관계가 우상숭배와 음행으로 인해서 깨어지려고 하는 근원적 문제를 지적하고 있습니다. 첫 번째 교회인 에베소 교회에 보낸 편지에서 첫사랑을 잃어버렸다는 책망과 마지막 교회인 라오디게아 교회에 대해서 사랑하는 자를 책망한다는 주님의 말씀은 이 편지들이 근본적으로 그리스도께서 교회를 위해 자신의 몸을 버리기까지 한 그 사랑을 회복하고자 하는 데 목적이 있음을 알려줍니다. 결국, 그리스도께서 일곱 교회에 보낸 편지는 그리스도와 교회 간의 혼인의 관계에서 지켜져야 할 사랑과 신실함을 회복하시고자 하는 것입니다. 사랑을 잃어버리면 그 뒤에는 많은 죄가 따라오게 되어 있는 것입니다.

이 신비스러운 혼인 관계의 회복을 위해서 그리스도께서 때로는 위로와 격려의 말씀을 하시고 때로는 책망과 경고의 말씀을 하십니다. 그 후에 요한에게 보여주는 묵시적 환상은 단지 위로와 책망의 말씀만으로 그 목적을 이루기 어렵기 때문에 그 후에 일어날 일들을 보여줌으로 자신의 피값으로 산 교회를 끝까지 지키고자 하시는 주님의 간절한 뜻을 이루고자 하는 것입니다. 그리스도께서 가지신 이 소망은 모든 대적자를 다 물리치신 후에 하늘나라에서 열린 어린 양의 혼인잔치에서 끝까지 사랑의 정절과 신실함을 지킨 성도들과 혼인관계를 다시 성대하게 가짐으로 이루어집니다.

주님께서 교회에 닥치는 여러 가지 문제들을 지적한 것은 교회를 책망하고 파멸시키고자 함이 아니요, 오직 회개하여 받은 구원을 인내와 믿음으로 끝까지 지켜나가기를 간절히 원하시기 때문입니다. 이것은 모든 교회에 보내는 메시지에 공통으로 마지막에 등장하는 "이기는 자"에게 주시고자 하는 축복을 보면 알 수 있습니다.

그런데 2장과 3장을 읽는 데 해석자들에게 어려움을 주는 문제가 있습니다. 본문을 보면 처음 시작은 인자 같은 이가 "이렇게 기록하라."고 시작하는데 제일 뒤에는 모두 "성령이 교회들에게 하시는 말씀을 들으라."고 되어 있습니다. 이 어려움은 요한복음 16:13과 관련지어 이 부분을 해석하면 해결됩니다. 요한복음 16:13에는 예수 그리스도와 성령의 관계를 명확히 설명하고 있습니다. "그러나 진리의 성령이 오시면 그가 너희를 모든 진리 가운데로 인도하시리니 그가 스스로 말하지 않고 오직 들은 것을 말하며 장래 일을 너희에게 알리시리라."

이 구절이 중요한 것은 예수 그리스도와 성령 간의 관계를 잘 설명하고 있기 때문입니다. 예수께서 말씀하시면 성령님은 그것을 깨우쳐 주십니다. 요한계시록에서도 예수께서 말씀하시고 성령께서 그것을 깨우쳐 주십니다. 그래서 말씀은 예수께서 하시는데 그 말씀을 들을 수 있는 사람은 성령의 감동을 받은 '귀 있는 사람'입니다. 그리고 일곱 교회에 거듭 말씀하시는 것은 핍박과 세속화의 유혹을 이겨내라는 것입니다. 이 말씀이 일곱 교회에 공통으로 나오는 것은 그만큼 이 주제가 중요하다는 것을 말해줍니다. 사실, 이 말씀은 요한계시록 메시지의 핵심입니다. "성도들의 인내와 믿음이 여기 있느니라."(13:10) "성도들의 인내가 여기 있나니 그들은 하나님의 계명과 예수에 대한 믿음을 지키는 자니라."(14:12)

3. 보좌와 어린 양(4:1–5:14)

제4장

1 이 일 후에 내가 보니 하늘에 열린 문이 있는데 내가 들은 바 처음에 내게 말하
던 나팔 소리 같은 그 음성이 이르되 이리로 올라오라 이 후에 마땅히 일어날
일들을 내가 네게 보이리라 하시더라 2 내가 곧 성령에 감동되었더니 보라 하늘
에 보좌를 베풀었고 그 보좌 위에 앉으신 이가 있는데 3 앉으신 이의 모양이 벽
옥과 홍보석 같고 또 무지개가 있어 보좌에 둘렸는데 그 모양이 녹보석 같더라
4 또 보좌에 둘려 이십사 보좌들이 있고 그 보좌들 위에 이십사 장로들이 흰 옷
을 입고 머리에 금관을 쓰고 앉았더라 5 보좌로부터 번개와 음성과 우렛소리가
나고 보좌 앞에 켠 등불 일곱이 있으니 이는 하나님의 일곱 영이라 6 보좌 앞에
수정과 같은 유리 바다가 있고 보좌 가운데와 보좌 주위에 네 생물이 있는데 앞
뒤에 눈들이 가득하더라 7 그 첫째 생물은 사자 같고 그 둘째 생물은 송아지 같
고 그 셋째 생물은 얼굴이 사람 같고 그 넷째 생물은 날아가는 독수리 같은데
8 네 생물은 각각 여섯 날개를 가졌고 그 안과 주위에는 눈들이 가득하더라 그
들이 밤낮 쉬지 않고 이르기를 거룩하다 거룩하다 거룩하다 주 하나님 곧 전능
하신 이여 전에도 계셨고 이제도 계시고 장차 오실 이시라 하고 9 그 생물들이
보좌에 앉으사 세세토록 살아 계시는 이에게 영광과 존귀와 감사를 돌릴 때에
10 이십사 장로들이 보좌에 앉으신 이 앞에 엎드려 세세토록 살아 계시는 이에
게 경배하고 자기의 관을 보좌 앞에 드리며 이르되 11 우리 주 하나님이여 영광
과 존귀와 권능을 받으시는 것이 합당하오니 주께서 만물을 지으신지라 만물이
주의 뜻대로 있었고 또 지으심을 받았나이다 하더라.

일곱 교회에 보낸 각각의 편지 끝부분에는 인자 같은 이가 위로와 약속을 하거나 경고를 합니다. 이 약속들과 경고들이 결코 헛되지 않다는 것

과 그것들이 추상적이고 먼 이야기가 아니라는 것을 보여주기 위해서 요한은 직접 하늘로 올리어집니다. 요한은 환상 중에 하늘로부터 '올라오라'는 말을 듣고 하늘로 올라가게 됩니다. 여기에서부터 이야기의 무대는 지상이 아니라 하늘이 됩니다. 여기부터 본격적으로 묵시 장르가 열립니다. 이 사이에 문학적 장르로 보면 틈(gap)이 생기는데 이 틈은 이야기의 흐름에 따라 메꿀 수 있습니다.

앞 장면의 일곱 교회에 보낸 편지에서 나타난 정죄와 보상이 어떻게 이루어질 것인지를 보여주는 것이 하늘의 이야기입니다. 이것은 일종의 장면 전환의 기법인데 이 부분에서 이야기의 배경은 땅에서 하늘로 바뀌고 교회에 대한 판단에서 세상의 심판으로 그 주제가 전환됩니다. 또한, 등장인물도 인자 같은 이에서 어린 양으로 바뀌고 경고나 꾸중에서 본격적인 심판으로 바뀝니다. 그렇게 해서 4장에서는 하늘 보좌의 묘사가 나타납니다.

3장까지 편지를 보낸 다음에 3장과 4장의 연결고리는 요한을 하늘로 불러올리는 하나님의 초청입니다. 창세기에서도 소돔의 심판 이야기에서 하나님은 먼저 아브라함에게 자신이 할 일을 알려줍니다. "그 사람들이 거기서 일어나서 소돔으로 향하고 아브라함은 그들을 전송하러 함께 나가니라 여호와께서 이르시되 내가 하려는 것을 아브라함에게 숨기겠느냐." (창 18:16-17)

주님께서는 자신이 할 일을 미리 요한에게 보여주시고자 합니다. 이 경험은 신비한 것으로 일종의 휴거와 같습니다. 요한이 하늘에 올라가서 거기서 하나님의 보좌를 보고 천상의 존재들을 만납니다. 사도 바울의 경우도 환상을 통해서 하늘에 올라간 경험이 있습니다. 고린도후서 12장에 보면 바울이 3층 하늘에 끌려 올라간 이야기를 기록하고 있습니다. 그는 그곳에서 보고 들은 것을 말로 표현할 수 없었다고 말합니다. 그리고 그는 자기 자신이 어떻게 끌려 올라갔는지도 분명하게 말할 수 없다고 말합니다. 이것은 일종의 무아지경과 같은 경지에서 경험한 일입니다.

요한의 경우는 바울과 달리 좀 더 명확하게 자신의 경험을 묘사하고 있습니다. 하나님은 감히 묘사할 수가 없는 분이기에 보좌로 대체됩니다. 천상에는 이십사 장로들이 있는데 이들은 구약성경의 제사장들이 24반열로 구성된 것을 나타내는데 여기서는 이스라엘의 12족장과 12사도를 의미합니다. 이들은 전체적으로 구약성경과 신약성경의 대표적 인물들을 포괄하고 있습니다.

그 보좌 주변과 앞에는 하나님의 일곱 영이 있고 유리 바다가 있습니다. 그리고 보좌 가운데와 주변에는 네 생물이 있는데, 이 존재들은 에스겔서 1:4-28에 자세하게 묘사되어 있습니다. 이사야서 6장에도 하늘에 관한 묘사가 나타납니다. 요한계시록의 환상장면은 에스겔서나 이사야서와 같은 구약성경의 묘사들을 많이 인용하고 있습니다. 그 생물들의 모습이 어떻습니까? 그들은 사자와 송아지, 그리고 독수리 같은 동물들같이 생겼으면서 날개가 있고 수많은 눈이 있어서 사방팔방을 다 볼 수 있습니다. 세 번째 생물은 얼굴이 사람 같은 모습을 하고 있습니다. 땅 짐승의 대표는 사자이고, 가축들의 대표는 송아지이고, 공중 짐승의 대표는 독수리인데 얼굴이 사람 같은 모습을 하고 있는 셋째 생물을 합하면 그들은 땅에 있는 모든 존재를 상징한다고 볼 수 있습니다. 그들에게 눈이 사방에 있다는 것은 모든 것을 볼 수 있다는 의미로 하나님의 전지성을 상징적으로 보여주고 있습니다. 그리고 날개가 있다는 것은 수시로 어디든지 이동할 수 있다는 것을 말합니다.

4장의 전반적인 분위기를 보면 하나님의 나라에서는 항상 예배와 찬양이 있다는 것을 알 수 있습니다. 예배와 찬양은 구속받은 사람들의 특권입니다. 구원받은 자들은 예배와 찬양을 통해서 기쁨과 능력을 회복합니다.

제5장

1 **내가 보매 보좌에 앉으신 이의 오른손에 두루마리가 있으니 안팎으로 썼고 일**

곱 인으로 봉하였더라 [2] 또 보매 힘있는 천사가 큰 음성으로 외치기를 누가 그
두루마리를 펴며 그 인을 떼기에 합당하냐 하나 [3] 하늘 위에나 땅 위에나 땅 아
래에 능히 그 두루마리를 펴거나 보거나 할 자가 없더라 [4] 그 두루마리를 펴거
나 보거나 하기에 합당한 자가 보이지 아니하기로 내가 크게 울었더니 [5] 장로
중의 한 사람이 내게 말하되 울지 말라 유대 지파의 사자 다윗의 뿌리가 이겼으
니 그 두루마리와 그 일곱 인을 떼시리라 하더라 [6] 내가 또 보니 보좌와 네 생물
과 장로들 사이에 한 어린 양이 서 있는데 일찍이 죽임을 당한 것 같더라 그에
게 일곱 뿔과 일곱 눈이 있으니 이 눈들은 온 땅에 보내심을 받은 하나님의 일
곱 영이더라 [7] 그 어린 양이 나아와서 보좌에 앉으신 이의 오른손에서 두루마리
를 취하시니라.

요한이 하늘나라에서 경험한 이야기는 하나님의 오른손에 들려 있는 두루마리(scroll)에 초점이 맞추어집니다. 옛날 사람들은 책을 두루마리 형태로 만들었는데 구약성경의 사본이 대부분 두루마리로 되어 있습니다. 그런데 신약성경이 만들어질 때 지금의 책의 형태(codex)를 가지게 되었습니다. 하나님의 오른손에는 두루마리 형태로 된 책이 놓여 있습니다. 그 책에는 어떤 내용이 담겨 있는지 아무도 알 수 없는 비밀로 되어 있는데, 그 이유는 일곱 인으로 철저하게 봉인되어 있기 때문입니다. 요한은 그 두루마리의 내용을 알고 싶지만 어느 누구도 그것을 열 수 없기에 슬피 울고 있는데 한 장로가 그에게 와서 그것을 열 수 있는 분이 오직 한 분 계시다는 것을 말해줍니다. 요한은 죽임을 당한 어린 양이신 예수 그리스도께서 그 두루마리를 열 수 있다는 말을 듣게 됩니다. 땅에서는 그리스도께서 총독, 대제사장들, 왕과 백성들의 재판을 받았지만 이제 전세는 역전되어 그들이 그리스도의 심판을 받는 시간이 되었습니다. 그리스도께서 받은 이 권세는 하나님의 말씀을 죽기까지 복종하셔서 인류의 죄를 대속하는 희생양이 되심으로 받으신 권세입니다.

예수께서 어린 양의 상징으로 묘사된 것은 유대인들이 매년 지키는

유월절을 상기하게끔 합니다. 이 유월절 절기는 어린 양의 피를 바른 유대인들의 집은 죽음의 영이 지나감으로 구원을 받게 된 것을 상기하는 절기입니다. 초기 그리스도인들은 십자가에서 흘리신 예수 그리스도의 피로 말미암아 구원을 받게 됨으로 그들은 예수를 어린 양으로 묘사하였습니다.

이 어린 양이 일곱 뿔과 일곱 영을 가지고 계시다는 것은 온전한 권세와 온전한 영을 가지고 계시다는 것을 의미합니다.

8 그 두루마리를 취하시매 네 생물과 이십사 장로들이 그 어린 양 앞에 엎드려
각각 거문고와 향이 가득한 금 대접을 가졌으니 이 향은 성도의 기도들이라
9 그들이 새 노래를 불러 이르되 두루마리를 가지시고 그 인봉을 떼기에 합당하
시도다 일찍이 죽임을 당하사 각 족속과 방언과 백성과 나라 가운데에서 사람
들을 피로 사서 하나님께 드리시고 10 그들로 우리 하나님 앞에서 나라와 제사
장들을 삼으셨으니 그들이 땅에서 왕 노릇 하리로다 하더라 11 내가 또 보고 들
으매 보좌와 생물들과 장로들을 둘러 선 많은 천사의 음성이 있으니 그 수가 만
만이요 천천이라 12 큰 음성으로 이르되 죽임을 당하신 어린 양은 능력과 부와
지혜와 힘과 존귀와 영광과 찬송을 받으시기에 합당하도다 하더라 13 내가 또 들
으니 하늘 위에와 땅 위에와 땅 아래와 바다 위에와 또 그 가운데 모든 피조물
이 이르되 보좌에 앉으신 이와 어린 양에게 찬송과 존귀와 영광과 권능을 세세
토록 돌릴지어다 하니 14 네 생물이 이르되 아멘 하고 장로들은 엎드려 경배하
더라.

이 어린 양이 두루마리를 취하시매 하늘나라에서는 찬양 소리가 우렁차고 아름답게 울려 퍼집니다. 이 놀랍고 감격스러운 일로 해서 먼저 천상의 존재들인 네 생물과 이십사 장로들이 새 노래를 부르고 그다음에는 수많은 천사가 찬양하고 마지막에는 하늘과 땅 위, 그리고 땅 아래의 모든 피조물이 하나님과 어린 양을 찬양합니다. 어린 양이 두루마리를 하나님

으로부터 받는 이 일의 중요성은 세 번에 걸쳐 다른 무리가 찬양을 부르는 것으로 나타납니다 "보좌에 앉으신 이와 어린 양에게 찬송과 존귀와 영광과 권능을 세세토록 돌릴지어다." 이 찬양이 먼저 보좌 주위에서 천사들을 거쳐 온 피조세계로 퍼져 나가는 것을 상상해 보면 어린 양만이 두루마리를 열 수 있는 이 사건이 얼마나 놀랍고 중요한 일인지를 짐작할 수 있습니다.

예수 그리스도는 자신의 피로 죄로 인해 사망의 음침한 골짜기를 다니는 세계 각 족속의 사람들을 자신의 피로 대속함으로써 그들로 하여금 하나님의 백성이 되게 하고 제사장들로 삼으셨습니다. 오직 예수 그리스도만이 하나님의 유일한 아들로서 그 아버지의 뜻을 이루었기 때문에 그 아버지의 심판과 구원 계획을 집행할 수 있는 유일한 분이십니다. 이 장면은 요한계시록 전체 이야기를 이끌어 나갈 주인공이 등장하는 장면으로서 요한계시록의 모든 등장인물이 환호하며 온 천지가 찬양과 기쁨으로 충만한 순간입니다. 이 순간 이후로 이제 요한계시록의 이야기가 본격적으로 전개된다고 볼 수 있습니다. 분명한 사실은 이 어린 양이 다름 아닌 인자 같으신 분으로 일곱 교회에 편지를 보낸 바로 그분이라는 점입니다. 그런데 이분은 일곱 교회만을 다스리는 분이 아니고 온 하늘과 땅 위 그리고 땅 아래의 모든 것들을 관장하시는 분이라는 것입니다. 예수 자신도 이것을 알고 계셨습니다. "아버지께서 아무도 심판하지 아니하시고 심판을 다 아들에게 맡기셨으니."(요 5:22) "또 인자됨으로 말미암아 심판하는 권한을 주셨느니라."(요 5:27)

이렇게 됨으로써 주님이 일곱 교회에 보낸 편지에서 하신 모든 위로와 책망의 말씀과 약속들은 신뢰성을 가지게 되어 확실하게 이루어질 것을 청자들로 하여금 기대하게 만듭니다.

4. 일곱 인과 인침(6:1-7:17)

제6장

1 내가 보매 어린 양이 일곱 인 중의 하나를 떼시는데 그 때에 내가 들으니 네 생
물 중의 하나가 우렛소리 같이 말하되 오라 하기로 2 이에 내가 보니 흰 말이 있
는데 그 탄 자가 활을 가졌고 면류관을 받고 나아가서 이기고 또 이기려고 하더
라 3 둘째 인을 떼실 때에 내가 들으니 둘째 생물이 말하되 오라 하니 4 이에 다
른 붉은 말이 나오더라 그 탄 자가 허락을 받아 땅에서 화평을 제하여 버리며
서로 죽이게 하고 또 큰 칼을 받았더라 5 셋째 인을 떼실 때에 내가 들으니 셋째
생물이 말하되 오라 하기로 내가 보니 검은 말이 나오는데 그 탄 자가 손에 저
울을 가졌더라 6 내가 네 생물 사이로부터 나는 듯한 음성을 들으니 이르되 한
데나리온에 밀 한 되요 한 데나리온에 보리 석 되로다 또 감람유와 포도주는 해
치지 말라 하더라 7 넷째 인을 떼실 때에 내가 넷째 생물의 음성을 들으니 말하
되 오라 하기로 8 내가 보매 청황색 말이 나오는데 그 탄 자의 이름은 사망이니
음부가 그 뒤를 따르더라 그들이 땅 사분의 일의 권세를 얻어 검과 흉년과 사망
과 땅의 짐승들로써 죽이더라.

이제 어린 양이 인들을 하나씩 떼기 시작합니다. 첫째 인을 떼니 하늘에서 흰 말과 그것을 타고 있는 사람이 등장합니다. 그는 면류관을 쓰고 가는 곳마다 이기고 이기려고 합니다. 이 흰 말 탄 자가 누구입니까? 일곱 인 중에서 첫 번째부터 네 번째 인까지가 마가복음 13장에서 나타나고 있는 종말에 있을 징후들을 말하고 있는 것입니다. 그렇다면, 첫째 말을 탄 사람은 누구입니까? 흰 말을 타고 머리에 면류관을 쓰고 가는 곳마다 이겼다고 할 때 그 사람은 누구입니까? 많은 사람이 오해하는 부분이 이 부분입니다. 우리는 그가 흰 말을 탔다고 해서 메시야라고 생각하면 안 됩니

다. 그는 흰 말을 타고 있는데 면류관을 쓰고 가는 곳마다 이깁니다. 그러니까 많은 사람이 이 사람이 메시야라고 생각합니다. 이 사람이 가는 곳은 전쟁과 싸움이 그치지 않습니다. 역사적으로 보면 전쟁 영웅들이 메시야로 추앙을 받았습니다. 알렉산더나 로마의 시저도 세상의 구세주로 불림받았습니다. 그리고 나폴레옹도 전쟁을 잘했고 히틀러도 전쟁을 잘했습니다. 세상은 힘이 곧 정의라고 가르칩니다. 누구든 무력으로 침략해서 영토를 넓히면 그 사람을 메시야라고 보았습니다. 예수님은 칼로서 흥하는 자는 칼로서 망한다고 했습니다. 이 사람은 거짓 메시야입니다.

둘째 인을 떼니 붉은 말이 나오는데, 그것은 전쟁을 의미합니다. 거짓 메시야가 등장하면서 참혹한 전쟁이 뒤따릅니다. 전쟁에서의 비참함은 말로 표현할 수 없습니다. 셋째 인을 떼니 검은 말이 나타나는데 이것은 곧 곡식과 재화가 불타고 약탈당하면서 혹심한 기근이 생기는 것을 말합니다. 전쟁보다 기근으로 죽는 사람이 더 많습니다. 넷째 인을 떼면 청황색 말이 나타나는데 그것은 죽음을 의미합니다. 청황색(pale)은 죽은 사람의 얼굴처럼 시퍼렇고 누런 색깔입니다. 네 번째 인까지가 마태복음 24장에 나타나는 종말의 징조들입니다. 이 징후들은 인간이 가진 탐욕과 증오와 죄악들로 시작됩니다. 그리고 이 징후들은 인간이 저지르는 인재인데 그 결과는 거기서 그치지 않고 자연계와 우주까지 미치는 무서운 천재로 이어집니다. 이 천재의 결과는 결정적인 파멸입니다.

예수께서 말씀하시는 첫 번째 징조는 첫째 인을 뗄 때 나타납니다. "너희가 사람의 미혹을 받지 않도록 주의하라 많은 사람이 내 이름으로 와서 이르되 나는 그리스도라 하여 많은 사람을 미혹하리라."(마 24:4–5) 그 후에 일어날 징조들을 예수께서 이렇게 예언하셨습니다. "난리와 난리 소문을 듣겠으나 너희는 삼가 두려워하지 말라 이런 일이 있어야 하되 아직 끝은 아니니라 민족이 민족을, 나라가 나라를 대적하여 일어나겠고 곳곳에 기근과 지진이 있으리니 이 모든 것은 재난의 시작이라."(마 24:6–8)

거짓 메시야의 신조는 '힘이 곧 정의이다.'입니다. 이것은 1세기 유대

민족에게도 해당되었습니다. 기원후 66년에 유대 민족에게는 시몬과 요하네스라는 두 사람의 자칭 메시야가 나타났는데 백성들은 그들의 말을 믿고 1차 유대-로마 전쟁으로 내몰립니다. 결국 그 전쟁에서 유대인들은 엄청난 재난을 당했습니다. 기원후 70년에 예루살렘이 함락되고 성전이 파괴되었습니다. 유대의 역사가 요세푸스의 기록에 의하면 예루살렘에 있는 사람들에게 말로 할 수 없는 기근이 발생했다고 합니다. 배가 고프면 인간으로서 할 수 없는 그런 일들이 발생합니다. 예루살렘에 있는 사람들이 로마 군대에 학살되면서 피가 강물처럼 흘렀습니다. 이 모든 것들은 40년 전에 예수님이 말씀하신 그대로 일어난 것입니다.

그 후 132년에 또다시 바르 코치바라는 거짓 메시야가 나타났는데, 그때 최고의 랍비였던 아키바가 그를 유대의 메시야로 인가했습니다. 그래서 2차 유대-로마 전쟁이 일어났습니다. 그 전쟁에서 무참하게 패하고 난 뒤부터 유대 민족은 나라 없이 온 세상에 흩어진 민족이 되었습니다. 예수님은 이것을 미리 경고했습니다. 거짓 메시야가 일어나 전쟁을 일으킬 것이니 조심하라고 경고하셨습니다. 열심당이 선두에 서서 로마와 전쟁을 벌일 때 유대인 그리스도인들은 그 전쟁에 참여하지 않고 요단 강을 건너 펠라로 피신했습니다. 이것이 유대인 그리스도인들과 유대 비그리스도인들 사이에 엄청난 갈등을 일으키는 원인이 되었습니다. 유대 그리스도인들은 그 신앙 때문에 민족의 배신자가 되었던 것입니다. 이 전쟁은 거짓 메시야들을 메시야라고 믿은 전쟁이었기 때문에 그리스도인들은 그 전쟁에 참여할 수가 없었던 것입니다. 예수님 자신도 이런 위험을 충분히 알고 계셨습니다. 그래서 특히 오병이어의 기적 후에 백성들이 자신을 메시야나 하나님의 아들이라 부르면서 무리를 지어 따르는 것을 의도적으로 피하셨습니다. 백성들이 갈급해 한 것은 그들을 짓누르고 있던 로마 제국으로부터의 해방이었고 이것은 결국 전쟁을 불러오고 파멸의 길로 나아가게 되는 것이었습니다.

종말의 징조들이 나타나면 그리스도인들은 그때가 언제인가 하는 것을 계산하지 말고 생활방식을 바꾸어야 한다는 것입니다. 생활방식을 바꾸라는 말씀은 깨어 있으라는 말씀입니다. 이것이 종말 담화에서 매우 중요한 말씀입니다. 이때까지의 삶의 방식을 급격하게 변화시키라는 것입니다.

> 9 다섯째 인을 떼실 때에 내가 보니 하나님의 말씀과 그들이 가진 증거로 말미
> 암아 죽임을 당한 영혼들이 제단 아래에 있어 10 큰 소리로 불러 이르되 거룩하
> 고 참되신 대주재여 땅에 거하는 자들을 심판하여 우리 피를 갚아 주지 아니하
> 시기를 어느 때까지 하시려 하나이까 하니 11 각각 그들에게 흰 두루마기를 주시
> 며 이르시되 아직 잠시 동안 쉬되 그들의 동무 종들과 형제들도 자기처럼 죽임
> 을 당하여 그 수가 차기까지 하라 하시더라 12 내가 보니 여섯째 인을 떼실 때에
> 큰 지진이 나며 해가 검은 털로 짠 상복 같이 검어지고 달은 온통 피 같이 되며
> 13 하늘의 별들이 무화과나무가 대풍에 흔들려 설익은 열매가 떨어지는 것 같이
> 땅에 떨어지며 14 하늘은 두루마리가 말리는 것 같이 떠나가고 각 산과 섬이 제
> 자리에서 옮겨지매 15 땅의 임금들과 왕족들과 장군들과 부자들과 강한 자들과
> 모든 종과 자유인이 굴과 산들의 바위 틈에 숨어 16 산들과 바위에게 말하되 우
> 리 위에 떨어져 보좌에 앉으신 이의 얼굴에서와 그 어린 양의 진노에서 우리를
> 가리라 17 그들의 진노의 큰 날이 이르렀으니 누가 능히 서리요 하더라.

마지막 때가 되면 또한 성도들에 대한 박해가 있을 것이라고 예수께서 예언하셨습니다. "그때에 사람들이 너희를 환난에 넘겨 주겠으며 너희를 죽이리니 너희가 내 이름 때문에 모든 민족에게 미움을 받으리라."(마 24;9) 이 예언은 다섯째 인과 연결됩니다. 다섯째 인을 떼었을 때 제단 밑에서 순교자들의 영혼이 청원하는 장면이 나타나는데 순교자들은 피맺힌 절규 "언제 우리의 원수를 갚아 주실 겁니까?"라고 외칩니다. 이 질문에 대한 답변은 "아직 잠시 동안 쉬되 그들의 동무 종들과 형제들도 자기처럼 죽임을 당하여 그 수가 차기까지 하라."입니다. 이 답변은 앞으로 순교가

더 있을 것이라는 사실을 예고하고 있고 요한계시록 청자들의 불안하고 위급한 상황을 잘 나타내 주고 있습니다. 버가모 교회의 증인 안디바의 순교가 이 사실을 증명하고 있습니다. 버가모 교인들은 그들 가운데서 일어났던 순교의 무서운 사건을 기억할 것이지만, 이 사건에서 희생당한 안디바의 죽음이 결코 헛된 것이 아님을 다시 한 번 확인하게 될 것입니다. 안디바는 다른 순교자들과 함께 하늘 제단 밑에서 신원의 기도를 드리고 있을 것이며, 이 기도는 때가 이르면 반드시 이루어질 것임을 알게 될 것입니다.

순교자들의 청원은 하나님의 온전한 심판을 촉구하게 됩니다. 순교는 종말의 도래를 촉구하는 효과가 있습니다. 박해 때 하나님에 대한 신앙의 정조를 표시하는 것이 순교입니다. 요한계시록의 주요 주제 중의 하나가 바로 이 순교자들에 대한 보상과 위로입니다. 순교자들의 청원이 있은 후 여섯째 인을 떼니 곧바로 순교를 불러온 왕들이나 장군들과 같은 사람들에 대한 심판이 예상이나 예기의 형태로 일어납니다. 여섯째 인 이후의 이 환상은 후에 나팔 재앙과 대접 재앙을 통해서 실현될 것을 미리 보여주는 것입니다. 이것은 이야기를 전개해 나가면서 청자들의 관심이나 욕구를 간파하고 그것을 충족시켜 주고자 하는 의도를 가진 이야기 구술 기교입니다. 이 점은 순교자들의 갈급한 청원에 대한 반응이 얼마나 신속하게 그리고 정확하게 받아들여지는가를 보여 줍니다.

서사적 흐름으로 볼 때 다섯째 인과 여섯째 인은 상호 밀접한 인과 관계를 가지고 있습니다. 순교자들의 피맺힌 청원은 비록 시기적으로 볼 때 아직 순교자들의 수가 차기까지 기다려야 하지만 이 청원은 반드시 이루어질 것이라는 점을 보여주고 있습니다. 이것은 서사적 기교로서 인과 관계에 해당됩니다. 순교자들의 탄원은 원인이 되고 심판이 그 결과로서 일어납니다.

일곱 인들 중에서 가장 중요한 것이 바로 일곱째 인입니다. 왜냐하면, 이 일곱째 인 속에 일곱 나팔들과 일곱 대접들의 심판이 다 들어 있기 때문입니다. 일곱째 인을 떼면 일곱 나팔들이 울려 퍼지고, 일곱째 나팔이 불리면 일곱 대접들의 심판이 시작됩니다. 결국 일곱 째 인 속에 일곱 나팔과 일곱 대접이 다 들어 있는 셈입니다. 그래서 일곱 인 중에서 일곱째 인이 가장 중요하고 핵심적인 인입니다. 일곱째 인은 이 엄청난 일들이 벌어지는 시작입니다. 여섯째까지 인들을 떼었을 때는 심판의 징후들이 나타났지만, 나팔이 불리기 시작하면 본격적으로 이제 심판이 시작되는 것입니다. 이것이 본론적인 내용입니다. 그러나 나팔 심판은 심판이되 경고성 심판입니다. 왜냐하면, 나팔 심판은 3분의 1만의 심판입니다. 이 심판들은 아직 결정적인 것은 아닙니다. 그러나 대접에 들어가면 이것은 돌이킬 수 없는 완전한 심판입니다. 나팔과 대접에서 성격이 같은 것은 둘 다 심판이란 점이고 차이점은 나팔이 경고성인 반면 대접은 돌이킬 수 없는 결정적이라는 점입니다.

제7장

1 이 일 후에 내가 네 천사가 땅 네 모퉁이에 선 것을 보니 땅의 사방의 바람을
붙잡아 바람으로 하여금 땅에나 바다에나 각종 나무에 불지 못하게 하더라 2 또
보매 다른 천사가 살아 계신 하나님의 인을 가지고 해 돋는 데로부터 올라와서
땅과 바다를 해롭게 할 권세를 받은 네 천사를 향하여 큰 소리로 외쳐 3 이르되
우리가 우리 하나님의 종들의 이마에 인치기까지 땅이나 바다나 나무들을 해하
지 말라 하더라 4 내가 인침을 받은 자의 수를 들으니 이스라엘 자손의 각 지파
중에서 인침을 받은 자들이 십사만 사천이니 5 유다 지파 중에 인침을 받은 자
가 일만 이천이요 르우벤 지파 중에 일만 이천이요 갓 지파 중에 일만 이천이요
6 아셀 지파 중에 일만 이천이요 납달리 지파 중에 일만 이천이요 므낫세 지파
중에 일만 이천이요 7 시므온 지파 중에 일만 이천이요 레위 지파 중에 일만 이
천이요 잇사갈 지파 중에 일만 이천이요 8 스불론 지파 중에 일만 이천이요 요
셉 지파 중에 일만 이천이요 베냐민 지파 중에 인침을 받은 자가 일만 이천이라

9 이 일 후에 내가 보니 각 나라와 족속과 백성과 방언에서 아무도 능히 셀 수
없는 큰 무리가 나와 흰 옷을 입고 손에 종려 가지를 들고 보좌 앞과 어린 양 앞
에 서서 10 큰 소리로 외쳐 이르되 구원하심이 보좌에 앉으신 우리 하나님과 어
린 양에게 있도다 하니 11 모든 천사가 보좌와 장로들과 네 생물의 주위에 서 있
다가 보좌 앞에 엎드려 얼굴을 대고 하나님께 경배하여 12 이르되 아멘 찬송과
영광과 지혜와 감사와 존귀와 권능과 힘이 우리 하나님께 세세토록 있을지어다
아멘 하더라 13 장로 중 하나가 응답하여 나에게 이르되 이 흰 옷 입은 자들이 누
구며 또 어디서 왔느냐 14 내가 말하기를 내 주여 당신이 아시나이다 하니 그가
나에게 이르되 이는 큰 환난에서 나오는 자들인데 어린 양의 피에 그 옷을 씻어
희게 하였느니라 15 그러므로 그들이 하나님의 보좌 앞에 있고 또 그의 성전에서
밤낮 하나님을 섬기매 보좌에 앉으신 이가 그들 위에 장막을 치시리니 16 그들
이 다시는 주리지도 아니하며 목마르지도 아니하고 해나 아무 뜨거운 기운에
상하지도 아니하리니 17 이는 보좌 가운데에 계신 어린 양이 그들의 목자가 되사
생명수 샘으로 인도하시고 하나님께서 그들의 눈에서 모든 눈물을 씻어 주실
것임이라.

이야기를 듣는 사람들은 이제 일곱째 인이 떨어지면서 심판의 나팔이 불리기를 기대할 것입니다. 그런데 일곱째 인이 떨어지기 전에 이야기가 하나 끼어 있습니다. 이것을 '삽경'이라고 합니다. 이 이야기가 논란이 많이 되고 있는 십사만 사천 명에 관한 것입니다. 교회사적으로 보면 우리만이 십사만 사천 명이라고 주장했던 종파나 이단들이 많았습니다. 일반적으로 이 부분을 이야기 안에서 삽경으로서의 기능을 빼버리고 문자적으로 그리고 신학적으로 해석할 때 문제가 생깁니다. 요한계시록 해석에서 이 부분의 해석이 어려웠던 이유 중의 하나가 요한계시록은 유대계 그리스도인이 쓰고 그 청중들이 대부분 유대 그리스도인들이었는 데 반하여 2세기 이후에 이 책을 읽고 해석해온 사람들은 대부분 이방인 그리스도인들이었다는 점입니다.

유대계 그리스도인과 이방인 그리스도인은 큰 차이를 가지고 있었습니다. 유대인들은, 그리스도인이든 비그리스도인이든, 자기들은 장자 민족이요 제사장 민족이라고 생각합니다. 그들이 꿈꾸는 것은 유대 민족의 12지파가 완전히 회복되는 때가 있으리라는 것입니다. 요한계시록에 나와 있는 십사만 사천 명은 결국 유대인들의 12지파가 회복되는 꿈을 예언하고 있습니다. 한 지파당 1만 2,000명인데 이 숫자는 상징성을 띠고 있습니다. 1만 2,000은 3×4×1,000인데 여기서 3은 하늘, 땅, 땅 아래의 3층 구조를 뜻하고, 4는 땅의 동서남북을 뜻하며 1,000은 많은 수를 의미합니다. 천년 왕국의 1,000과 같은 의미입니다. 결국, 1만 2,000명은 1지파의 온전하고 충만한 숫자를 상징적으로 표시한 것입니다. 사도 바울도 하나님의 비밀에 관해서 말하면서 이 충만한 수를 말하고 있습니다. "형제들아 너희가 스스로 지혜있다 하면서 이 신비를 너희가 모르기를 내가 원하지 아니하노니 이 신비는 이방인의 충만한 수가 들어오기까지 이스라엘의 더러는 우둔하게 된 것이라."(롬 11:25) 그 후에 바울도 이스라엘이 궁극적으로 회복될 것을 예언하고 있습니다. "그리하여 온 이스라엘이 구원을 받으리라 기록된바 구원자가 시온에게 오사 야곱에게서 경건하지 않는 것을 돌이키시겠고 내가 그들의 죄를 없이할 때에 그들에게 이루어질 내 언약이 이것이라 함과 같으니라."(롬 11:26-27)

유대 그리스도인들이 구원사에서 우선성을 가지고 있다는 것은 신약성경에서 전제되어 있습니다. 예수님도 제자들을 파송할 때 먼저 이스라엘의 잃어버린 양들에게 가라고 하셨습니다. "예수께서 이 열둘을 내보내시며 명하여 이르시되 이방인의 길로도 가지 말고 사마리아인의 고을에도 들어가지 말고 오히려 이스라엘 집의 잃어버린 양에게로 가라."(마 10:5, 6) 사도 바울도 축복이 있어도 유대인이 먼저고 재난이 와도 먼저는 유대인이라 하였습니다. "악을 행하는 각 사람의 영에는 환난과 곤고가 있으리니 먼저는 유대인에게요 그리고 헬라인에게며 선을 행하는 각 사람에게는 영광과 존귀와 평강이 있으리니 먼저는 유대인에게요 그리고 헬

라인에게라."(롬 2:9, 10)

구원사의 중심에는 확실히 유대인들이 자리하고 있습니다. 사도 바울의 말씀처럼 뿌리는 유대인이니 뿌리가 가지를 지탱합니다. 하나님의 부르심에는 후회하심이 없습니다. 구원은 그리스도 안에서 유대인이나 이방인이나 차별이 없지만, 구원의 역사에서 순서는 있습니다. 유대인들이 하나님의 이름을 지키기 위해서 당한 고난이라는 것은 이방인들이 상상하기도 어렵습니다. 일곱째 인을 떼어서 심판을 하기 전에 하나님은 심판의 재난을 받지 않을 사람을 구별합니다. 이 구별에서 먼저 유대 그리스도인들의 십사만 사천 명이 인침을 받습니다. 결국, 유대 그리스도인 십사만 사천은 구원의 반열에서 구원받은 백성들의 장자로서 대표성을 띤 상징적인 숫자입니다. "너는 바로에게 이르기를 여호와의 말씀에 이스라엘은 내 아들 내 장자라 내가 네게 이르기를 내 아들을 보내 주어 나를 섬기게 하라 하여도 네가 보내 주기를 거절하니 내가 네 아들 네 장자를 죽이리라 하셨다 하라 하시니라."(출 4:22-23) "… 나는 이스라엘의 아버지요 에브라임은 나의 장자니라."(렘 31:9)

그러면 이방인들은 어떻게 됩니까? 본문을 보면 이 일 후에 보니 각 나라 족속과 백성과 방언에서 나온 허다한 무리가 흰 옷을 입고 종려 가지를 들고 하나님과 어린 양 앞에서 구원하심을 찬양합니다. 이 사람들은 다 이방인 그리스도인들입니다.

땅 위의 피조물로서의 한 인간으로 그 신비스럽고 찬란한 천상의 세계로 불림을 받고 지금 앞뒤 좌우를 분간할 수 없는 요한에게 이십사 장로 중 한 명이 "저 사람들은 누구이며 어디서 왔습니까?"라고 질문을 합니다. 대화의 진행을 보면 이 장로가 요한이 그 대답을 알 것이라고 생각하고 그 질문을 한 것은 아니었습니다. 결국, 이 장로는 자신이 던진 질문에 자신이 대답을 하게 되는데 왜 이런 질문을 요한에게 던졌을까요? 한 가지 더 생각해 보면 인종적으로 묻는 장로나 요한은 다 유대인이고 대부분 청자들도 다 유대인들이었습니다. 그런데 그들의 눈에도 신기하게 유대인이 아닌 각 나라 족속들과 백성들이 하나님의 나라에 들어와서 그리스도를 찬양하고 있습니다. 이 장면은 하나님의 구원 역사에서 이방인들이 초청을 받게 된 것이 얼마나 놀랄 만한 사실인가를 새삼 느끼게 해줍니다.

이 놀라운 구원의 반열에 참여한 이 사람들은 이방인들 중에서 믿음 때문에 환난을 당한 자들로서 어린 양의 피에 옷을 씻고 희게 된 사람들입니다. 이 사람들은 이런 노래를 부릅니다.

"구원하심이 보좌에 앉으신 우리 하나님과 어린 양에게 있도다."

결국, 구원사에서 믿는 유대인들이 우선이지만 이방 그리스도인들이 그 반열에 참여하게 됩니다. 이것은 바울이 로마서 11장의 감람나무 비유에서 밝혔듯이 참감람나무인 유대인에게 돌감람나무인 이방인들이 접붙여졌습니다. "또 한 가지 얼마가 꺾이었는데 돌감람나무인 내가 그들 중에 접붙임이 되어 참감람나무 뿌리의 진액을 함께 받는 자가 되었은즉 그 가지들을 향하여 자랑하지 말라 자랑할지라도 네가 뿌리를 보전하는 것이 아니요 뿌리가 너를 보전하는 것이니라."(롬 11:17, 18) 유대인 십사만 사천 명은 모든 구원받는 사람들의 장자로서, 제사장으로서 대표성을 띤 상징적 숫자입니다. 십사만 사천 명이 대표성을 가진 상징적인 숫자라고 할 때 이 상징의 의미는 먼저 유대인들을 부르시고 그들을 통해서 이방인들을 구원하시는 하나님의 구원 섭리와 경륜의 틀 안에서 찾아야 합니다.

그래서 요한계시록 해석에서는 상징의 의미를 정확하게 읽어내는 것이 중요합니다. 상징을 문자적으로 해석하게 되면 정확한 의미를 상실하거나 곡해하게 됩니다. 하나의 좋은 예가 이 단락에 있습니다. 어떤 사람이 7:14를 읽으면서 이런 질문을 했습니다. "본문을 보면 '어린 양의 피로 그 옷을 씻어 희게 하였다.'고 했는데 그러면 어린 양의 피가 흰 색입니까?" 문자적으로 읽고 해석할 때 본문의 의미를 곡해하게 되는 예라고 할 수 있습니다.

각국에서 나온 사람들이 하나님의 구원을 찬양하고 난 뒤 일곱째 인을 떼게 되니 심판이 시작됩니다. 그런데 하나님께서 심판하시기 전에 인을 쳤습니다. 인친다는 것은 무엇을 의미합니까? 이것은 고대 세계에서 왕이 인장이나 반지 도장을 찍음으로 자신의 소유임을 나타낸 것을 말합니다. 하나님께서 인친다는 것은 그 사람이 하나님의 소유라는 것을 의미합니다. 하나님은 어떤 사람들에게 인을 칠까요? 에스겔의 환상에 보면 공의를 사모하는 자라는 사실을 알 수 있습니다. "여호와께서 이르시되 너는 예루살렘 성읍 중에 순행하여 그 가운데에서 행하는 모든 가증한 일로 말미암아 탄식하며 우는 자의 이마에 표를 그리라 하시고."(겔 9:4) 예루살렘 성에서 그 표가 없는 자들은 무참한 심판을 받게 됩니다.

하나님께서 인치시면 그 보증으로 성령이 임재하십니다. "그가 또한 우리에게 인치시고 보증으로 우리 마음에 성령을 주셨느니라."(고후 1:22) "그 안에서 너희도 진리의 말씀 곧 너희의 구원의 복음을 듣고 그 안에서 또한 믿어 약속의 성령으로 인치심을 받았으니."(엡 1:13) 하나님의 소유가 된다는 것은 성령님과 동행하는 삶을 산다는 것을 의미합니다. 인치심이란 혼란스럽고 예측하기 어렵고 유혹이 많은 세상에서 구원받은 확실한 징표입니다. 이것은 곧 성령의 임재와 동행하심입니다. 환난이 시작되면서 심판이 진행될 때 믿는 이들은 성령님과 동행하는 삶을 살아야 합니다. 그렇지 않으면 불확실하고 흔들리는 신앙으로 해서 이 세상의 환난과 고통에 참여하게 됩니다.

구약성경을 보면 하나님의 심판이 있기 전에 항상 그 심판을 받지 않을 사람들을 구별하는 것을 알 수 있습니다. 홍수 심판 때에는 땅을 심판하시기 전에 노아와 그 집을 다른 사람들과 구분하였습니다.(창 7:1) 소돔과 고모라의 심판 때에도 아브라함의 간청으로 롯과 그 가족은 구별되어 생명을 건졌습니다.(창 19:12-22) 그리고, 출애굽 당시 10대 재난이 떨어질 때에도 하나님께서 이스라엘 사람들을 애굽인들과 분리해서 그 재난을 피하게 합니다. 가장 대표적인 것이 열 번째 장자 재앙으로서 죽음의 사신이 어린 양의 피를 문설주에 바른 이스라엘 집은 지나가고 애굽인들의 장자들 생명을 취하였습니다.(출 12:21-36)

5. 여섯 나팔들(8:1-9:21)

제8장

1 일곱째 인을 떼실 때에 하늘이 반 시간쯤 고요하더니 2 내가 보매 하나님 앞에
일곱 천사가 서 있어 일곱 나팔을 받았더라 3 또 다른 천사가 와서 제단 곁에 서
서 금 향로를 가지고 많은 향을 받았으니 이는 모든 성도의 기도와 합하여 보좌
앞 금 제단에 드리고자 함이라 4 향연이 성도의 기도와 함께 천사의 손으로부터
하나님 앞으로 올라가는지라 5 천사가 향로를 가지고 제단의 불을 담아다가 땅
에 쏟으매 우레와 음성과 번개와 지진이 나더라 6 일곱 나팔을 가진 일곱 천사
가 나팔 불기를 준비하더라 7 첫째 천사가 나팔을 부니 피 섞인 우박과 불이 나
와서 땅에 쏟아지매 땅의 삼분의 일이 타 버리고 수목의 삼분의 일도 타 버리고
각종 푸른 풀도 타 버렸더라 8 둘째 천사가 나팔을 부니 불 붙는 큰 산과 같은
것이 바다에 던져지매 바다의 삼분의 일이 피가 되고 9 바다 가운데 생명 가진
피조물들의 삼분의 일이 죽고 배들의 삼분의 일이 깨지더라 10 셋째 천사가 나
팔을 부니 횃불 같이 타는 큰 별이 하늘에서 떨어져 강들의 삼분의 일과 여러
물샘에 떨어지니 11 이 별 이름은 쓴 쑥이라 물의 삼분의 일이 쓴 쑥이 되매 그
물이 쓴 물이 되므로 많은 사람이 죽더라 12 넷째 천사가 나팔을 부니 해 삼분의
일과 달 삼분의 일과 별들의 삼분의 일이 타격을 받아 그 삼분의 일이 어두워지
니 낮 삼분의 일은 비추임이 없고 밤도 그러하더라 13 내가 또 보고 들으니 공중
에 날아가는 독수리가 큰 소리로 이르되 땅에 사는 자들에게 화, 화, 화가 있으
리니 이는 세 천사들이 불어야 할 나팔 소리가 남아 있음이로다 하더라.

일곱째 인이 드디어 열렸습니다. 마지막 인이 열리니 2분의 1시간 동안 온 우주가 조용합니다. 이 장면은 고대 세계의 전차 경기의 한 장면을 연상하게 합니다. 초대 그리스도인들이 제일 좋아했던 오락은 전차경기였습니다. 영화 「벤허」에서 보면, 전차들이 출발점에 초조하게 기다리고 있을 때 왕이 서서 손수건을 들고 있다가 떨어뜨리는데 그것이 출발 신호가 되는 것입니다. 왕이 일어나면 모든 좌중이 조용합니다. 손수건이 땅에 떨어지면 나팔수들이 나팔을 붑니다. 첫 번째 나팔이 불리면서 심판이 이제 막 시작되려고 할 때 온 천지가 숨을 죽이고 기다리는 것입니다. 이 시간은 그런 긴장의 시간입니다.

이제 긴장된 순간이 지나면 일곱 천사가 심판을 시작하는 일곱 나팔을 받게 됩니다. 고대 세계에서 나팔은 여러 가지 용도로 쓰이고 있었습니다. 나팔은 성전에서 예배의 시작을 알리는 데 사용되기도 하고 경기장에서 사용되기도 하며 무엇보다도 전쟁이나 위기의 때를 알리는 데 사용되었습니다.

그런데 일곱 천사가 나팔을 받고 난 뒤 바로 그 나팔이 불리지 않고 이상하게도 또 다른 천사가 등장합니다. 8:3-5에서는 성도들의 기도가 금 향로에서 피어오르는 많은 향과 합하여 보좌, 즉 하나님 앞의 금 제단으로 올라갑니다. 성전의 지성소에는 금 향로가 있었는데 대제사장이 일 년에 한번 대속죄일에 백성들의 죄사함을 위해서 지성소에 들어가면 금 향로에 향을 피워야 합니다. 이렇게 함으로써 대제사장이 그곳에서 하나님과 직접 대면함으로 재난을 당하는 것을 면케 하기 위한 것입니다. "여호와 앞에서 분향하여 향연으로 증거궤 위 속죄소를 가리게 할지니 그리하면 그가 죽지 아니할 것이며."(레 16:13)

성도들의 기도가 향과 합하여 올라가는 것은 하나님의 심판이 성도들의 기도에 대한 응답으로 이루어진다는 것을 상징적으로 보여 줍니다. 불의가 가득한 땅에 대한 하나님의 진노는 천사가 금 향로에 불을 담아 땅에 쏟는 행위로 표현되며 천사의 그 행동은 땅을 뒤흔드는 우레와 큰 굉음과 번개와 지진으로 나타납니다. 즉 하나님은 성도들의 기도에 대한 응답으로 그 심판의 계획을 하나씩 실천에 옮긴다는 것입니다

그다음에 나팔이 하나씩 불리기 시작합니다. 여기에 등장하는 심판의 대행자로서 천사들은 한마디 말도 없이 오직 주어진 하나님의 명령을 수행할 따름입니다. 그들의 공식적이고 즉각적인 순종의 행위는 이 심판이 철저하고도 어김없이 진행되는 느낌을 강하게 전해줍니다.

첫째 나팔이 불리니까 땅에 우박과 피와 불이 떨어집니다. 땅의 3분의 1과 수목의 3분의 1이 불탑니다. 사람이 죽었다는 말은 없습니다만 사람이 사는 환경에 큰 타격이 가해지니 사람이 고통을 당할 수밖에 없을 것입니다. 출애굽의 10대 재앙 가운데에도 일곱째 재앙으로서 우박의 재앙이 닥치는데 이 우박과 불은 사람들을 직접 죽게도 하지만 주로 사람들의 식량이 되는 곡식과 채소에 대해서 큰 피해를 주게 됩니다.

두 번째 나팔을 부니 큰 산과 같은 불덩이가 바다에 떨어져 바다의 3분의 1이 피가 되며 고기들과 생명체의 3분의 1이 죽습니다. 배들도 3분의 1이 깨어지고 물에 잠깁니다. 바다에 떨어진 이 불덩이는 천체를 돌아다니는 소행성이나 유성으로서 지구의 표면에서 가장 넓은 면적을 차지하고 있는 바다에 떨어지기가 쉽습니다. 천문학자들의 말에 의하면, 지구 주위로 40년 만에 한 번씩 작은 행성이 접근하며 1,200년 만에 한 번은 그 행성이 지구와 충돌한다고 합니다. 천체를 떠돌아다니는 소행성이 지구와 충돌하면 그 유성이나 행성의 크기보다는 충돌할 때의 그 힘으로 인해서 막대한 피해가 속출합니다.

세 번째 나팔이 부니 강에 불같은 것이 떨어져서 강과 샘물이 쑥이 되어 쓰게 됩니다. 여기에서부터 비로소 사람이 죽습니다. 강과 샘물이 쑥같이 쓰게 되니 마실 물을 구하지 못해 많은 사람이 죽게 될 것입니다. 출애굽 재앙에서 첫 번째 재앙이 나일 강물이 피가 되었기에 사람들이 물을 구하지 못해서 나일 강 주위에 샘들을 파게 되었던 것을 상기시킵니다. 네 번째 나팔이 부니까 해가 타격을 받고, 어두워집니다. 땅과 바다와 강과

천체에 엄청난 타격이 옵니다. 첫째 나팔부터 넷째 나팔까지는 환경에 대한 재난이 예언되어 있습니다. 환경의 재난이 오면 인간 역시 고통을 받을 수밖에 없을 것입니다.

출애굽 당시의 10대 재난도 처음에는 나일 강을 피로 만드는 재난으로 시작합니다. 나일 강이 피로 변하면서 고기 떼들이 죽고 그 죽은 고기로 인해서 강물이 오염되어 악취가 나고 그 뒤에 수많은 개구리 떼들이 번성하고 이와 파리가 들끓어서 가축들의 돌림병이 생겨서 수많은 가축이 죽게 됩니다. 이렇게 오염되고 불결한 환경은 식수난의 고통을 줄 뿐 아니라 전염병을 불러오고 사람들은 악성 종기로 인해서 심한 고통을 당하게 됩니다.

자연은 창조 질서에 따라서 유기체적으로 상호 밀접하게 연결되어 있기 때문에 한 부분에 대한 타격은 전체 자연계로 파급되고 그 자연을 의지하고 사는 인간들에게 피할 수 없는 고통을 안겨 줍니다. 출애굽 당시에는 재난이 나일 강 한 부분에서 시작했다면 요한계시록에서의 나팔 재앙은 땅, 바다, 강과 천체라는 자연계의 전면적인 타격으로 시작됩니다. 따라서 이 재앙은 홍수 심판과 같이 우주적이고 보편적인 성격을 띠고 있습니다.

요한계시록에는 재앙들이 많이 나타납니다. 첫 번째 나팔 재앙부터 시작해서 나팔 재앙들이 다 끝나면 일곱 대접 재앙들이 시작됩니다. 나팔에서 대접으로 진전되면서 이 재앙은 점점 그 도가 심해지고 있습니다. 이 재앙의 심판을 어떻게 이해해야 하는가를 잠시 살펴보아야 합니다. 유대인들에게 재앙의 심판이라고 하면 가장 먼저 떠오르는 것은 출애굽 당시의 애굽인들에게 내린 10대 재앙입니다. 유대인들은 출애굽 사건이 있은 지 3,500년이 지난 지금까지 매년 니산월의 유월절에는 모세의 인도를 받아 애굽을 탈출하는 조상들의 이야기를 이야기 형식으로 재연하고 있습니다. 이 유월절 이야기는 유대인들의 어린 시절부터 매년 되풀이됨으로 그들의 뇌리에 깊이 심어져 있습니다. 이 유월절 사건에서 빼놓을 수 없는 부분이 바로 이스라엘 사람들을 노예로 붙잡고 놓아주지 않으려는 바로에 대한 재앙들입니다.

유월절 절기행사 중 온 가족들이 모여서 출애굽 이야기를 하게 되는데, 이 10대 재앙들이 하나씩 선포될 때마다 어린이들은 하얀 냅킨에다 붉은 포도주를 한 방울씩 떨어뜨림으로 하나님께서 그 조상들을 노예에서 탈출시키려는 그 굳은 뜻과 막강한 힘을 경외감과 기쁨으로 기억하게 됩니다. 이 10대 재앙의 자세한 이야기가 유월절 명절 때마다 되풀이됨으로 유대인들에게서 재앙은 그들을 해방시키고 보호하시고자 하는 하나님의 능력으로 이해됩니다. 애굽 왕 바로가 계속되는 잔혹한 재앙들에도 불구하고 끝까지 이스라엘 사람들을 놓아주지 않으려고 하지만 그 바로의 완강한 마음에도 불구하고 하나님은 점차 심해지는 재앙들을 통해서 이 바로 왕을 굴복시킬 수 있음을 보여줍니다.

그래서 이스라엘 사람들에게 있어서 재앙은 일차적으로 그리고 근원적으로 하나님의 능력을 나타냅니다. 이 하나님은 이스라엘 사람들을 창조하시고 지키시고 구원하시고자 하시는 하나님이기 때문에 이스라엘 사람들에게 있어서 다른 민족들에게 내려온 재앙들은 하나님이 그 백성들을 보호하시고 사랑하심을 나타내는 징표로 인식되어 왔습니다. 그들의 적들에게 내리는 하나님의 재앙은 그들을 보호하시는 하나님의 강한 능력으로 인식해 왔습니다. "강한 손으로 주의 백성을 애굽 땅에서 인도하여 내시고 오늘과 같이 명성을 얻으신 우리 주 하나님이여…."(단 9:15)

물론, 유대인들은 그들의 역사를 통해서 그들 자신이 수없는 재앙들을 겪어 왔습니다. 그들은 각가지 자연 재난들도 당했고 강대국의 침략에 의해서 극심한 고통을 당했고 심지어는 그들의 성전이 파괴되고 지도자들이 포로로 잡혀가는 끔찍한 사건도 겪었습니다. 그러나 그들에게 있어서 이 재앙들은 율법을 범하므로 겪는 하나님의 징계이며 이 징계는 사랑하는 백성들에게 내리는 하나님의 사랑의 징표로 이해했습니다. 라오디게아 교인들에게 주님은 이렇게 말씀하십니다. "무릇 내가 사랑하는 자를 책망하여 징계하노니 그러므로 네가 열심을 내라 회개하라."(3:19) 결국,

이스라엘 사람들은 자신들에게 내리는 하나님의 재앙은 사랑의 채찍으로 인식하였습니다. "모세의 율법에 기록된 대로 이 모든 재앙이 이미 우리에게 내렸사오나 우리는 우리의 죄악을 떠나고 주의 진리를 깨달아 우리 하나님 여호와의 얼굴을 기쁘게 하지 아니하였나이다 그러므로 여호와께서 이 재앙을 간직하여 두셨다가 우리에게 내리게 하셨사오니 우리의 하나님 여호와께서 행하시는 모든 일이 공의로우시나 우리가 그 목소리를 듣지 아니하였음이니이다."(단 9:13-14)

그런데 요한계시록에서 발견되는 놀라운 사실은 이스라엘 사람들에게 내렸던 사랑의 채찍이, 즉 회개를 촉구하는 하나님의 징계가 이방인들에게도 적용된다는 사실입니다. 뒤에 가서 자세히 살펴보겠지만, 요한계시록의 저자는 가혹하리 만치 심각한 재앙들이 회개를 위한 것임을 거듭 밝히고 있습니다. "이 재앙에 죽지 않고 남은 사람들은 손으로 행한 일을 회개하지 아니하고 … 또 그 살인과 복술과 음행과 도둑질을 회개하지 아니하더라."(9:20)

하나님께서는 회개의 중요성을 이렇게 강조합니다. "… 나의 삶을 두고 맹세하노니 나는 악인이 죽는 것을 기뻐하지 아니하고 악인이 그의 길에서 돌이켜 떠나 사는 것을 기뻐하노라. 이스라엘 족속아 돌이키고 돌이키라 너희 악한 길에서 떠나라 어찌 죽고자 하느냐 하셨다 하라. 인자야 너는 네 민족에게 이르기를 의인이 범죄하는 날에는 그 공의가 구원하지 못할 것이요 악인이 돌이켜 그 악에서 떠나는 날에는 그 악이 그를 엎드러뜨리지 못할 것인즉 의인이 범죄하는 날에는 그 의로 말미암아 살지 못하리라."(겔 33:11-12)

제9장

1 다섯째 천사가 나팔을 불매 내가 보니 하늘에서 땅에 떨어진 별 하나가 있는데
그가 무저갱의 열쇠를 받았더라 2 그가 무저갱을 여니 그 구멍에서 큰 화덕의

연기 같은 연기가 올라오매 해와 공기가 그 구멍의 연기로 말미암아 어두워지
며 3 또 황충이 연기 가운데로부터 땅 위에 나오매 그들이 땅에 있는 전갈의 권
세와 같은 권세를 받았더라 4 그들에게 이르시되 땅의 풀이나 푸른 것이나 각종
수목은 해하지 말고 오직 이마에 하나님의 인침을 받지 아니한 사람들만 해하
라 하시더라 5 그러나 그들을 죽이지는 못하게 하시고 다섯 달 동안 괴롭게만
하게 하시는데 그 괴롭게 함은 전갈이 사람을 쏠 때에 괴롭게 함과 같더라 6 그
날에는 사람들이 죽기를 구하여도 죽지 못하고 죽고 싶으나 죽음이 그들을 피
하리로다 7 황충들의 모양은 전쟁을 위하여 준비한 말들 같고 그 머리에 금 같
은 관 비슷한 것을 썼으며 그 얼굴은 사람의 얼굴 같고 8 또 여자의 머리털 같은
머리털이 있고 그 이빨은 사자의 이빨 같으며 9 또 철 호심경 같은 호심경이 있
고 그 날개들의 소리는 병거와 많은 말들이 전쟁터로 달려 들어가는 소리 같으
며 10 또 전갈과 같은 꼬리와 쏘는 살이 있어 그 꼬리에는 다섯 달 동안 사람들을
해하는 권세가 있더라 11 그들에게 왕이 있으니 무저갱의 사자라 히브리어로는
그 이름이 아바돈이요 헬라어로는 그 이름이 아볼루온이더라 12 첫째 화는 지나
갔으나 보라 아직도 이 후에 화 둘이 이르리로다.

다섯째 나팔이 불리니 하늘에서 땅에 떨어진 별 하나가 무저갱(bottomless pit)의 열쇠를 받게 됩니다. '땅에 떨어진 별'은 타락한 천사를 상징합니다. 이 천사는 그 무서운 무저갱의 열쇠를 받아서 열게 됩니다. 이 무저갱의 무서움을 해설자는 이렇게 묘사합니다. "그 구멍에서 큰 화덕의 연기 같은 연기가 올라오매 해와 공기가 그 구멍의 연기로 말미암아 어두워지며." 이 무저갱은 문자 그대로 바닥이 없는 갱이나 구덩이로 그 어둡고 깊은 곳이 얼마나 광대한지 그곳에서 올라오는 연기가 해와 공기를 어둡게 할 정도였습니다.

어둡고 깊고 무서운 곳은 그 자체가 사람들을 위협하고 공포로 몰아넣지만, 그곳에서는 또한 사람들을 경악시키고 두려움에 떨게 만드는 무서운 괴물들이 나옵니다. 여기서는 그것이 무시무시한 황충으로 나타납

니다. 황충은 메뚜기의 일종입니다. 여기에 나타난 메뚜기는 보통의 메뚜기가 아니고 꼬리가 전갈처럼 되어 있고 이빨이 사자 같고 머리털이 나 있습니다. 수많은 메뚜기 떼의 무서움은 고대인들에게 너무나 잘 알려져 있는 것입니다. 엄청나게 많은 메뚜기 떼가 한번 습격하면 해가 보이지 않을 정도였고 그것들이 날아가는 소리는 천지를 진동시켰습니다. 그것들이 지나는 곳에 있는 농작물과 풀은 순식간에 다 사라져 버립니다. 이런 엄청난 메뚜기 떼의 재난이 상상으로 그려져 있습니다.

펄 벅은 그녀의 작품 『대지』에서 중국 대륙에서 일어난 메뚜기 떼의 습격을 이렇게 묘사하고 있습니다. 사람들은 메뚜기 떼의 습격이 있다는 소문이 돌자 그동안 고생해서 농사지었던 농작물이 바닥날 것을 두려워하고 절망하였습니다. 그들은 공포에 휩싸여 어찌하던지 이 재앙을 면해보려고 향을 사서 사당에 가서 제사를 드리기도 하고 신들에게 기원을 드렸습니다. 그러나 이 모든 필사적인 노력이 헛되어 결국 재난이 그 마을을 덮기 시작했습니다.

> 이윽고 하늘이 캄캄해지고 공중에는 서로 부딪히는 수많은 날개들이 단조롭고 시끄럽게 울리는 소음으로 가득했다. 그리고 밭으로 소낙비처럼 떨어져 오는 것이었다. 그냥 날아 지나간 밭에는 아무런 피해가 없었으나 일단 내려앉은 밭은 마치 겨울 밭처럼 푸른 잎 하나 볼 수 없게 되었다. 어떤 사람은 천명이라고 단념해 버렸으나 왕룽은 미친 듯이 뛰어다니며 메뚜기 떼를 닥치는 대로 때려 죽였다. 그의 머슴들도 도리깨를 휘둘러 때려잡았다. 불에 떨어져 타죽은 메뚜기도 있고 도랑물에 떨어져 죽은 놈도 있었다. 이렇게 몇백 번이나 헤아릴 수 없이 죽였으나 구름떼 같은 엄청난 메뚜기 떼인 만큼 거의 아무런 소용이 없는 것 같았다.[5)]

5) 펄 벅/유혜경 역, 『대지』(소담출판사, 1996), 228-229.

그런데 요한계시록에 등장하는 황충은 곡식이나 풀을 먹지 않고 인침을 받지 않은 사람만 괴롭힙니다. 보통의 메뚜기 떼는 풀이나 곡식을 먹게 되어 있는데 여기서는 사람을 공격하되 다섯 달 동안 그렇게 합니다. 이렇게 무섭고 강한 독성을 가진 황충의 떼가 사람들을 공격한다고 상상해 보십시오. 아마 그것은 고통과 공포 그 자체가 아닐까요? 이것은 소름 끼치는 장면입니다. 본문은 사람들이 죽기를 구하여도 죽지 못한다고 기록하고 있습니다. 메뚜기 떼가 한 번 창궐하면 다섯 달 동안 손해를 끼칩니다. 추수 때에 창궐하면 그 해 농사는 끝이 납니다. 여기의 메뚜기 떼는 인침을 받지 않은 사람들을 공격하는데 이것은 종말의 때에 성령의 인치심을 받지 않으면 무서운 황충과 같은 악한 영들의 공격을 받는다는 것을 말하고 있습니다.

예수님은 종말 담론에서 거짓 메시야와 거짓 선지자들이 "이적과 기사를 행하여 할 수 있으면 택하신 자들을 미혹하려 하리라."(막 13:22)고 예언하셨습니다. 세상이 혼란스러운 종말 때는 마귀의 유혹 강도가 강하여 택한 자도 미혹될 수 있음을 말합니다. 문명과 문화가 적그리스도적으로 되면 믿는 이들이 거기에서 살아가기가 참으로 어렵지만 황충의 쏘임을 당하는 것과는 비교할 수 없을 것입니다. 황충이 쏘는 고통은 그것이 너무 극심하여 사람들이 죽기를 간구하지만 죽을 수가 없을 정도입니다.

그런데 이 황충들은 그들을 지배하는 왕을 모시고 있었는데 그 왕은 밑바닥이 없는 깊은 암흑의 구렁텅이에서 올라오는 괴물입니다. 그 이름은 아바돈 또는 아볼루온이라고 하는데 파괴자 또는 파멸자라는 뜻입니다. 이 파괴자는 무서운 황충들을 부하로 거느리면서 개인, 가정, 공동체 등 거의 모든 것을 파괴할 수 있습니다. 이 지하세계의 왕자는 사탄이라고 불리기도 하는데 욥기에서 의로운 욥을 숱한 재난들 뒤에 마지막으로 신체적 고통을 가함으로써 시험하는 자였습니다.

13 여섯째 천사가 나팔을 불매 내가 들으니 하나님 앞 금 제단 네 뿔에서 한 음성
이 나서 14 나팔 가진 여섯째 천사에게 말하기를 큰 강 유브라데에 결박한 네 천
사를 놓아 주라 하매 15 네 천사가 놓였으니 그들은 그 년 월 일 시에 이르러 사
람 삼분의 일을 죽이기로 준비된 자들이더라 16 마병대의 수는 이만 만이니 내
가 그들의 수를 들었노라 17 이같은 환상 가운데 그 말들과 그 위에 탄 자들을 보
니 불빛과 자줏빛과 유황빛 호심경이 있고 또 말들의 머리는 사자 머리 같고 그
입에서는 불과 연기와 유황이 나오더라 18 이 세 재앙 곧 자기들의 입에서 나오
는 불과 연기와 유황으로 말미암아 사람 삼분의 일이 죽임을 당하니라 19 이 말
들의 힘은 입과 꼬리에 있으니 꼬리는 뱀 같고 또 꼬리에 머리가 있어 이것으
로 해하더라 20 이 재앙에 죽지 않고 남은 사람들은 손으로 행한 일을 회개하지
아니하고 오히려 여러 귀신과 또는 보거나 듣거나 다니거나 하지 못하는 금,
은, 동과 목석의 우상에게 절하고 21 또 그 살인과 복술과 음행과 도둑질을 회개
하지 아니하더라.

여섯째 나팔이 불리니 유브라데 강에 결박된 네 천사가 풀리고 그들이 거느린 강력한 마병대가 나타납니다. 이 강하고 무서운 마병대는 사람들의 3분의 1을 죽입니다. 황충들과 마병대 재앙의 공통점은 그 수가 헤아릴 수 없이 많아서 그 누구도 막을 수 없다는 점이며, 그들의 심히 무서운 모습이 자세하게 묘사되어 있다는 점과 이들은 사람들에게 직접 공격을 한다는 점입니다. 그 둘 사이의 다른 점이 있다면 황충의 재난은 고통을 주는 차원이라면 마병대는 죽음을 가져온다는 점입니다.

그런데 놀라운 것은 이 재앙에도 죽지 않고 살아남은 사람들은 회개하지 않는다는 사실입니다. 해설자는 이 모든 재난이 궁극적으로 사람들의 회개를 불러오려는 것임을 분명히 하고 있습니다. 이 회개의 주제는 거듭 반복적으로 나타납니다. 이후에 나오는 예언자의 파송과 두 증인의 사역도 결국 사람들의 회개를 불러오기 위한 것임을 알게 됩니다. 이때에는 주위에 아무리 많은 의인이 있어도 개개인이 회개를 하지 않는 이상 아무

런 소용이 없습니다. 다시 말하면, 의인들의 중보 기도가 아무런 효력이 없는 때입니다. 하나님은 에스겔 선지자에게 이렇게 경고합니다.

"인자야 가령 어떤 나라가 불법을 행하여 내게 범죄하므로 내가 손을 그 위에 펴서 그 의지하는 양식을 끊어 기근을 내려 사람과 짐승을 그 나라에서 끊는다 하자 비록 노아, 다니엘, 욥, 이 세 사람이 거기에 있을지라도 그들은 자기의 공의로 자기의 생명만 건지리라 나 주 여호와의 말이니라. 가령 내가 사나운 짐승을 그 땅에 다니게 하여 그 땅을 황폐하게 하여 사람이 그 짐승 때문에 능히 다니지 못하게 한다 하자 비록 이 세 사람이 거기에 있을지라도 나의 삶을 두고 맹세하노니 그들도 자녀는 건지지 못하고 자기만 건지겠고 그 땅은 황폐하리라 주 여호와의 말씀이니라."(겔 14:13-16)

하나님께서 이 모든 재앙을 통해서 회개하기를 원하는 죄악들은 첫째로 귀신들과 우상을 숭배하는 행위이고 그다음이 살인, 복술, 음행과 도둑질입니다. 여기서 말하는 복술(sorceries)은 무당이나 점쟁이 또는 마술사들이 쓰는 속임수들을 말합니다. 어떤 사람들은 이런 죄악들에 습관이 들었거나 뿌리가 깊이 박혀서 가혹한 고통이 닥쳐도 회개하지 못합니다. 그리고 많은 사람은 일상의 삶에 바빠서 회개할 기회를 잃어버립니다. 예수께서는 그런 상황을 다음과 같이 말씀하십니다. "노아가 방주에 들어가던 날까지 사람들이 먹고 마시고 장가들고 시집가더니 … 또 롯의 때와 같으리니 사람들이 먹고 마시고 사고팔고 심고 집을 짓더니."(눅 17:27-28) 그렇지만 이런 사람들에게 하나님은 계속 회개의 기회를 제시합니다. 다음의 이야기에서 하나님은 어떻게 그 기회를 만드시는지를 보게 됩니다.

6. 회개의 권고(10:1-11:14)

제10장

1 내가 또 보니 힘 센 다른 천사가 구름을 입고 하늘에서 내려오는데 그 머리 위
에 무지개가 있고 그 얼굴은 해 같고 그 발은 불기둥 같으며 2 그 손에는 펴 놓인
작은 두루마리를 들고 그 오른 발은 바다를 밟고 왼 발은 땅을 밟고 3 사자가 부
르짖는 것 같이 큰 소리로 외치니 그가 외칠 때에 일곱 우레가 그 소리를 내어
말하더라 4 일곱 우레가 말을 할 때에 내가 기록하려고 하다가 곧 들으니 하늘
에서 소리가 나서 말하기를 일곱 우레가 말한 것을 인봉하고 기록하지 말라 하
더라 5 내가 본 바 바다와 땅을 밟고 서 있는 천사가 하늘을 향하여 오른손을 들
고 6 세세토록 살아 계신 이 곧 하늘과 그 가운데에 있는 물건이며 땅과 그 가운
데에 있는 물건이며 바다와 그 가운데에 있는 물건을 창조하신 이를 가리켜 맹
세하여 이르되 지체하지 아니하리니 7 일곱째 천사가 소리 내는 날 그의 나팔을
불려고 할 때에 하나님이 그의 종 선지자들에게 전하신 복음과 같이 하나님의
그 비밀이 이루어지리라 하더라 8 하늘에서 나서 내게 들리던 음성이 또 내게
말하여 이르되 네가 가서 바다와 땅을 밟고 서 있는 천사의 손에 펴 놓인 두루
마리를 가지라 하기로 9 내가 천사에게 나아가 작은 두루마리를 달라 한즉 천사
가 이르되 갖다 먹어 버리라 네 배에는 쓰나 네 입에는 꿀 같이 달리라 하거늘
10 내가 천사의 손에서 작은 두루마리를 갖다 먹어 버리니 내 입에는 꿀 같이 다
나 먹은 후에 내 배에서는 쓰게 되더라 11 그가 내게 말하기를 네가 많은 백성과
나라와 방언과 임금에게 다시 예언하여야 하리라 하더라.

여섯째 나팔 후에 이제 일곱째 나팔이 불릴 차례입니다. 그런데 요한계시록 서사 이야기의 구조에서 절정을 이루는 부분이 바로 일곱째 나팔과 관련이 있습니다. 왜 일곱째 나팔이 절정을 이룰까요? 일곱째 나팔이

불리기 전후로 굉장히 긴 삽경이 들어 있습니다. 삽경은 간막극과 같이 이야기의 중간에 끼어들어 있는 이야기로서 전체 이야기 흐름을 효과적으로 이끌어 가게 합니다. 일곱째 나팔이 불리면 일곱 대접의 심판이 시작됩니다. 대접 심판은 완전하고 결정적인, 그리고 돌이킬 수 없는 심판입니다.

여기에서 하나님의 속성을 잘 나타내주는 하나의 이야기가 등장합니다. 하나님은 심판을 좋아하실까요, 싫어하실까요? 요나서의 이야기처럼 하나님은 심판하기를 즐기시지 않는다는 것을 알 수 있습니다. 하나님은 가능하면 모든 사람이 회개해서 구원받기를 바라십니다. "가령 내가 악인에게 말하기를 너는 죽으리라 하였다 하자 그가 돌이켜 자기의 죄에서 떠나서 정의와 공의로 행하여 저당물을 도로 주며 강탈한 물건을 돌려보내고 생명의 율례를 지켜 행하여 죄악을 범하지 아니하면 그가 반드시 살고 죽지 아니할지라 그가 본래 범한 모든 죄가 기억되지 아니하리니 그가 반드시 살리라 이는 정의와 공의를 행하였음이니라."(겔 33:14-16)

일곱째 나팔 후에 완전한 심판이 오기 전에 하나님께서 죄인들에게 마지막 기회를 주십니다. 하나님께서 기회를 어떻게 주십니까? 여섯째 천사가 나팔을 불고 난 후 당연히 일곱째 천사가 나팔을 불 차례인데 이야기는 다른 방향으로 흘러갑니다. 요한이 보니 갑자기 하늘에서 힘센 천사가 내려오면서 새로운 이야기가 펼쳐집니다.

요한계시록에는 많은 천사가 등장하지만, 일반적으로 이 천사들에 대한 상세한 묘사는 없습니다. 대부분 천사들은 아무런 말이 없고 단지 그들에게 주어진 단순한 임무를 지체하지 않고 정확하게 수행해 나가는 존재들입니다. 물론, 천사 중 몇몇은 대화도 하고 획일적인 임무 외에 부가적인 임무를 수행하기도 합니다. 그러나 그 어떤 천사들도 여기에 등장하는 천사만큼이나 상세하게 그리고 위엄 있게 그리고 중요한 역할을 하는 천사는 없습니다. 그런 의미에서 이 천사의 존재를 좀 더 자세하게 살펴볼 필요가 있습니다.

여기 등장하는 힘센 천사는 영광과 위엄을 갖추고 그 모습이 장대하고 목소리가 우렁찬 천사로 묘사되어 있습니다. 그는 힘이 세고 구름을 입고 그 머리 위에는 무지개가 있고 그 얼굴은 해같이 빛나고 그의 발은 불기둥 같은데 땅과 바다를 밟고 서 있습니다. 그가 외칠 때 마치 사자의 부르짖음같이 우렁차며 그의 부르짖음에 응하여 하늘에서 일곱 우레가 울리는 그 모습이 가히 장대하며 위압적입니다. 일곱 우레는 하늘에 있는 모든 우레가 일시에 소리를 내듯 그 우렁참과 소음은 짐작하기 어렵습니다. 그 우렛소리가 무엇을 말했는지는 하나님께서 기록하지 말라는 명령을 주심으로 정확하게 알 수는 없습니다. 성경에서 일반적으로 하늘의 소리는 하나님의 말씀으로 해석되어 왔습니다.(겔 1:28; 단 4:31-32; 막 1:11)

해설자가 이 천사를 이렇게 상세하게 소개하는 이유는 무엇일까요? 이 천사는 심판의 나팔을 부는 다른 천사들과는 분명히 구별되는 특별한 임무를 띠고 있음을 암시하고 있습니다. 그의 임무는 여섯째 나팔까지 불리면서 이제까지 계속되던 심판을 그 중간에 잠시 멈추게 하는 것입니다. 그가 등장하면서 계속되던 심판의 진행은 일단 멈추어집니다. 그러나 이 천사는 비록 진행 중이던 심판을 잠시 중단시키지만, 이 심판은 곧 계획대로 진행될 것임과 그때가 되면 하나님의 비밀이 이루어질 것임을 확언합니다. 그가 심판을 중단시키지만, 그 심판이 계속될 것을 확언하는 이유는 그가 이 심판의 진행을 중간에 잠시 멈춘다고 해서 그것이 진행되던 심판을 완전히 중단시키는 것이 아님을 분명히 한 것입니다.

그러면 왜 이 힘센 천사는 여섯째 나팔이 불리고 나서 일곱째 나팔이 불려서 일곱 대접 심판이 계획대로 집행되어야 하는 그 결정적인 시점에서 심판을 잠시 중단시키는 것일까요? 그는 무슨 권한이 있기에, 그가 누구이기에 그리스도께서 주관하시면서 집행해 나가는 하나님의 계획을 중단시킬 수 있을까요? 그가 그리스도보다 더 권위가 있는 존재일까요? 아니면 심지어 그리스도께서 집행하는 이 심판의 계획이 하나님이 직접 만드신 것인데 어찌 일개 천사가 그것을 중단시킬 수 있을까요? 비록 잠시 동안이더라도 말입니다. 이런 질문들에 대한 대답은 이 단락의 시초에 그 천사를 남다른 위엄과 권세와 영광을 가진 존재로 자세하게 묘사하는 해설자의 의도를 읽으면 어느 정도 이해를 할 수 있습니다.

하나님의 말씀 후에 그 천사는 하나님의 말씀에 온전히 복종한다는 뜻으로 하늘을 향하여 오른손을 들고 그의 일을 지체하지 않고 수행할 것을 맹세합니다. 이 힘센 천사는 그의 모습이 암시하는 대로 보통의 천사가 아니고 하나님의 특별한 사명을 받은 하나님의 특사이며 그가 받은 임무는 요한에게 작은 두루마리의 내용을 예언하도록 하는 것과 성전과 예배하는 자들을 측량하는 것과 두 증인을 보내는 것입니다. 이 천사는 하나님의 전권 특사이기에 거의 하나님과 같은 권위와 위엄을 가지고 명령하고 말합니다.

이 천사가 지체하지 않을 것을 맹세하는 것은 지금 여섯째 나팔이 불리고 난 뒤 본격적인 심판 재앙이 시작되는 일곱째 나팔을 학수고대하는 하늘의 존재들, 특히 하나님 보좌 앞 제단 밑에서 복수해 주시기를 간청하고 있는 순교자들의 영혼들을 의식하고 있는 것입니다.

결국, 이 천사의 모든 행위는 하나님께서 마지막 심판을 행하시기 전 계획에도 없던 전격적인 심판 중단을 통해서 불순종하는 백성들에게 예언자와 두 증인을 통해서 회개의 기회를 주시고 예배하는 자들을 다시 한 번 보호하시고자 하는 것입니다. 즉 하나님은 여섯째 나팔 후 바로 일곱째 나팔을 불게 해서 바로 일곱 대접의 전면적 심판을 계획하셨지만, 그 위기의 마지막 순간에 그 마음을 바꾸셔서 사람들에게 다시 한 번 더 회개의 기회를 주시고자 하신 것입니다.

처음에 하나님은 예언자를 보내어서 회개의 기회를 줍니다. 하나님은 요한에게 그 천사에게 가서 작은 두루마리를 취하라고 말씀하십니다. 이 힘센 천사가 가지고 있는 작은 두루마리는 무엇을 의미할까요? 이 작은 두루마리는 어린 양이 하나님의 오른손에서 취한 구원과 심판의 전체 계획을 담고 있는 두루마리와 대조가 됩니다. 이 두루마리는 크기가 입에 넣을 수 있을 정도로 작을 뿐 아니라 천사가 가지고 있고 그 계시의 내용도 부분적이고 일시적입니다. 요한이 그 힘 센 천사에게 가니 그 천사는 요한에게 그 작은 두루마리를 먹으라고 말합니다. 요한이 천사의 말대로 그 두루마리를 먹으니 입에는 달지만, 배에는 씁니다. 입에는 달다는 표현은 예언자가 예언의 영을 충만하게 받을 때 말할 수 없는 황홀감을 느끼는 것을 말합니다. 하나님의 말씀을 받았을 때의 기쁨이 예언자들의 힘들고 어려운 생애를 지탱합니다. 그런데 그 예언의 내용을 들어보면 그것은 무서운 심판입니다. 그래서 그것이 배에는 쓰다고 되어 있습니다. 그 예언이 비록 배에는 쓰지만, 몸에는 좋습니다. 그 메시지를 받아 회개하고 믿음과 인내로 산다면 영생의 축복이 약속되어 있기 때문입니다. 요한은 그 심판의 예언을 많은 백성과 나라와 방언과 임금에게 예언하도록 명령을 받습니다.

제11장

1 또 내게 지팡이 같은 갈대를 주며 말하기를 일어나서 하나님의 성전과 제단과
그 안에서 경배하는 자들을 측량하되 2 성전 바깥 마당은 측량하지 말고 그냥
두라 이것은 이방인에게 주었은즉 그들이 거룩한 성을 마흔두 달 동안 짓밟으
리라 3 내가 나의 두 증인에게 권세를 주리니 그들이 굵은 베옷을 입고 천이백
육십 일을 예언하리라 4 그들은 이 땅의 주 앞에 서 있는 두 감람나무와 두 촛대
니 5 만일 누구든지 그들을 해하고자 하면 그들의 입에서 불이 나와서 그들의
원수를 삼켜 버릴 것이요 누구든지 그들을 해하고자 하면 반드시 그와 같이 죽
임을 당하리라 6 그들이 권능을 가지고 하늘을 닫아 그 예언을 하는 날 동안 비
가 오지 못하게 하고 또 권능을 가지고 물을 피로 변하게 하고 아무 때든지 원
하는 대로 여러 가지 재앙으로 땅을 치리로다 7 그들이 그 증언을 마칠 때에 무
저갱으로부터 올라오는 짐승이 그들과 더불어 전쟁을 일으켜 그들을 이기고 그
들을 죽일 터인즉 8 그들의 시체가 큰 성 길에 있으리니 그 성은 영적으로 하면
소돔이라고도 하고 애굽이라고도 하니 곧 그들의 주께서 십자가에 못 박히신

곳이라 9 백성들과 족속과 방언과 나라 중에서 사람들이 그 시체를 사흘 반 동
안을 보며 무덤에 장사하지 못하게 하리로다 10 이 두 선지자가 땅에 사는 자들
을 괴롭게 한 고로 땅에 사는 자들이 그들의 죽음을 즐거워하고 기뻐하여 서로
예물을 보내리라 하더라 11 삼 일 반 후에 하나님께로부터 생기가 그들 속에 들
어가매 그들이 발로 일어서니 구경하는 자들이 크게 두려워하더라 12 하늘로부
터 큰 음성이 있어 이리로 올라오라 함을 그들이 듣고 구름을 타고 하늘로 올
라가니 그들의 원수들도 구경하더라 13 그 때에 큰 지진이 나서 성 십분의 일이
무너지고 지진에 죽은 사람이 칠천이라 그 남은 자들이 두려워하여 영광을 하
늘의 하나님께 돌리더라 14 둘째 화는 지나갔으나 보라 셋째 화가 속히 이르는
도다.

이 명령 후에 요한은 측량하는 갈대를 받는데 성전과 제단과 그 안에서 경배하는 자들을 측량하되 성전 바깥마당은 이방인들에게 침범당하도록 버려두라는 명령을 받습니다. 이 측량의 명령은 에스겔서 40-42장의 회복될 성전을 연상시키는데 두 가지 의미가 있습니다. 하나는 현재의 성전이 파괴될 것을 예상하고 다시 지어질 때를 대비해서 미리 측량해 두라는 것입니다. 성전 바깥마당은 제외하라는 말씀은 이 마당은 이방인의 뜰로서 이방인들에 의해서 더렵혀졌기 때문입니다. 역사적으로 보면 기원전 2세기의 마카베 전쟁기간과 기원후 66년의 제1차 유대 로마 전쟁 시 각각 헬라 제국과 로마 제국에 의해서 성전 바깥마당이 침범당한 적이 있었습니다. 성전 구조를 보면 이 이방인의 뜰을 지나면 이스라엘 남자들만 들어갈 수 있는 뜰과 이스라엘 여자들만이 들어갈 수 있는 뜰이 있습니다. 여인의 뜰과 이스라엘의 뜰을 지나면 하나님께 제사를 드릴 수 있는 제사장의 뜰이 있고 이 제사장의 뜰 안에 오직 대제사장만 일 년에 한 번 들어갈 수 있는 지성소(Holy of Holies)가 있습니다.

[성전의 개략적인 구조]

<table>
<tr><td colspan="5">이방인의 뜰</td></tr>
<tr><td>지성소</td><td>성소</td><td>제사장의 뜰</td><td>이스라엘의 뜰</td><td>여인의 뜰</td></tr>
<tr><td colspan="5">이방인의 뜰</td></tr>
</table>

다른 하나는 성전 안에 있는 자들을 보호하시고자 하는 하나님의 의지를 나타냅니다. 이 내용은 환난이나 고통이 극심한 묵시적, 종말적 때에는 성전 바깥마당으로 나가지 말고 성전 안으로 들어와 머물라는 의미로서 종말의 때에 깨어 있으라는 예수님의 말씀과 맥을 같이합니다. 성도들은 예수께서 거룩한 성전에서 각가지 장사하는 자들을 보시면서 "내 아버지 집은 만민이 기도하는 집"이라고 하시면서 분노로 그곳을 청결하게 하신 사건을 기억할 수 있었을 것입니다.

예언자를 보내도 사람들이 듣지 않기 때문에 하나님은 두 증인을 보냅니다. 성전이 마흔두 달 동안 짓밟히는 기간에 이 두 증인이 권세를 가지고 1,260일 동안 계속 예언을 합니다. 여기서 성전의 이방 뜰이 짓밟히는 마흔두 달은 두 증인이 예언하는 1,260일과 동일한 기간입니다. 1,260일은 때로는 42개월(11:2), 때로는 한 때, 두 때, 반 때(12:14)로 묘사되어 있는데 이 기간은 완전수 7의 반으로서 혼란스러운 일정한 기간을 가리킵니다. 다니엘서 7:25를 보면 이 기간은 성도들의 고난의 해를 가리킵니다. 이 기간은 이방인들이 성전 바깥마당을 짓밟는 기간입니다. 이 성전 바깥마당은 성전의 구조상 외부에서 성전을 에워싸고 있는 마당으로서 이방인들이 이곳까지는 출입이 가능한 곳입니다. 그러나 이 마당도 성전의 일부이기 때문에 성전의 다른 부분과 같이 그 관할권은 대제사장에게 있었는데 이곳이 짓밟힌다는 것은 성전의 권위가 크게 추락했다는 것을 의미합니다. 두 증인이 활동하는 기간은 바로 이방인들이 성전의 권위를 훼손시키고 있는 기간입니다. 두 증인의 증언도 요한의 예언처럼 박해에 굴하지 말고 세속화의 유혹에서 돌이키라는 내용입니다.

그런데 사람들은 그 증언을 싫어하고 두 증인을 대적하나 증인들은 권세가 주어진 기간 동안 그 증언을 계속합니다. 그 기간이 끝날 때에 무저갱에서 짐승이 나타나서 증인들을 죽입니다. 이 짐승은 로마 제국의 화신입니다. 이 증인들이 죽으니까 백성들은 무척 좋아합니다. 그들은 마치 앓는 이가 빠진 듯 기뻐서 서로 선물을 교환합니다. 여기에서 우리가 보듯이 사람들은 회개하라는 예언을 싫어하고 고통을 당해도 회개를 잘 안 한다는 것입니다. 그런데 하나님 편에서는 끝까지 회개하게 하려고 일하십니다. 짐승이 증인들을 죽이지만 하나님께서는 그들을 살리십니다. 버가모 교회에서도 죽임을 당한 안디바를 "내 충성된 증인"이라고 주님께서 부르신 것을 상기시킵니다.

환난과 고난을 당해서 정금같이 나오는 사람들도 있고 고난을 당하면 인간성이 파괴되고 왜곡되는 사람들도 있습니다. 무엇이 원인일까요? 하나님께서 원하시는 것이 회개이니 결국 그 해답은 회개라 할 수 있습니다. 예수께서는 말세에 니느웨 사람이 일어나서 이 세대를 심판하실 것이라고 말씀하십니다.(눅 11:32) 니느웨 사람들이 심판할 수 있는 권세를 가진 것은 그들이 그 어려운 회개를 했다는 것입니다. 종말의 때에 니느웨 사람들은 회개하지 않은 많은 사람을 판단할 것입니다.

그런데 주님이 원하시는 그 회개는 전적으로 불가능하지 않습니다. 여기서 놀라운 일이 일어나는데 두 증인이 부활하고 난 후에 성의 10분의 1이 무너져 7,000명이 죽는데 그것을 보고 남은 사람들이 회개하여 하나님을 찬양했다는 것입니다. 그들은 그 성의 10분의 1 가운데 사는 사람들로서 그 재난에도 죽지 않고 살아남은 자들이었습니다. 그들은 예수님의 십자가 오른편에서 마지막 순간에 회개함으로 주님의 구원 약속을 받은 그 죄수를 상기시킵니다.

7. 일곱째 나팔과 불법한 자의 나타남(11:15-13:18)

15 일곱째 천사가 나팔을 불매 하늘에 큰 음성들이 나서 이르되 세상 나라가 우
리 주와 그의 그리스도의 나라가 되어 그가 세세토록 왕 노릇 하시리로다 하니
16 하나님 앞에서 자기 보좌에 앉아 있던 이십사 장로가 엎드려 얼굴을 땅에 대
고 하나님께 경배하여 17 이르되 감사하옵나니 옛적에도 계셨고 지금도 계신 주
하나님 곧 전능하신 이여 친히 큰 권능을 잡으시고 왕 노릇 하시도다 18 이방들
이 분노하매 주의 진노가 내려 죽은 자를 심판하시며 종 선지자들과 성도들과
또 작은 자든지 큰 자든지 주의 이름을 경외하는 자들에게 상 주시며 또 땅을
망하게 하는 자들을 멸망시키실 때로소이다 하더라 19 이에 하늘에 있는 하나님
의 성전이 열리니 성전 안에 하나님의 언약궤가 보이며 또 번개와 음성들과 우
레와 지진과 큰 우박이 있더라.

드디어 기다리고 기다리던 일곱째 나팔이 불렸습니다. 이 마지막 나팔이 불리기를 학수고대하던 하늘 장로들은 하나님의 전능하심과 공의로우심을 크게 외치면서 감사합니다. 이 마지막 나팔은 바로 하나님의 전격적이며 온전한 심판이라고 할 수 있는 일곱 대접 심판의 시작을 알리는 나팔입니다. 얼마나 오랫동안 이 나팔이 불리기를 기다려 왔습니까? 이 나팔이 불리기를 그렇게 오랫동안 기다려왔던 사람들은 이 이야기의 청자들뿐이 아닙니다.

본문을 보면 하늘에 큰 음성들이 나서, 즉 무수한 천사가 찬양하되 심판을 통하여 세상나라가 하나님과 그리스도의 온전한 주권 속으로 들어오게 될 것을 선포합니다. 이 선포에 대해서 이십사 장로들이 하나님께 경

배하며 하나님의 주권 선포를 찬양합니다. 이 이십사 장로들의 찬양 속에는 하나님의 전능하심과 역사를 주관하심이 주된 메시지로 포함되어 있습니다. 하나님의 이 주권은 이방의 모든 나라가 대적하고 분노하더라도 그 크신 능력으로 공의를 이루심을 말합니다. 하나님은 땅에서 어떤 직분을 가졌든, 선지자나 성도나, 그 이루었던 일이 크거나 작거나 상관없이 주를 경외하는 자들에게 상 주십니다. 심판을 받는 자들은 한마디로 "땅을 망하게 하는 자들"로 요약되어 있습니다.

일곱째 나팔이 불리는 이때는 이제 그동안 세상의 불의로 애통하고 슬퍼했던 사람들과 하나님의 공의와 심판에 대해 주리고 목말라했던 사람들이 위로받고 배부름을 맛보는 감격스러운 순간입니다. 그래서 이십사 장로들은 "감사하옵나니"로 그들의 찬양을 시작하고 있습니다.

이 나팔이 불림과 동시에 이제 심판을 집행하시는 하나님의 권능과 임재를 상징하는 성전이 열리며 그 깊은 곳, 즉 언약궤가 있는 지성소가 나타납니다. 히브리서 기자는 지성소를 이렇게 묘사합니다. "또 둘째 휘장 뒤에 있는 장막을 지성소라 일컫나니 금 향로와 사면을 금으로 싼 언약궤가 있고 그 안에 만나를 담은 금 항아리와 싹난 지팡이와 언약의 돌판들이 있고 그 위에 속죄소를 덮는 영광의 그룹들이 있으니…."(히 9:3-5)

언약궤가 있는 지성소는 거룩함과 두려움이 가장 크게 느껴지는 곳입니다. 이곳은 성전의 가장 은밀하고 깊숙한 곳으로서 대제사장만이 일 년에 한 번 대속죄일에 백성들의 죄사함을 위해서 두렵고 떨림으로 들어갈 수 있는 곳입니다. 그리고 감히 사람의 언어로 묘사하기 어려운 하나님의 임재를 상징하는 번개, 음성들, 우레와 지진의 소리가 웅장하게 들립니다. 하나님의 임재 시 나타나는 두려움과 그 놀라운 광경은 시내 산에 나타나신 하나님의 모습에서 잘 묘사되어 있습니다. "셋째 날 아침에 우레와 번개와 빽빽한 구름이 산 위에 있고 나팔소리가 매우 크게 들리니 진중에 있는 모든 백성이 다 떨더라 모세가 하나님을 맞으려고 백성을 거느리고 진에서 나오매 그들이 산기슭에 서 있는데 시내 산에 연기가 자욱하니 여호와께서 불 가운데서 거기 강림하심이라 그 연기가 옹기 가마 연기같이 떠오르고 온 산이 크게 진동하며 나팔 소리가 점점 커질 때에 모세가 말한즉 하나님이 음성으로 대답하시더라."(출 19:16-19)

이제 드디어 하나님께서 진노의 대접을 쏟을 시간이 도래했습니다. 하나님께서 곧바로 천사들을 시켜 대접을 쏟을 수 있을까요? 그렇지가 못합니다. 왜 그럴까요? 이십사 장로들의 찬양 속에는 다음 장에서 일어날 일들이 암시되어 있습니다. "이방들이 분노하매." 하나님의 주권적인 공의의 집행이 시작되려는 찰나에 이를 대적하고 도전하는 악의 세력들이 있다는 사실이 암시되어 있는데 이 뒷 장면에서 그들의 정체가 드러납니다.

제12장

1 하늘에 큰 이적이 보이니 해를 옷 입은 한 여자가 있는데 그 발 아래에는 달이
있고 그 머리에는 열두 별의 관을 썼더라 2 이 여자가 아이를 배어 해산하게 되
매 아파서 애를 쓰며 부르짖더라 3 하늘에 또 다른 이적이 보이니 보라 한 큰 붉
은 용이 있어 머리가 일곱이요 뿔이 열이라 그 여러 머리에 일곱 왕관이 있는데
4 그 꼬리가 하늘의 별 삼분의 일을 끌어다가 땅에 던지더라 용이 해산하려는
여자 앞에서 그가 해산하면 그 아이를 삼키고자 하더니 5 여자가 아들을 낳으
니 이는 장차 철장으로 만국을 다스릴 남자라 그 아이를 하나님 앞과 그 보좌
앞으로 올려가더라 6 그 여자가 광야로 도망하매 거기서 천이백육십 일 동안 그
를 양육하기 위하여 하나님께서 예비하신 곳이 있더라 7 하늘에 전쟁이 있으니
미가엘과 그의 사자들이 용과 더불어 싸울새 용과 그의 사자들도 싸우나 8 이기
지 못하여 다시 하늘에서 그들이 있을 곳을 얻지 못한지라 9 큰 용이 내쫓기니
옛 뱀 곧 마귀라고도 하고 사탄이라고도 하며 온 천하를 꾀는 자라 그가 땅으로
내쫓기니 그의 사자들도 그와 함께 내쫓기니라.

찬양 후에 일곱 대접 심판이 시작되어야 하는데 그 사이에 또 다른 삽경(12-14장)이 등장합니다. 이 부분을 해석하는 것이 참 어렵습니다. 바로 심판이 시작되지 않고 하늘에서 놀라운 이적이 나타납니다. 기괴한 이적이 나타나는데, 그 이적을 해석하기가 매우 어렵습니다.

서사 흐름이나 드라마에서 예기치 않는 전개나 사건이나 사태의 뜻밖의 진전이 나타나는 기법을 트위스트(twist)라고 하는데 이 기법은 독자의 관심과 호기심을 자극하고 궁금증을 불러옴으로써 이야기의 박진감과 신비감을 높이는 효과를 나타냅니다. 요한계시록 이야기에서 그토록 기다리던 일곱째 나팔이 불리면 바로 대접 심판이 시작되어야 하는 시점에서 독자들이 전혀 예기치 못한 놀라운 사건이 벌어집니다. 이 삽경을 통해서 저자는 무엇을 말하고자 하는지 독자들로서는 무척 놀랍고도 긴장되는 순간입니다.

어떤 이적이 나타납니까? 하늘에서 잉태한 여자와 용의 갈등이 나타납니다. 이 용을 해설자는 "옛 뱀"이라 소개하는데 이 뱀은 바로 창세기 3장에 등장하는 뱀으로서 하나님의 주권에 도전하여 창조질서를 파괴하고자 간교한 말로 하와를 속이는 뱀이 이곳에서는 세상을 심판하는 권세를 받은 메시야를 죽이고자 하는 용의 모습으로 나타났습니다. 여자와 용 사이의 갈등은 구원사에서 나타나는 원초적인 갈등에 대한 상징적인 묘사입니다. 창세기 3:15에는 아담과 하와가 타락한 이후에 뱀에게 내린 심판 속에 여자와의 갈등에 대한 하나님의 예언적인 선포가 들어 있습니다. "내가 너로 여자와 원수가 되게 하고 네 후손도 여자의 후손과 원수가 되게 하리니 여자의 후손은 네 머리를 상하게 할 것이요 너는 그의 발꿈치를 상하게 할 것이니라." 그 구절에는 뱀의 후손과 여자의 후손 갈등이 예언되어 있습니다. 창세기에서의 이 뱀은 세월이 흐르면서 거대한 용이 됩니다. 요한계시록에서는 이 용을 옛 뱀이라고 부릅니다. 뱀이 오랜 세월을 지나면서 용이 되는데 이 용은 여자의 후손과 투쟁을 하게 됩니다. 말하자면 뱀의 후손은 용이 되고 여자의 후손은 이제 막 태어나려고 하는 메시야를 의미합니다. 이 부분은 예수께서 사역을 시작하려고 하실 때 마귀가 시험한 것과 맥을 같이합니다.

용, 곧 사탄은 하나님의 생명을 파괴해온 힘으로서 그동안 은밀하게 활동했으나 이제 마지막 때에 비로소 그 정체를 드러냈습니다. 이 용의 비밀스러운 역사와 그 정체에 대해서 사도 바울은 데살로니가 교인들에게 이미 오래전에 경고한 바가 있습니다.

> 내가 너희와 함께 있을 때에 이 일을 너희에게 말한 것을 기억하지 못하느냐 너희는 지금 그로 하여금 그의 때에 나타나게 하려 하여 막는 것이 있는 것을 아나니 불법의 비밀이 이미 활동하였으나 지금은 그것을 막는 자가 있어 그중에서 옮겨질 때까지 하리라 그때에 불법한 자가 나타나리니 주 예수께서 그 입의 기운으로 그를 죽이시고 강림하여 나타나심으로 폐하시리라 악한 자의 나타남은 사탄의 활동을 따라 모든 능력과 표적과 거짓 기적과 불의의 모든 속임으로 멸망하는 자들에게 있으리니 이는 그들이 진리의 사랑을 받지 아니하여 구원함을 받지 못함이라 이러므로 하나님이 미혹의 역사를 그들에게 보내사 거짓 것을 믿게 하심은 진리를 믿지 않고 불의를 좋아하는 모든 자들로 하여금 심판을 받게 하려 하심이라. (살후 2:5-12)

이 삽경에서 여자는 어떻게 묘사되어 있습니까? 여자는 해를 입고 있으며 달이 받들고 있으며 열두 별의 면류관을 쓰고 있습니다. 이 여자는 매우 신비스러운 존재입니다. 청초하고 아름답습니다. 그런데 이 여인은 해산의 진통을 겪고 있습니다. 박해하고 미혹하는 세상 속에서 신앙을 지켜나가는 성도들의 공동체를 통해서 메시야가 탄생하는 모습을 상징적으로 묘사하고 있습니다. 그런데 용의 모습은 어떻습니까? 용은 머리가 일곱이고, 머리 위에 뿔이 열 개 달린 기괴한 모습입니다. 일곱 개의 머리가 서로 움직이고 색깔이 불그스름한 거대한 용을 상상해 보십시오. 여자와 용의 두 이미지를 대조해 보십시오. 한쪽에는 아름답고 청초한 여자가 있고 다른 쪽에는 기괴하게 생긴 용이 있습니다. 그런데 이 여인이 해산하는 고통에 사로잡혀 있습니다. 이 여자가 낳으려고 하는 사람은 세상을 심판하실 권세를 가진 메시야입니다. 그는 철장으로 질그릇을 깨뜨리듯이 세상을 심판하고 이스라엘을 구원하실 구원자입니다. 이 여자가 메시야를 해산하려고 하는데 용이 태어나려고 하는 아이를 삼키려고 입을 벌리고 있습니다. 메시야가 나오기만 하면 죽이려고 합니다.

이런 갈등의 이미지는 성경에서 자주 반복됩니다. 출애굽기를 보면 모세가 태어났을 때 바로 왕은 모세와 더불어 모든 아이를 죽이려고 했습니다. 이 갈등은 예수님이 태어날 때의 사건과 비슷하게 겹칩니다. 예수님이 태어났을 때 헤롯 왕은 예수님을 죽이려고 2세 이하의 아이들을 죽였습니다. 구원자가 나타나면 그를 죽이려는 세력이 있습니다. 한쪽은 죽이려고 하고 다른 한쪽은 피해 가려는 이야기가 펼쳐집니다. 이런 것을 해석학에서는 모형론(typology)이라고 부릅니다. 바로가 용이고 헤롯이 또한 용의 화신입니다. 태어나는 아이가 메시야라는 것은 확실합니다. 해산하는 여인은 메시야를 낳는 참된 믿음의 공동체입니다. 12:17에서 용이 싸우고자 하는 상대는 "그 여자의 남은 자손 곧 하나님의 계명을 지키며 예수의 증거를 가진 자들"인데 그들이 여자의 남은 자손이라고 할 때 그 여자는 그들의 조상이며 어머니인 셈입니다. 곧 그 여자는 박해와 세속화의 유혹 속에서도 끝까지 신앙의 정절을 지키는 남은 자들입니다. 이사야 선지자는 "이스라엘이여 네 백성이 바다의 모래 같을지라도 남은 자만 돌아오리니 넘치는 공의로 파멸이 작정되었음이라."(사 10:22)고 예언을 하였는데 이들이 믿음의 그루터기요 그들을 통해서 메시야가 탄생하는 것입니다.

용은 이 남은 자를 공격하는데 이렇게 보면, 성도들의 갈등은 바로 사도 바울의 말씀처럼, "우리의 싸움은 혈과 육을 상대하는 것이 아니요 통치자들과 권세들과 이 어둠의 세상 주관자들과 하늘에 있는 악의 영들을 상대함이라."(엡 6:12)고 할 수 있습니다. 그런데 이 삽경에서 여자는 그 용을 피해서 광야로 나가지만 그 여자를 통해서 태어난 그리스도는 짐승과 용을 심판하실 것입니다. 하나님은 이 남은 자들을 위해서 광야에 피할 곳을 마련하셔서 일정한 때가 차기까지 보호하십니다. 그에 반해서, 여자를 추격하던 이 용은 천사장 미가엘과의 전투에서 패하여 그의 처소인 하늘에서 땅으로 그의 부하들과 함께 내어 쫓기게 됩니다.

> 10 내가 또 들으니 하늘에 큰 음성이 있어 이르되 이제 우리 하나님의 구원과 능
> 력과 나라와 또 그의 그리스도의 권세가 나타났으니 우리 형제들을 참소하던
> 자 곧 우리 하나님 앞에서 밤낮 참소하던 자가 쫓겨났고 11 또 우리 형제들이 어
> 린 양의 피와 자기들이 증언하는 말씀으로써 그를 이겼으니 그들은 죽기까지
> 자기들의 생명을 아끼지 아니하였도다 12 그러므로 하늘과 그 가운데에 거하는
> 자들은 즐거워하라 그러나 땅과 바다는 화 있을진저 이는 마귀가 자기의 때가
> 얼마 남지 않은 줄을 알므로 크게 분내어 너희에게 내려갔음이라 하더라 13 용이
> 자기가 땅으로 내쫓긴 것을 보고 남자를 낳은 여자를 박해하는지라 14 그 여자가
> 큰 독수리의 두 날개를 받아 광야 자기 곳으로 날아가 거기서 그 뱀의 낯을 피
> 하여 한 때와 두 때와 반 때를 양육 받으매 15 여자의 뒤에서 뱀이 그 입으로 물
> 을 강 같이 토하여 여자를 물에 떠내려 가게 하려 하되 16 땅이 여자를 도와 그
> 입을 벌려 용의 입에서 토한 강물을 삼키니 17 용이 여자에게 분노하여 돌아가서
> 그 여자의 남은 자손 곧 하나님의 계명을 지키며 예수의 증거를 가진 자들과 더
> 불어 싸우려고 바다 모래 위에 서 있더라.

하늘에서 그토록 성도들을 참소하고 괴롭히던 용이 하늘에서 내어쫓기니 하늘에서는 말할 수 없는 평온함이 찾아옵니다. 하늘에서 용이 성도들을 참소하는 모습은 욥기에 잘 묘사되어 있습니다.

> 여호와께서 사탄에게 이르시되 네가 내 종 욥을 주의하여 보았느냐

그와 같이 온전하고 정직하여 하나님을 경외하며 악에서 떠난 자는 세상에 없느니라 사탄이 여호와께 대답하여 이르되 욥이 어찌 까닭 없이 하나님을 경외하리이까 주께서 그와 그의 집과 그의 모든 소유물을 울타리로 두르심 때문이 아니니이까 주께서 그의 손으로 하는 바를 복되게 하사 그의 소유물이 땅에 넘치게 하셨음이니이다 이제 주의 손을 펴서 그의 모든 소유물을 치소서 그리하시면 틀림없이 주를 향하여 욕하지 않겠나이까. (욥 1:8-11)

이 용이 땅으로 내쫓기게 되었으니 땅에 거하는 자들에게는 분노한 용의 보복으로 지극한 고통이 시작됩니다. 그러나 그 용의 분노와 공격도 "한 때, 두 때, 반 때"로 그때가 정해져 있습니다. 여기에서 숫자의 상징이 중요합니다. 완전수 7의 절반, 즉 3.5를 여러 가지 방식으로 묘사합니다. 때로는 한 때, 두 때, 반 때로, 때로는 삼 년 반으로, 또 다른 곳에서는 마흔두 달로 날로 계산하면 1,260일입니다. 이 삼 년 반 동안 성도들은 광야에서 지내지만, 하나님께서는 그들을 위해서 피할 곳을 예비하시고 양육하십니다.

하늘에서는 천사장 미가엘과 그의 천사들이 용과 그의 사자들을 이겼으나 땅에서는 성도들이 용을 이겼는데 이것은 바로 예수의 피로 구원을 얻어서 증언하는 말씀으로 순교하기까지 그에게 대적함으로 이긴 것입니다. 그래서 순교자들은 이미 용이 쫓겨나간 하늘에 와 있기에 기뻐하고 기뻐할 수 있습니다. 그러나 문제는 이제 땅에 거하는 사람들입니다. 그들은 분노가 충천한 가운데 그의 사자들과 함께 땅으로 내쫓겨서 그 포악스럽고 잔인함이 극에 달한 용을 겪어야 하기 때문입니다. 특히 이 용은 메시야를 탄생시킨 성도들의 공동체를 맹공격하게 되는데 이는 앞에서 그리스도의 편지를 받은 일곱 교회 성도들이 겪고 있는 것과 같은 환난과 미혹의 삶이 바로 그것에서 연유한 것입니다.

여기서 저자가 주고자 하는 메시지는 비록 대적자들이 성도들을 심히도 괴롭히지만 그들의 때가 얼마 남지 않았다는 것입니다. 성도들이 박해와 세속화의 미혹을 받지만, 하나님이 예비하신 도움을 입어서 독수리처럼 날아서 하나님의 처소에서 일정 기간 양육을 받게 됩니다. 하나님께서는 환난과 고통 가운데서도 성도들이 피할 거처를 마련하십니다. 용은 각가지 수단으로 여자를 파멸시키려고 하나 그 순간마다 하나님의 도움으로 좌절하게 됩니다. 사탄은 성도들을 박해하여 죽이기까지 하였지만, 성도들은 믿음으로 죽음을 이김으로써 사탄을 더욱 분노하게 만들었습니다. 이제 이 사탄은 남아 있는 성도들을 향해서 싸우고자 그 혼란스러운 바다를 등지고 서 있습니다.

이제까지 상징으로서 청자들의 마음에 살아 움직이던 그 신비스럽고 청초한 여자는 홀연히 사라져 버렸습니다. 그러나 청자들은 그들이 바로 그 여자의 남은 자손이라는 사실을 깨닫게 됩니다. 용이 여자로부터 나온 남은 자손들에게 공격의 방향을 바꾼다고 함으로써 비로소 이야기의 청자들은 현재 자신들이 처한 삶의 상황을 이해하게 됩니다. 그들은 그 여자의 남은 자손으로서 그 용의 공격을 받고 있는 셈입니다. 그런데 이 용이 현실적으로 구체적으로 그들을 어떻게 공격합니까? 이 용이 성도들을 공격하는 그 전략이 이제 펼쳐집니다.

제13장

1 내가 보니 바다에서 한 짐승이 나오는데 뿔이 열이요 머리가 일곱이라 그 뿔에
는 열 왕관이 있고 그 머리들에는 신성모독 하는 이름들이 있더라 2 내가 본 짐
승은 표범과 비슷하고 그 발은 곰의 발 같고 그 입은 사자의 입 같은데 용이 자
기의 능력과 보좌와 큰 권세를 그에게 주었더라 3 그의 머리 하나가 상하여 죽
게 된 것 같더니 그 죽게 되었던 상처가 나으매 온 땅이 놀랍게 여겨 짐승을 따
르고 4 용이 짐승에게 권세를 주므로 용에게 경배하며 짐승에게 경배하여 이르
되 누가 이 짐승과 같으냐 누가 능히 이와 더불어 싸우리요 하더라 5 또 짐승이

과장되고 신성모독을 말하는 입을 받고 또 마흔두 달 동안 일할 권세를 받으니
라 6 짐승이 입을 벌려 하나님을 향하여 비방하되 그의 이름과 그의 장막 곧 하
늘에 사는 자들을 비방하더라 7 또 권세를 받아 성도들과 싸워 이기게 되고 각
족속과 백성과 방언과 나라를 다스리는 권세를 받으니 8 죽임을 당한 어린 양의
생명책에 창세 이후로 이름이 기록되지 못하고 이 땅에 사는 자들은 다 그 짐승
에게 경배하리라 9 누구든지 귀가 있거든 들을지어다 10 사로잡힐 자는 사로잡
혀 갈 것이요 칼에 죽을 자는 마땅히 칼에 죽을 것이니 성도들의 인내와 믿음이
여기 있느니라.

일곱째 나팔이 불리면서 마지막 대접 심판을 막 시작하려고 할 때 심판을 저지하려고 용은 지상의 모든 악한 세력들을 동원합니다. 성경에서 바다는 혼란스럽고 위험하고 어둡고 무서운 곳입니다. 이곳에서는 선한 것이 나올 수가 없습니다. 그래서 새 하늘과 새 땅이 있는 곳에서는 바다가 더 이상 있지 않습니다.(21:1) 그 무섭고 혼란스러운 곳에서 짐승이 등장합니다. 이 짐승의 모습은 용과 많이 닮았습니다. 머리도 일곱 개요 뿔도 열 개인데 용과 같이 참람 되게 하나님을 모독하는 말을 합니다. 그 모습에서 다른 점이 있다면 용은 일곱 머리에 왕관이 있는 반면에 짐승은 열 뿔에 왕관이 있습니다. 용이 일곱 머리에 왕관이 있다는 것은 악의 세계에서 용이 왕의 신분과 지위를 가지고 있다는 것이고 짐승이 열 뿔에 열 왕관이 있다는 것은 짐승이 가진 권세가 왕과 같다는 의미입니다. 뿔은, 악하든 선하든, 권세를 상징합니다. 그 짐승은 악의 세계에서 용의 하수인이지만 용이 준 왕권을 행사한다는 뜻입니다. 이 말은 바로 2절에 나오는 "용이 자기의 능력과 보좌와 큰 권세를 그에게 주었더라."라는 의미입니다.

이 짐승은 사납고 강한 짐승들의 특징을 다 가지고 있다는 의미는 어느 한 짐승과 비교할 수 없을 만큼 가장 무섭고 잔인한 짐승이라는 표현입니다. 이 짐승은 다니엘서 7:19-27에 나타나는 넷째 짐승과 같이 성도들

을 괴롭히고 성도들은 그의 손에 붙인 바 되어 한 때, 두 때, 반 때를 지나야 됩니다. 일곱 머리 중 하나가 죽은 것 같다가 다시 살아납니다. "그의 머리 하나가 상하여 죽게 된 것 같더니 그 죽게 되었던 상처가 나으매 온 땅이 놀랍게 여겨 짐승을 따르고."(13:3) 여기에서 일곱 머리 중 하나가 죽게 되었다가 나았다는 것은 그 짐승이 가지고 있는 자생력을 말하는데, 이는 제국이 가지고 있는 위기극복의 놀라운 힘을 상징적으로 표현한 것입니다.

역사적으로 보면 로마 제국은 줄리어스 시저 이후 여러 황제가 등장해서 제국을 이끌어갔는데, 네로 황제 말기와 그의 죽음 이후 큰 위기를 당하게 됩니다. 네로 황제의 폭정으로 제국은 위기를 맞게 되는데 그가 68년 자결한 후 그를 이어서 69년 한 해에 3명의 황제로 갈바, 오토, 비텔리우스가 등장하지만, 군대나 근위병에 의해서 암살당하거나 축출됨으로 로마 제국은 걷잡을 수 없는 혼란과 위기를 맞게 됩니다. 이런 위기는 베스파시우스 황제가 즉위하면서 일단락됩니다. 결국 13:3은 네로 황제와 그 이후의 로마 제국의 위기가 갈바 황제, 오토 황제, 비텔리우스 황제를 거치면서 악화되다가 베스파시우스 황제의 즉위로 그 위기를 넘기게 된 일련의 사태를 상징적으로 묘사한다고 볼 수 있습니다. 그 일 후에는 사람들이 그 짐승의 무서운 힘에 놀랍니다. 이 짐승을 이길 수 있는 사람이 누구겠는가? 하고 사람들이 말합니다. 사탄이 사람들을 조종하는 수단이 바로 힘과 권세입니다. 로마 제국은 군사적, 경제적 힘으로 주변을 압도했습니다. 짐승의 이 권세는 바로 용에게서 받은 것입니다.

이 짐승은 용과 같이 하나님을 모독하는 말을 하고 하나님께 도전합니다. 짐승과 용의 공통점은 그들이 다 같이 절대 주권을 가진 하나님께 도전하고 그 권력을 질시한다는 사실입니다. 용은 하늘에서 이렇게 하고 짐승은 땅에서 이렇게 합니다. 사탄과 거대 제국은 하나님의 절대 주권에 도전한다는 점에서 서로 동맹관계에 있습니다. 하나님을 적대시하니 당연히 그분을 따르는 성도들이 그 공격의 대상이 됩니다. 그 짐승은 그 거대한 힘을 가지고 온 나라들을 지배하고 성도들을 박해하고 미혹하는데 일정 기간, 즉 마흔두 달 동안 그렇게 하게 됩니다. 그의 힘과 권위가 얼마나 강대한지 그리고 그 미혹하는 전략이 얼마나 교묘한지 어린 양의 피로 구원을 받지 못한 사람들은 그를 예배할 수밖에 다른 도리가 없습니다. 그리고 그 짐승을 예배하지 않고 믿음을 지키는 성도들은 사로잡히기도 할 것이요 순교를 당할 수도 있다는 사실을 분명하게 말하고 있습니다. "사로잡힐 자는 사로잡혀 갈 것이요 칼에 죽을 자는 마땅히 칼에 죽을 것이니 성도들의 인내와 믿음이 여기 있느니라."

일곱 나팔 재앙은 연대기적 시간으로 보면 분명 미래의 시간입니다. 그러나 이 사건은 미래의 일을 예언할 뿐 아니라 현재를 조명하고 인도하는 기능을 하고 있습니다. 이스라엘의 예언자들이 미래의 사건을 예언하지만, 그들은 또한 동시대 이스라엘 사람들에게 메시지를 전하고 있습니다. 그것은 재앙의 예언을 통해서 동시대 사람들의 회개를 촉구하거나 회복의 예언을 통해서 동시대 사람들에게 위로와 소망을 주고자 하는 것입니다. 묵시적 환상도 동시대 사람들을 회개케 하거나 위로하는 기능을 한다는 점에서 예언적 기능을 하는 것입니다. 그래서 묵시와 예언을 엄격하게 구분하기가 어렵습니다.

결국, 이 단락은 현재 청자들이 당면하고 있는 처절한 상황을 밝히 보여줄 뿐 아니라 이 모든 환난과 고통을 이길 힘은 오직 믿음과 인내뿐이라는 사실을 명확히 하고 있습니다. 이 말씀은 그리스도께서 일곱 교회에 보낸 편지에서 한결같이 강조하는 말씀입니다. 일곱 교회에 보낸 편지의 끝에 공통으로 "이기는 자"에게 약속하신 축복과 보상은 바로 지금이 인내와 믿음으로 이겨야 할 때임을 가르쳐 주고 있습니다. 이 메시지는 특별히 순교자를 낸 버가모 교회와 자칭 유대인들이 제국의 힘을 빌려 박해를 하고 있는 서머나 교회와 작은 능력으로 믿음을 지켜나가고 있는 빌라델비아 성도들에게 그리스도께서 주신 말씀입니다.

11 내가 보매 또 다른 짐승이 땅에서 올라오니 어린 양 같이 두 뿔이 있고 용처럼
말을 하더라 12 그가 먼저 나온 짐승의 모든 권세를 그 앞에서 행하고 땅과 땅에
사는 자들을 처음 짐승에게 경배하게 하니 곧 죽게 되었던 상처가 나은 자니라
13 큰 이적을 행하되 심지어 사람들 앞에서 불이 하늘로부터 땅에 내려오게 하고
14 짐승 앞에서 받은 바 이적을 행함으로 땅에 거하는 자들을 미혹하며 땅에 거
하는 자들에게 이르기를 칼에 상하였다가 살아난 짐승을 위하여 우상을 만들라
하더라 15 그가 권세를 받아 그 짐승의 우상에게 생기를 주어 그 짐승의 우상으
로 말하게 하고 또 짐승의 우상에게 경배하지 아니하는 자는 몇이든지 다 죽이
게 하더라 16 그가 모든 자 곧 작은 자나 큰 자나 부자나 가난한 자나 자유인이나
종들에게 그 오른손에나 이마에 표를 받게 하고 17 누구든지 이 표를 가진 자 외
에는 매매를 못하게 하니 이 표는 곧 짐승의 이름이나 그 이름의 수라 18 지혜가
여기 있으니 총명한 자는 그 짐승의 수를 세어 보라 그것은 사람의 수니 그의
수는 육백육십육이니라.

용이 있고 바다 짐승이 나오는가 했더니 땅에서 또 다른 짐승이 등장합니다. 하나님이 심판을 행하시기로 하니까 도전하고 반대하는 세력들이 많이 등장합니다. 이 땅의 짐승은 어떤 짐승이겠습니까? 어떻게 보면 이 짐승이 더 무섭습니다. 땅의 짐승은 겉으로 보면 어린 양처럼 곱상하게 생겼습니다. 이 짐승은 사람들에게 바다 짐승을 경배하도록 만들었습니다. 이 짐승은 거짓 선지자로서 성도들을 미혹시켜 제국 황제들을 예배하도록 만들고 각종 거짓 종교들을 퍼뜨리고 음행을 장려합니다.

그리스도께서 일곱 교회에 보낸 편지에서 거짓 사도와 거짓 선지자와 거짓 종교의 미혹을 피하도록 경고하고 있습니다. 그리스도께서는 특별히 거짓 사도와 니골라 당의 유혹을 받았던 에베소 교회와 발람의 교훈과 니골라 당의 교훈을 따르고 있는 버가모 교회와 이세벨의 거짓 종교의 미혹을 받아 행음하고 우상숭배하는 두아디라 교회에 경고의 메시지를 보낸 것과 연관시켜 읽을 수 있습니다.

이 짐승은 바다 짐승을 경배하는 사람들에게 표(xaragma)를 주고 표를 가지지 않은 사람들은 거래하지 못하게 했습니다. 이 표는 에스겔서 9:3-8에 나타나는데 그곳에서는 하나님의 보호하심을 의미합니다. 그런데 여기에 나오는 짐승의 표는 고대세계에서 노예나 군인에게 표시한 낙인이나 문신 또는 일종의 도장을 의미합니다. 땅의 짐승이 사람들을 경배하도록 만든 경배의 대상인 바다 짐승의 이름은 저 유명한 666입니다. 이 666이 누구를 의미하는지에 대해서는 의견들이 분분합니다. 옛날에는 아라비아 숫자가 없었기 때문에 문자로 수를 표시했습니다. 숫자 666은 문자로 χξς(666)이라 썼는데 이 숫자는 독재 황제인 네로를 의미한다는 견해가 가장 유력합니다. 네로는 그리스도인들을 매우 잔인하게 많이 죽였습니다. 우상이 된 짐승은 네로 같은 포악한 황제로서 그의 재임 시 모든 백성으로 하여금 자신을 신으로 경배하도록 칙령을 내렸고 이를 거역하는 자들에게는 무서운 형벌을 내렸습니다. 결국 바다 짐승은 네로 같은 사람을 상징합니다. 사람들은 왜 짐승을 따릅니까? 그들은 짐승이 가지고 있는 권세와 능력을 보고 따를 겁니다. 그런데 전도서 기자는 다르게 봅니다. "내가 내 마음 속으로 이르기를 인생들의 일에 대하여 하나님이 그들을 시험하시리니 그들이 자기가 짐승과 다름이 없는 줄을 깨닫게 하려 하심이라 하였노라."(전 3:18) 사실, 사람은 하나님의 형상을 가지지 않으면 짐승의 형상이 더 큰 힘을 발휘합니다.

땅에서는 용, 바다 짐승, 그리고 땅의 짐승이 합력해서 하나님을 대적합니다. 비유될지 모르겠지만 로마 제국의 힘은 군사력, 경제력과 정치력에 있었습니다. 그런데 로마 제국보다 더 오래간 것이 그리스 철학과 학문과 문화입니다. 그리스가 로마를 이긴 힘은 학문, 철학, 예술과 문화입니다. 땅의 짐승은 학문과 예술, 그리고 문화를 가지고 불신앙을 심어주는 것입니다. 그리스의 무신론적인 철학이 로마 제국의 영향력보다 더 오래갑니다. 세상의 권력과 무신론적인 학문이 합세해서 하나님을 대적한다는 것을 알아야 합니다.

말하자면, 세상 문화와 학문 중에는 선한 것이 많지만, 사탄이 그곳에 교묘하게 파고듭니다. 그래서 우리는 세상 문화와 학문, 그리고 권세에 대한 분별이 필요합니다. 요즘 세대의 문제가 이러한 것들에 대한 식별이 안 된다는 것입니다. 사도 바울은 디모데에게 이 기준을 알려주고 있습니다. "너는 이것을 알라 말세에 고통하는 때가 이르러 사람들이 자기를 사랑하며 돈을 사랑하며 자랑하며 교만하며 비방하며 부모를 거역하며 감사하지 아니하며 거룩하지 아니하며 무정하며 원통함을 풀지 아니하며 모함하며 절제하지 못하며 사나우며 선한 것을 좋아하지 아니하며 배신하며 조급하며 자만하며 쾌락을 사랑하기를 하나님 사랑하는 것보다 더하며 경건의 모양은 있으나 경건의 능력은 부인하니 이같은 자들에게서 네가 돌아서라."(딤후 3:1-5)

8. 심판 최종 예고와 일곱 대접 재앙(14:1-16:21)

제14장

1 또 내가 보니 보라 어린 양이 시온 산에 섰고 그와 함께 십사만 사천이 서 있는
데 그들의 이마에는 어린 양의 이름과 그 아버지의 이름을 쓴 것이 있더라 2 내
가 하늘에서 나는 소리를 들으니 많은 물 소리와도 같고 큰 우렛소리와도 같은
데 내가 들은 소리는 거문고 타는 자들이 그 거문고를 타는 것 같더라 3 그들이
보좌 앞과 네 생물과 장로들 앞에서 새 노래를 부르니 땅에서 속량함을 받은 십
사만 사천 밖에는 능히 이 노래를 배울 자가 없더라 4 이 사람들은 여자와 더불
어 더럽히지 아니하고 순결한 자라 어린 양이 어디로 인도하든지 따라가는 자
며 사람 가운데에서 속량함을 받아 처음 익은 열매로 하나님과 어린 양에게 속
한 자들이니 5 그 입에 거짓말이 없고 흠이 없는 자들이더라.

용과 두 짐승이 등장한 이후에 대조적으로 시온 산에는 어린 양이 십사만 사천 명과 더불어 나타납니다. 한편에서는 무섭고 음흉스러운 용과 짐승들과 그들의 이마에 짐승의 표를 받은 무리가 있고 다른 한편에서는 이마에 어린 양과 아버지의 이름을 기록한 십사만 사천 명이 서 있는 모습은 매우 대조적입니다. 십사만 사천은 땅에서 처음 익은 열매들이며 하나님과 그리스도에게 속한 사람들입니다.

이들이 구원을 찬양하는 아름답고 우렁찬 노랫소리는 거문고(harp) 타는 자들의 그 맑고 청아한 가락처럼 신선하고 우아하게 울려 퍼집니다. 그들이 새 노래를 부르는데 이 노래는 오직 십사만 사천 명만 배울 수 있는 신비스럽고 은밀한 노래입니다. 아무도 배울 수 없는 이 새 노래는 선택된 자들에게만 주어지는 특별하고 큰 은혜입니다. 성도들이 받는 많은 축복 중에서도 크고 귀한 축복은 다른 사람들이 알기 어렵습니다. 하나님과의 은밀한 관계 속에서만 듣고 배울 수 있는 노래가 있습니다.

해설자는 십사만 사천 명을 오직 어린 양만 따르는 처음 열매로서 음행하지 않으며 속이지 않는 순결한 자들이며 온전한 사람들이라고 소개합니다. 시간이 흐르면서 계속 열매가 맺히겠지만, 첫 열매는 더욱 귀하고 감사한 것인데 처음 그리스도께 신앙을 고백하고 그 어려운 상황 속에서도 믿음을 지켜 구원받은 십사만 사천 명이 바로 그들입니다. 이들은 어린 양을 참 목자로 따르며 목자는 그들을 알고 그들은 목자의 음성을 압니다. 여기서 푸른 초장을 배경으로 하는 목자와 양 떼들의 아름답고 평화스러운 모습이 떠오릅니다. "문지기는 그를 위하여 문을 열고 양은 그의 음성을 듣나니 그가 자기 양의 이름을 각각 불러 인도하여 내느니라 자기 양을 다 내놓은 후에 앞서 가면 양들이 그의 음성을 아는 고로 따라오되 타인의 음성은 알지 못하는 고로 타인을 따르지 아니하고 도망하느니라."(요 10:3-5) 이곳에서는 요한계시록의 곳곳에서 나타나는 죄악의 목록에 대조시켜 덕목의 목록을 나열함으로 해설자는 청자들로 하여금 온전한 신앙의 표본을 제시하여 줍니다.

여기에서 어린 양과 유대 그리스도인 십사만 사천 명만 나타나는 장면은 이방 그리스도인들에게는 다소 당혹스러울 수 있습니다. 전술한 대로 요한계시록 저자는 유대 그리스도인들의 구원사에서의 독특한 지위와 특권을 인정하고 있지만 그렇다고 배타적 유대 민족주의를 주장하는 것은 아닙니다. 일세기의 유대민족 지도자들은 배타적 민족주의를 고수하다가 결국 멸망의 길로 접어들었습니다. 이에 반해 유대 그리스도인들은 유대인들이 제사장 민족과 장자 민족으로서 구원에서의 우선성을 가지고 있으나 구원은 궁극적으로 모든 민족에게 열려 있음을 인정했습니다. 이런 견해로 인해서 그들이 비록 자신들의 동족에게는 배신자같이 되었지만, 하나님의 구원사역에서는 귀중한 역할을 감당할 수 있었습니다.

다음 장면에서 천사가 영원한 복음을 모든 민족에게 전하고 있음을 보게 됩니다. 이것은 앞에서 일곱째 인을 떼기 전에 유대 민족 십사만 사천 명을 인친 다음에 각 나라와 족속과 방언과 백성들에서 나온 구원받은 무리가 하나님과 어린 양을 찬양하는 모습과 연결됩니다.

> 6 또 보니 다른 천사가 공중에 날아가는데 땅에 거주하는 자들 곧 모든 민족과
> 종족과 방언과 백성에게 전할 영원한 복음을 가졌더라 7 그가 큰 음성으로 이르
> 되 하나님을 두려워하며 그에게 영광을 돌리라 이는 그의 심판의 시간이 이르
> 렀음이니 하늘과 땅과 바다와 물들의 근원을 만드신 이를 경배하라 하더라 8 또
> 다른 천사 곧 둘째가 그 뒤를 따라 말하되 무너졌도다 무너졌도다 큰 성 바벨론
> 이여 모든 나라에게 그의 음행으로 말미암아 진노의 포도주를 먹이던 자로다
> 하더라 9 또 다른 천사 곧 셋째가 그 뒤를 따라 큰 음성으로 이르되 만일 누구든
> 지 짐승과 그의 우상에게 경배하고 이마에나 손에 표를 받으면 10 그도 하나님
> 의 진노의 포도주를 마시리니 그 진노의 잔에 섞인 것이 없이 부은 포도주라 거
> 룩한 천사들 앞과 어린 양 앞에서 불과 유황으로 고난을 받으리니 11 그 고난의
> 연기가 세세토록 올라가리로다 짐승과 그의 우상에게 경배하고 그의 이름 표를
> 받는 자는 누구든지 밤낮 쉼을 얻지 못하리라 하더라 12 성도들의 인내가 여기

있나니 그들은 하나님의 계명과 예수에 대한 믿음을 지키는 자니라 13 또 내가
들으니 하늘에서 음성이 나서 이르되 기록하라 지금 이후로 주 안에서 죽는 자
들은 복이 있도다 하시매 성령이 이르시되 그러하다 그들이 수고를 그치고 쉬
리니 이는 그들의 행한 일이 따름이라 하시더라.

이 장면에서 흥미로운 점은 하나님이 심판을 매우 지체하신다는 사실입니다. 하나님은 심판을 하시기 전에 또 세 천사를 보내어 회개를 촉구하고 있습니다. 첫 천사는 영원한 복음을 만국에 전합니다. 예수님 말씀에도 마지막 심판이 있기 전에 복음이 만국에 전파되어야 한다고 했습니다. 구원의 진리가 만국에 전파된 후에야 비로소 심판이 임한다는 사실은 하나님의 공의를 나타내는 것입니다. 영원한 복음을 가진 천사는 심판의 시간이 이르렀음을 선포하며 천지 만물을 지으신 하나님께 돌아오라는 메시지를 전합니다. 현재 부분적이며 경고성의 재앙이 한참 진행되어 가는 와중에서도 하나님은 끈질기게 복음으로 모든 백성을 구원하시고자 하는 모습을 보여줍니다.

그다음 천사는 바벨론의 멸망을 예고하는데 이 성은 모든 나라를 음행으로 타락시켜 멸망케 하는 장본인인 셈입니다. 셋째 천사는 마지막 경고를 하며 성도들에 대한 인내와 믿음을 촉구하고 있습니다. 이 천사의 메시지는 요한계시록의 중심 메시지 중의 하나이기 때문에 그대로 다시 읽어 볼 필요가 있습니다. "만일 누구든지 짐승과 그의 우상에게 경배하고 이마에나 손에 표를 받으면 그도 하나님의 진노의 포도주를 마시리니 그 진노의 잔에 섞인 것이 없이 부은 포도주라 거룩한 천사들과 어린 양 앞에서 불과 유황으로 고난을 받으리니 그 고난의 연기가 세세토록 올라가리로다 짐승과 그 우상에게 경배하고 그의 이름 표를 받는 자는 누구든지 밤낮 쉼을 얻지 못하리라 하더라 성도들의 인내가 여기 있나니 그들은 하나님의 계명과 예수에 대한 믿음을 지키는 자니라."(14:9-12)

하나님과 예수 그리스도에 대한 충성은 분명히 그 대가를 요구하고

있습니다. 하나님의 말씀으로 "기록하라 지금 이후로 주 안에서 죽는 자는 복이 있도다."라고 하신 것은 특별히 현재 청자들이 믿음을 지키기 위해서 겪어야 할 고통이 순교에까지 이를 것임을 예고하고 있습니다. 하나님의 말씀은 성령께서 강하게 감동시키심으로 역사의 구체적 현장에서 인간의 의지로서는 불가능한 믿음의 순교를 가능케 합니다. 성령께서는 그들이 이제 영원히 쉴 수 있고 그들의 수고로 천년왕국의 권세를 누릴 수 있을 것이라고 증언합니다.

> 14 또 내가 보니 흰 구름이 있고 구름 위에 인자와 같은 이가 앉으셨는데 그 머리
> 에는 금 면류관이 있고 그 손에는 예리한 낫을 가졌더라 15 또 다른 천사가 성전
> 으로부터 나와 구름 위에 앉은 이를 향하여 큰 음성으로 외쳐 이르되 당신의 낫
> 을 휘둘러 거두소서 땅의 곡식이 다 익어 거둘 때가 이르렀음이니이다 하니
> 16 구름 위에 앉으신 이가 낫을 땅에 휘두르매 땅의 곡식이 거두어지니라 17 또
> 다른 천사가 하늘에 있는 성전에서 나오는데 역시 예리한 낫을 가졌더라 18 또
> 불을 다스리는 다른 천사가 제단으로부터 나와 예리한 낫 가진 자를 향하여 큰
> 음성으로 불러 이르되 네 예리한 낫을 휘둘러 땅의 포도송이를 거두라 그 포도
> 가 익었느니라 하더라 19 천사가 낫을 땅에 휘둘러 땅의 포도를 거두어 하나님
> 의 진노의 큰 포도주 틀에 던지매 20 성 밖에서 그 틀이 밟히니 틀에서 피가 나
> 서 말 굴레에까지 닿았고 천육백 스다디온에 퍼졌더라.

이제 마지막 심판 재앙을 위한 모든 기다림과 준비단계가 끝났습니다. 그동안 그리스도께서 일곱 교회에 편지를 보내어 각 교회의 죄악과 허물을 지적하고 책망하며 경고를 보냈습니다. 그 후 심판 재앙이 닥칠 것이라는 징조들과 증후들을 상세하게 보여 주었습니다. 그리고 그 재앙에서 불의한 자들과 같이 고통을 당하지 않도록 성도들을 구별하는 일도 마쳤습니다. 그다음에 여섯 번에 걸친 나팔을 통해 부분적이며 경고성의 재앙들을 보내 아직 회개하지 않은 자들의 회개를 촉구하였습니다. 이 재앙에

도 불구하고 회개하지 않는 사람들에게 요한을 보내 회개의 예언을 하게 하고 또 두 증인을 보내 다시 회개를 촉구하였습니다. 그 후에 하나님께서 또 세 천사를 보내어 만국에 복음을 전하게 하셨고 바벨론이 패망할 것과 짐승의 표를 받지 말 것을 강력하게 전하였습니다.

이 모든 길고 섬세한 과정은 하나님께서 심판을 지연시키며 어찌하든 불의한 자가 회개하도록 기다리는 모습을 잘 보여줍니다. "내가 종일 손을 펴서 자기 생각을 따라 옳지 않은 길을 걸어가는 패역한 백성들을 불렀나니."(사 65:2) 하나님은 진실로 심판하시기를 즐거워하지 않으시고 모든 사람이 회개하여 생명을 얻기 원하십니다. 그러나 하나님의 이 모든 기다림과 지체하심과 사랑하심에도 한계가 있으며 이제 그 마지막 심판의 시간이 눈앞에 닥쳐왔습니다. 그동안 각가지 사건들로 최종심판이 지연된 이유는 표면적으로 보면 용과 짐승과 그들을 따르는 악한 세력들의 저항과 도전이 있었기 때문입니다. 그러나 심층적으로 보면 자신의 형상대로 창조한 사람에 대한 하나님의 사랑과 연민이 컸기 때문입니다. 인간적인 표현으로 하면, 하나님 안에서 사랑과 공의 간의 갈등이 있었다고 볼 수 있습니다. 하나님 안에는 공의가 있는 반면에 또한 사랑도 있습니다. 사도 바울은 그것을 이렇게 표현했습니다. "그러므로 하나님의 인자하심과 준엄하심을 보라 넘어지는 자들에게는 준엄하심이 있으니 너희가 만일 하나님의 인자하심에 머물러 있으면 그 인자가 너희에게 있으리라 그렇지 않으면 너도 찍히는 바 되리라."(롬 11:22)

사람에 대한 하나님의 이런 복합적인 반응은 성경 곳곳에서 찾을 수 있습니다. 하나님께서는 죄를 범한 아담과 하와를 에덴 동산에서 추방하시지만, 그들에게 가죽옷을 해 입히십니다.(창 3:21) 죄악이 세상에 편만해짐에 따라 하나님은 자신이 사람 지으셨음을 한탄하시고 심판하시지만(창 6:6) 노아와 그 가족들을 살리심으로 사람들을 또다시 번성하게 하십니다. 하나님은 패역한 이스라엘을 위해서 끊임없이 그의 종들을 보내어 생명을 주시고자 하셨습니다. 무엇보다도, 하나님은 죄인들을 위해서 사랑하는 독생자를 주셨습니다. "우리가 아직 죄인되었을 때 그리스도께서 우리를 위하여 죽으심으로 하나님께서 우리에 대한 자기의 사랑을 확증하셨습니다."(롬 5:8) 이제 하나님의 오래 참으심이 끝나고 하나님께서 공의의 최종 심판을 집행하시기로 결정한 이후로 전체 이야기는 이제 하나님의 궁극적인 목표를 향해서 거침없이 진전되어 갑니다.

이제 심판의 주관자들이 하나님의 명령에 따라 무대에 등장합니다. 이 심판의 환상에는 두 가지의 추수 모습들이 나타납니다. 이 두 모습을 살펴보면 추수의 성격을 알 수 있습니다. 이 모습들 간에는 공통점도 있고 대조적인 점도 있습니다. 심판의 두 주관자의 공통점은 그들이 다 "예리한 낫"을 가지고 있는데 이것은 두 주관자가 모두 거두는 심판을 집행한다는 것을 의미합니다. 서로 대조적인 점들은 첫 번째 심판의 주관자는 그 모습이 영광스럽고 위엄을 가진 인자 같은 이, 즉 그리스도를 의미합니다. 그리스도께서 추수하는 것은 곡식입니다. 그에 비해 두 번째 주관자는 단순한 천사로 묘사되어 있고 그는 심판을 상징하는 불을 다스리는 천사의 명령을 받습니다. 그가 추수하는 것은 포도입니다.

예수께서는 공생애 기간에 사마리아 여인이 믿는 것을 보고 "너희는 넉 달이 지나야 추수할 때가 이르겠다 하지 아니하느냐 그러나 나는 너희에게 이르노니 너희 눈을 들어 밭을 보라 희어져 추수하게 되었도다."(요 4:35)라고 말씀하셨습니다. 곡식을 추수한다는 것은 믿음으로 구원에 이른 자들을 이제 모은다는 뜻입니다. 세례 요한은 이렇게 외쳤습니다. "손에 키를 들고 자기의 타작 마당을 정하게 하사 알곡은 모아 곳간에 들이고 쭉정이는 꺼지지 않는 불에 태우시리라."(마 3:12) 원래 심판의 전형적인 모습은 세례 요한의 선포처럼 알곡과 쭉정이로 구분되는데 여기서는 곡식과 포도로 바뀌어 나타납니다. 쭉정이 대신에 포도가 나타나는데 이 포도는 하나님의 진노의 큰 포도주 틀에 던지우고 그 포도가 짓이겨져서 피가 말굴레까지 닿았기 때문에 이 추수는 심판을 의미하는 것이 확실합니다. 심판의 잔혹한 모습을 묘사하는 것으로 피가 1,600스타디온에 걸쳐 흘렀다고 합니다. 1스타디온은 약 192m로 1,600스타디온이라 하면 대략 팔레스틴의 전체 길이에 해당합니다.

제15장

[1] 또 하늘에 크고 이상한 다른 이적을 보매 일곱 천사가 일곱 재앙을 가졌으니
곧 마지막 재앙이라 하나님의 진노가 이것으로 마치리로다 [2] 또 내가 보니 불이
섞인 유리 바다 같은 것이 있고 짐승과 그의 우상과 그의 이름의 수를 이기고
벗어난 자들이 유리 바다 가에 서서 하나님의 거문고를 가지고 [3] 하나님의 종
모세의 노래, 어린 양의 노래를 불러 이르되 주 하나님 곧 전능하신 이시여 하
시는 일이 크고 놀라우시도다 만국의 왕이시여 주의 길이 의롭고 참되시도다
[4] 주여 누가 주의 이름을 두려워하지 아니하며 영화롭게 하지 아니하오리이까
오직 주만 거룩하시니이다 주의 의로우신 일이 나타났으매 만국이 와서 주께
경배하리이다 하더라 [5] 또 이 일 후에 내가 보니 하늘에 증거 장막의 성전이 열
리며 [6] 일곱 재앙을 가진 일곱 천사가 성전으로부터 나와 맑고 빛난 세마포 옷
을 입고 가슴에 금 띠를 띠고 [7] 네 생물 중의 하나가 영원토록 살아 계신 하나님
의 진노를 가득히 담은 금 대접 일곱을 그 일곱 천사들에게 주니 [8] 하나님의 영
광과 능력으로 말미암아 성전에 연기가 가득 차매 일곱 천사의 일곱 재앙이 마
치기까지는 성전에 능히 들어갈 자가 없더라.

마지막 때에는 구원받을 사람들과 징벌을 받을 사람들을 구분한 다음에 후자에 대해서 본격적인 징벌에 들어가게 됩니다. 이것이 마지막 재앙이며 그것으로 하나님의 진노가 끝이 나게 될 것입니다. 심판 받는 자들에 대한 무서운 징벌이 예비되는 동안에 그동안 혹독한 박해와 세속화의 유혹에 시달려왔던 성도들은 공의로운 하나님의 심판을 크게 찬양합니다. 주님의 힘과 정의가 나타나게 되니 구원받은 만국의 성도들이 주님께 나아올 것을 기대하고 기쁨의 노래를 부릅니다.

이제 일곱 대접의 심판이 시작됩니다. 기다리고 기다리던 그 심판을 짐승의 유혹을 물리친 성도들이 새 노래로 찬양합니다.

> "주 하나님 곧 전능하신 이시여 하시는 일이 크고 놀라우시도다
> 만국의 왕이시여 주의 길이 의롭고 참되시도다
> 주여 누가 주의 이름을 두려워하지 아니하며
> 영화롭게 하지 아니하오리이까
> 오직 주만 거룩하시니이다
> 주의 의로우신 일이 나타났으매 만국이 와서 주께 경배하리이다."

주님의 심판을 찬양하는 자들 중에 아마 순교자들과 더불어 요나 선지자가 가장 크게 찬양을 했을지 모릅니다. 요나는 니느웨를 심판하시지 않는 하나님을 매우 싫어하고 분내어 이렇게 불평합니다. "주께서는 은혜로우시며 자비로우시며 노하기를 더디하시며 인애가 크시사 뜻을 돌이켜 재앙을 내리지 아니하시는 하나님이신 줄을 내가 알았음이니이다."(욘 4:2) 그렇게도 기다리던 하나님의 심판이 이제야 내리기 시작합니다. 성도들이 모세의 노래와 어린 양의 노래를 부르고 난 뒤 일곱 대접이 쏟아지기 시작합니다. 나팔 심판이 부분적인 데 반하여 이 대접 심판은 완전한 심판이 됩니다.

하나님의 때가 차기까지의 기다림 후에 오는 진노이기 때문에 그 진노는 일곱 대접에 '가득히' 담겨 있습니다. 그리고 그 진노를 다 쏟기까지 성전은 그 심판의 준엄함으로 인해서 연기가 자욱하고 그 누구도 들어갈 수 없는 두려운 곳이 되었습니다.

第16장

1 또 내가 들으니 성전에서 큰 음성이 나서 일곱 천사에게 말하되 너희는 가서

하나님의 진노의 일곱 대접을 땅에 쏟으라 하더라 2 첫째 천사가 가서 그 대접
을 땅에 쏟으매 짐승의 표를 받은 사람들과 그 우상에게 경배하는 자들에게 악
하고 독한 종기가 나더라 3 둘째 천사가 그 대접을 바다에 쏟으매 바다가 곧 죽
은 자의 피 같이 되니 바다 가운데 모든 생물이 죽더라 4 셋째 천사가 그 대접을
강과 물 근원에 쏟으매 피가 되더라 5 내가 들으니 물을 차지한 천사가 이르되
전에도 계셨고 지금도 계신 거룩하신 이여 이렇게 심판하시니 의로우시도다
6 그들이 성도들과 선지자들의 피를 흘렸으므로 그들에게 피를 마시게 하신 것
이 합당하니이다 하더라 7 또 내가 들으니 제단이 말하기를 그러하다 주 하나님
곧 전능하신 이시여 심판하시는 것이 참되시고 의로우시도다 하더라 8 넷째 천
사가 그 대접을 해에 쏟으매 해가 권세를 받아 불로 사람들을 태우니 9 사람들
이 크게 태움에 태워진지라 이 재앙들을 행하는 권세를 가지신 하나님의 이름
을 비방하며 또 회개하지 아니하고 주께 영광을 돌리지 아니하더라.

첫 번째 대접이 땅에 쏟아지니 우상 숭배자들에게 독한 종기가 나서 고통스럽게 합니다. 두 번째 대접이 바다에 쏟아지니 바다의 모든 생물이 멸종합니다. 세 번째 대접은 강에 떨어집니다. 강과 물이 피같이 됩니다. 요한계시록에는 순교자들을 깊이 배려하는 장면들이 많이 나타납니다. 강과 물이 피같이 된다는 것은 박해자들이 순교자들의 피를 많이 흘렸으니 그들에게 그 피를 갚아주는 것입니다. 네 번째 대접이 해에 쏟아지니 해가 강렬해져서 사람들을 태웁니다. 이상의 재앙은 자연에 대한 재앙입니다. 이 재앙들을 좀 더 자세히 살펴봅니다.

하나님은 일곱 천사에게 심판의 재앙을 내리라는 최종 명령을 내리십니다. 이 명령은 이제 그 누구도 거역할 수 없는 준엄한 명령으로서 천사들은 지체 없이 이 명령을 집행합니다. 이 진노의 첫 번째 대상은 요한계시록 전체 이야기에서 거듭거듭 경계해야 할 죄악으로 지적된 짐승의 표 받은 자들과 우상숭배하는 자들입니다. 결국 하나님의 심판의 주된 표적은 다양한 종류의 죄악들이 있지만, 황제나 다른 우상을 섬기는 죄입니다.

첫 번째 심판의 대상은 계속되는 다른 재앙의 성격과 범위를 규정한다는 점에서 중요한 의미가 있습니다. 하나님의 진노의 주된 대상이 황제나 다른 우상을 섬기는 자들에게 집중되어 있다는 점은 하나님의 심판이 무조건적이며 무차별적인 것이 아님을 나타내며 그 대상도 지극히 선별적임을 보여줍니다. 이 재앙에서도 사람들이 죽임을 당하지는 않고 독한 종기로 고통을 당하게 되어 있습니다. 재앙은 땅에 거하는 모든 불신자에게뿐 아니라 그리스도께서 편지를 보낸 일곱 교회 중에서 특별히 버가모 교회와 두아디라 교회의 우상숭배를 회개하지 않은 사람들에게도 해당될 것입니다. 첫 번째 나팔 재앙에서는 땅과 그 위에 있는 수목과 풀의 3분의 1이 탔지만 직접적으로 사람들에게는 재앙이 내리지 않은 사실에서 볼 때 이 첫 번째 대접 심판의 가혹함을 알 수 있습니다.

두 번째 대접 재앙은 바다에 떨어지는데, 나팔 재앙에서와 같이 바다가 피가 되고 그 안에 있는 생물들이 죽임을 당한다는 점에서는 동일한 유의 재앙입니다. 다만 그 재앙의 범위가 3분의 1에서 남은 3분의 2까지 확장되었다는 점이 다릅니다. 이 재앙이 바다에 전면적으로 내린 것은 바다가 바로 짐승의 거처이며 짐승이 그곳에서 나왔기 때문입니다. 회복된 새 하늘과 새 땅에서는 바다가 더 이상 존재하지 않는다는 사실에서 볼 때 요한계시록 이야기에서의 바다는 하나님을 대적하는 곳입니다.

세 번째 대접 재앙은 강과 물 근원에 떨어져서 이것들이 피가 되는데 사람들은 자신들이 죽인 성도들과 선지자들의 피를 마실 수밖에 없는 보복을 당합니다. 하나님의 공의로운 심판에 대한 천사의 찬양과 제단에서의 제창이 들립니다. 그런데 이 재앙을 앞서 있었던 세 번째 나팔 재앙과 비교해 보면 그때에는 강이 쑥으로 쓰게 되어 많은 사람이 죽었는 데 비해서 아직까지 대접 재앙으로 사람들이 죽었다는 보고는 없습니다. 그러나 이 재앙은 요한계시록 이야기에서 강조하고 있는 순교자들과 고통받는 성도들에 대한 하나님의 신원을 나타냅니다. 물을 차지한 천사가 하나님의 재앙을 찬양할 때 제단이 동조하며 말하는데 여기서 제단이 등장하는 것은 다섯째 인을 떼실 때 제단 아래 있으면서 하나님께 자신들이 당한 고통을 풀어달라고 간청하던 순교자들의 피맺힌 절규를 상기시키는 것입니다. 그때 하나님께서는 "아직 잠시 동안 쉬되 그들의 동무 종들과 형제들도 자기처럼 죽임을 당하여 그 수가 차기까지 하라."(6:11)고 대답을 하셨는데, 이제 그 수가 찬 때가 되었습니다. 이제는 하나님께서 이 세 번째 재앙을 통해서 그들의 간청을 들어 주시는 것입니다.

네 번째 재앙은 해가 심히 뜨거워져서 사람들에게 큰 고통을 주는데, 놀라운 것은 그럼에도 불구하고 사람들은 결코 회개하지 않는다는 것입니다. 하나님께서 회개하기를 원하시는 죄악은 많은 종류의 다양한 죄악들이 아니고 가장 중요한 죄악으로 그 범위를 좁혀서 황제와 다른 우상을 섬기는 죄악에서 회개하기를 원하십니다. 하나님은 이 재앙으로 인해서 그들이 다른 신들을 섬기는 것에서 돌이켜 주님께 영광을 돌리시기를 원하는 것입니다. 이 이야기의 해설자는 이 재앙들로 인해서 사람들이 회개하기를 바라는 하나님의 마음을 나타내는데 이 점은 다섯 번째 재앙이 내렸을 때에도 동일합니다.

> 10 또 다섯째 천사가 그 대접을 짐승의 왕좌에 쏟으니 그 나라가 곧 어두워지며
> 사람들이 아파서 자기 혀를 깨물고 11 아픈 것과 종기로 말미암아 하늘의 하나님
> 을 비방하고 그들의 행위를 회개하지 아니하더라 12 또 여섯째 천사가 그 대접을
> 큰 강 유브라데에 쏟으매 강물이 말라서 동방에서 오는 왕들의 길이 예비되었
> 더라 13 또 내가 보매 개구리 같은 세 더러운 영이 용의 입과 짐승의 입과 거짓
> 선지자의 입에서 나오니 14 그들은 귀신의 영이라 이적을 행하여 온 천하 왕들에
> 게 가서 하나님 곧 전능하신 이의 큰 날에 있을 전쟁을 위하여 그들을 모으더라
> 15 보라 내가 도둑 같이 오리니 누구든지 깨어 자기 옷을 지켜 벌거벗고 다니지
> 아니하며 자기의 부끄러움을 보이지 아니하는 자는 복이 있도다 16 세 영이 히
> 브리어로 아마겟돈이라 하는 곳으로 왕들을 모으더라 17 일곱째 천사가 그 대접
> 을 공중에 쏟으매 큰 음성이 성전에서 보좌로부터 나서 이르되 되었다 하시니

[18] 번개와 음성들과 우렛소리가 있고 또 큰 지진이 있어 얼마나 큰지 사람이 땅
에 있어 온 이래로 이같이 큰 지진이 없었더라 [19] 큰 성이 세 갈래로 갈라지고 만
국의 성들도 무너지니 큰 성 바벨론이 하나님 앞에 기억하신 바 되어 그의 맹렬
한 진노의 포도주 잔을 받으매 [20] 각 섬도 없어지고 산악도 간 데 없더라 [21] 또
무게가 한 달란트나 되는 큰 우박이 하늘로부터 사람들에게 내리매 사람들이
그 우박의 재앙 때문에 하나님을 비방하니 그 재앙이 심히 큼이러라.

다섯 번째 재앙은 세상을 미혹시키는 짐승의 바로 그 본거지에 떨어짐으로 이제 짐승의 운명이 끝이 가까워짐을 나타냅니다. 짐승의 권세 아래 있던 사람들이 고통으로 인해 자기 혀를 깨물 정도이지만 놀라운 것은 그들도 회개하지 않는다는 사실입니다. 해설자는 거듭해서 사람들이 회개하기를 바라는 하나님의 마음을 잘 드러내고 있습니다. 그러나 그들은 회개하지 않습니다.

여섯째 대접은 유브라데 강에 떨어지는데 이 재앙으로 인해서 강이 말라 동방으로부터 오는 왕들의 길이 예비되는데 이에 맞서서 용과 짐승들이 자신들에게 속한 군대들을 집결시켜 곧 세계 전쟁이 일어날 것 같은 전운이 감도는 무섭고도 불안한 시간이 되었습니다. 앞의 여섯째 나팔 재앙에서 유브라데 강에 결박된 네 천사가 무서운 마병대를 끌고 와서 사람의 3분의 1이 죽은 엄청난 재앙에 비하면 아직까지 그렇게 심한 직접적인 재앙은 없지만, 바야흐로 세계 대전이 일어나 모든 것을 파괴할 수 있는 시간이 가까워져 왔다는 점에서 모든 사람이 공포에 휩싸이는 시간이 임박했습니다. 여기서 동방에서 오는 왕들은 왜 여기에 등장하며 그들은 어떤 역할을 하는 것일까요? 그들은 앞의 여섯째 나팔 재앙에서 유브라데 강을 건너온 강력한 마병대가 사람 3분의 1을 살육했다는 사실에서 하나님의 심판 도구로 사용되고 가장 무서운 재앙을 가져온 것이 분명합니다. 그것은 곧이어 용과 짐승과 거짓 선지자가 그들의 세력을 규합하여 아마겟돈에서 인류 최후의 전쟁을 예비하고 있음을 보면 알 수 있습니다.

이 악의 삼총사들이 천하의 왕들을 규합하여 하나님의 큰 날에 있을 전쟁을 예비하는 것은 곧 인류 최후의 전쟁을 말합니다. 여기서 천하의 왕들을 조종하는 배후의 세력은 곧 악한 영들임을 보여주고 있습니다. 아마겟돈은 므깃도의 언덕 또는 전쟁터라는 의미로 역사적으로 볼 때 이곳에서 격렬한 전투들이 많이 일어났던 곳입니다. 이곳은 그래서 인류 최후의 전쟁터로 지목되어 있으며 악의 영이 최종적으로 패배하는 곳으로도 알려져 있습니다. 이 세계 대전의 전운이 감도는 급박한 때에 주님께서는 임박한 재림을 예고하며 성도들에게 깨어 있을 것을 경고하고 있습니다.

여기서는 최후의 전쟁이 예비 되고 있음을 말하고 실제로 그리스도와 짐승 간의 전쟁과 곡과 마곡의 최후 전쟁은 이후에 일어납니다. 그 중간에 요한계시록 이야기는 하나님께서 대적하는 짐승과 각 나라 왕들의 거처가 되는 바벨론 성과 만국의 성들을 먼저 공격합니다. 일곱째 천사가 대접을 쏟음으로 이제 마지막 재앙이 끝이 납니다. 유사 이래 가장 큰 지진으로 해서 바벨론 성뿐 아니라 만국의 성들이 무너지고 섬도 없어지고 산들이 무너져 내리는 엄청난 재난이 닥치게 됩니다. 또한 무게가 60kg이나 되는 거대한 우박들이 쏟아져서 살아남은 사람들을 강타하는데, 놀라운 것은 이 재앙에도 사람들은 회개치 않고 하나님을 비방한다는 사실입니다. 이사야 선지자는 백성들의 완악함을 이렇게 묘사했습니다. "너희가 말하기를 우리는 사망과 언약하였고 스올과 맹약하였은즉 넘치는 재앙이 밀려올지라도 우리에게 미치지 못하리니 우리는 거짓을 우리의 피난처로 삼았고 허위 아래에 우리를 숨겼음이라 하는도다."(사 28:15)

청자들은 그 최후의 전쟁이 일어나기 전 먼저 성도들을 그렇게 두렵게 하고 고통스럽게 한 바벨론 성의 심판에 더 큰 관심을 가지고 있기 때문에 이후의 장면은 그 바벨론의 이야기로 전환되어 길게 전개됩니다. 이 바벨론은 그 정체가 무엇이며 어떻게 최후를 맞게 되는가? 청자들의 이 궁금증을 풀어주기 위해서 바벨론의 정체와 그 멸망하는 장면이 매우 상세하게 묘사됩니다. 이것이 바로 서사기법 중에 에크프라시스(ekphrasis)라고 하는 이야기 기법입니다.[6] 성도들을 그토록 괴롭히던 바벨론의 정체가 무엇이며 어떻게 멸망했는지 궁금합니다.

9. 바벨론 멸망과 어린 양의 혼인 잔치(17:1-19:10)

제17장

1 또 일곱 대접을 가진 일곱 천사 중 하나가 와서 내게 말하여 이르되 이리로 오
라 많은 물 위에 앉은 큰 음녀가 받을 심판을 네게 보이리라 2 땅의 임금들도 그
와 더불어 음행하였고 땅에 사는 자들도 그 음행의 포도주에 취하였다 하고
3 곧 성령으로 나를 데리고 광야로 가니라 내가 보니 여자가 붉은 빛 짐승을 탔
는데 그 짐승의 몸에 하나님을 모독하는 이름들이 가득하고 일곱 머리와 열 뿔
이 있으며 4 그 여자는 자주 빛과 붉은 빛 옷을 입고 금과 보석과 진주로 꾸미
고 손에 금 잔을 가졌는데 가증한 물건과 그의 음행의 더러운 것들이 가득하더
라 5 그의 이마에 이름이 기록되었으니 비밀이라, 큰 바벨론이라, 땅의 음녀들
과 가증한 것들의 어미라 하였더라 6 또 내가 보매 이 여자가 성도들의 피와 예
수의 증인들의 피에 취한지라 내가 그 여자를 보고 놀랍게 여기고 크게 놀랍게
여기니 7 천사가 이르되 왜 놀랍게 여기느냐 내가 여자와 그가 탄 일곱 머리와
열 뿔 가진 짐승의 비밀을 네게 이르리라 8 네가 본 짐승은 전에 있었다가 지금
은 없으나 장차 무저갱으로부터 올라와 멸망으로 들어갈 자니 땅에 사는 자들
로서 창세 이후로 그 이름이 생명책에 기록되지 못한 자들이 이전에 있었다가
지금은 없으나 장차 나올 짐승을 보고 놀랍게 여기리라.

17-18장은 큰 성 바벨론의 정체가 무엇이고 그 운명이 어떻게 될 것

6) 이달, 『요한계시록』(한국장로교출판사, 2008), 288.

인가에 대해서 상징들과 극적인 사건들 묘사를 통해서 보여 주고 있습니다. 먼저 천사는 요한에게 많은 물 위에 앉은 음녀의 심판을 보여주고자 하는데 많은 물 위에 앉았다는 말은 지중해 연안의 많은 국가를 지배하고 있다는 의미입니다. 이 여인의 진정한 모습을 성령께서 요한에게 보다 분명하게 보여 줍니다. 요한이 광야에서 성령에 의해서 본 환상에는 보석으로 사치스럽게 치장하고 온갖 부귀를 누리는 여자가 나타납니다. 이 음녀는 하는 일이 무엇입니까? 그녀는 음행의 포도주로 많은 왕을 유혹하여 하나님을 대적하게 만드는 장본인입니다. 이 음녀를 성령께서는 요한에게 더 밝히 보여줍니다. 성령을 도우심으로 바라보니 그 음녀의 정체가 보다 분명하게 드러납니다. 그녀의 명칭이 그 이마에 붙어 있습니다. "큰 바벨론이라 땅의 음녀들과 가증한 것들의 어미." 그리고 이 여자는 성도들과 선지자들의 피에 취해 있습니다. 결국 그녀가 그 무시무시한 박해의 장본인인 것을 알고 요한은 매우 놀랍니다.

그런데 재미있는 것은 이 여자가 짐승을 타고 있습니다. 이 짐승은 모습이 붉고 피에 취해 있습니다. 이 짐승은 일곱 머리와 열 개의 뿔을 가지고 있습니다. 이 짐승의 모습이 너무 기괴합니다. 이 짐승과 음녀의 정체가 무엇인가에 대해서 상당히 논란이 많습니다.

천사는 요한에게 그 음녀와 짐승의 비밀을 알게 해주는데 천사의 설명은 그 여자보다는 짐승에 집중되어 있습니다. 이 짐승은 "전에 있었다가 지금은 없으나 장차 무저갱으로부터 올라와 멸망으로 들어갈 자"(17:8)이고 또한 이 짐승은 "여덟째 왕이니 일곱 중에 속한 자"(17:11)입니다. 이 구절은 문자적으로 숫자상으로 이해하려고 하면 큰 어려움이 따릅니다. 해설자는 7이라는 숫자에 의미를 부여하고 있으며 이 7은 계량적 의미보다도 온전하고 충만한 수라는 의미를 나타냅니다. 즉 이 짐승은 수적으로 보면 여덟 번째 왕이지만 온전한 왕의 반열에 속한 자라는 뜻입니다. 이 짐승은 일곱 머리를 가지고 있는데 이 일곱 머리는 일곱 왕인데 그중 "다섯은 망하였고 하나는 있고 다른 하나는 아직 이르지 아니하였으나 이르면 반드시 잠시 동안" 머물 것입니다. 그런데 짐승이 가지고 있는 열 뿔은 "열 왕이니 아직 나라를 얻지 못하였다."고 되어 있습니다.

천사가 짐승에 대해서 요한에게 설명한 내용은 상당히 혼란스럽고 수수께끼 같은 느낌을 줍니다. 그런데 묵시적 환상 가운데는 이런 수수께끼와 비유가 가끔 등장하여 청자들로 하여금 당혹감과 호기심을 동시에 불러일으킵니다. 에스겔서를 보면 여호와께서 선지자에게 이렇게 말씀하십니다. "인자야 너는 이스라엘 족속에게 수수께끼와 비유를 말하라."(17:2) 이 말씀 후에 수수께끼 같은 독수리와 포도나무 비유를 말씀하십니다. 이러한 수수께끼나 비유 같은 신비스럽고 난해한 내용은 그 뒤에 해설이 등장하는 경우가 많습니다만 그렇지 않은 경우도 있습니다. 예수께서도 무리를 향해서는 비유로 말씀하시고 나중에 제자들을 위해서 이 비유를 해석해 주는 경우가 자주 있었습니다. 이런 것은 비록 묵시적 환상이나 꿈에서만 일어나는 것은 아니고 유대교의 랍비들도 신비스러운 진리를 가르칠 때면 종종 이런 상징들과 비유들을 사용해 왔음을 알 수 있습니다.

이것은 상징의 세계에서 일어나는 상징의 다의미성을 나타내는 것으로서 하나의 상징은 문자적 표면적 의미가 있고 초월적, 심층적, 영적 의미가 있습니다.[7] 짐승 상징의 문자적 표면적 의미는 난폭하고 잔인한 짐승의 의미입니다. 그것의 심층적 의미는 그러한 성질을 가진 제국과 그 화신인 황제들이며 특히 네로 황제와 같은 인물이며 그 영적 의미는 용의 상징으로 묘사된 사탄의 하수인이라는 것입니다. 이런 다양한 의미는 구체적 본문의 맥락에서 결정되어야 할 것입니다. 어떤 상징의 참된 의미를 찾는 방법을 부스(W. Booth)는 이렇게 4단계로 소개하고 있습니다.

> 독자는 1) 내적이거나 외적인 실마리에 상응하는 단어들의 문자적인 의미를 거부하고, 2) 그것과는 다른 설명을 하려고 하며, 3) 이것을 그가

7) M. A. Powell, 『서사비평이란 무엇인가』, 60-63.

내재된 저자에 대해서 믿는 것에 근거해서 평가하려고 한다. 그리고 4) 저자의 가정된 의도들에 근거해서 결정을 내린다.[8)]

부스의 이 제안에 의하면, 상징의 참된 의미는 내재된 저자의 신념과 의도를 찾는 것이 중요합니다. 요한계시록의 상징들을 이해하기 위해서는 이 책의 내재된 저자의 신념과 의도를 찾아야 합니다.

> 9 지혜 있는 뜻이 여기 있으니 그 일곱 머리는 여자가 앉은 일곱 산이요 10 또 일
> 곱 왕이라 다섯은 망하였고 하나는 있고 다른 하나는 아직 이르지 아니하였으
> 나 이르면 반드시 잠시 동안 머무르리라 11 전에 있었다가 지금 없어진 짐승은
> 여덟째 왕이니 일곱 중에 속한 자라 그가 멸망으로 들어가리라 12 네가 보던 열
> 뿔은 열 왕이니 아직 나라를 얻지 못하였으나 다만 짐승과 더불어 임금처럼 한
> 동안 권세를 받으리라 13 그들이 한 뜻을 가지고 자기의 능력과 권세를 짐승에게
> 주더라 14 그들이 어린 양과 더불어 싸우려니와 어린 양은 만주의 주시요 만왕의
> 왕이시므로 그들을 이기실 터이요 또 그와 함께 있는 자들 곧 부르심을 받고 택
> 하심을 받은 진실한 자들도 이기리로다 15 또 천사가 내게 말하되 네가 본 바 음
> 녀가 앉아 있는 물은 백성과 무리와 열국과 방언들이니라 16 네가 본 바 이 열 뿔
> 과 짐승은 음녀를 미워하여 망하게 하고 벌거벗게 하고 그의 살을 먹고 불로
> 아주 사르리라 17 이는 하나님이 자기 뜻대로 할 마음을 그들에게 주사 한 뜻을
> 이루게 하시고 그들의 나라를 그 짐승에게 주게 하시되 하나님의 말씀이 응하
> 기까지 하심이라 18 또 네가 본 그 여자는 땅의 왕들을 다스리는 큰 성이라 하
> 더라.

요한계시록의 저자는 구약성경의 상징들을 빈번하게 사용합니다. 이 책의 이 환상에서는 짐승의 상징이 핵심인데 이 짐승의 상징은 다니엘서

8) W. Booth, *A Rhetoric of Irony*(Chicago: University of Chicago Press, 1974), 10-13.

나 에스겔서 같은 묵시적 예언에서 자주 나타납니다. 다니엘서에 보면 네 큰 짐승이 나타나는데 이 짐승은 "세상에 일어날 네 왕이라."(단 7:17)라고 설명되어 있습니다. 그 네 짐승 중 넷째 짐승이 다른 짐승보다 유난히 무서운 짐승으로 묘사되어 있습니다. 이 짐승은 "그 이는 쇠요 그 발톱은 놋이니 먹고 부서뜨리고 나머지는 발로 밟았으며 또 그것의 머리에는 열 뿔이 있고 그 외에 또 다른 뿔이 나오매 세 뿔이 그 앞에서 빠졌으며 그 뿔에는 눈도 있고 큰 말을 하는 입도 있고 그 모양이 그의 동류보다 커 보이더라."(단 7:19-20)고 설명되어 있습니다. 그런데 이 짐승에 대한 해석이 그 다음에 나오는데 여기서는 이 짐승이 '땅의 넷째 나라'로, 그리고 그 열 뿔은 '그 나라에서 일어날 열 왕'으로 설명되어 있습니다.(단 7:23-24)

요한계시록에 나타난 이 짐승의 정체는 비밀로서 쉽게 이해하기 어려운 것처럼 보이나 실상은 청자들에게 잘 알려진 존재입니다. 단지 청자들이 잘 모르는 사실은 그 짐승의 영적인 본성입니다. 요한계시록의 전후 맥락을 통해서 살펴보면 이 짐승은 바다에서 나온 짐승이며(13:1) 모습은 머리가 일곱이요 뿔은 열이며 표범과 같고 발은 곰의 발 같고 그 입은 사자의 입 같으며(13:2) 용에게서 권세를 받았습니다. 그의 머리 하나가 칼에 상처가 나서 죽게 되었던 것 같은데 그 상처가 나으니 온 천하가 놀랍게 여깁니다.(13:3) 그는 용에게서 마흔두 달 동안 권세를 받아서 하나님을 비방하고 성도들을 박해하게 되는데 생명책에 기록되지 못한 사람들은 다 그를 경배할 것입니다.(13:8)

이 설명을 종합해 보면 이 짐승은 왕이기도 하고 또 나라이기도 합니다. 왕이기도 하고 나라이기도 한 인물이라면 언뜻 생각하기에 어떤 나라의 개국 왕이나 시조를 의미하는 것 같습니다. 그러나 이 짐승의 상징은 단일 인물로 고정하기 어려운 점이 있습니다. 이 점이 상징이 가지는 애매성이며 또한 다의미적 특징이기도 합니다. 다시 말하면 이 짐승은 나라이기도 하며 또한 그 나라의 특징적이며 상징적인 인물이기도 합니다. 요한계시록에서 이 짐승은 로마 제국의 화신이기도 하고 그 황제들을 총칭하는 의미를 가지기도 하며 특별히 성도들을 잔혹하게 박해했던 네로를 의미하기도 합니다. 어느 장면에서 이 짐승의 상징이 어떤 의미를 가지는가는 그 이야기의 맥락에 맞게끔 해석해야 합니다. 그래서 천사는 요한에게 일곱 머리와 열 뿔 가진 짐승의 '비밀'이라고 말했을 것입니다.

본 간막극에 나타난 이 환상을 이해하는 데 결정적 도움이 되는 역사적 자료가 있습니다.[9] 1세기에 발굴된 유적들 가운데 그 당시 통용되었던 세스테리우스(sesterius)라는 동전이 있습니다. 그 동전의 앞면에는 한 여자가 있는데 이 여자는 일곱 산 위에 앉아 있고 한쪽 발을 강에 담그고 있으며 늑대가 함께하고 있습니다. 그리고 그 위에는 로마라고 쓰여 있습니다. 그 동전의 뒷면에는 베스파시우스 황제의 초상이 새겨져 있습니다. 이 동전의 그림에서 일곱 산이라는 것은 로마 시를 둘러싸고 있는 일곱 산을 의미합니다. 로마 제국은 로마 시에서 출발했는데 로마 시는 일곱 산에 둘러싸여 있습니다. 로마 시의 한쪽에는 티베르 강이 흐르고 다른 한쪽에는 암늑대가 있습니다. 이 암늑대는 로마를 세웠던 로물루스와 레무스라는 두 쌍둥이를 젖을 먹여서 키웠다는 전설 속의 늑대입니다. 그 여자가 바로 로마 시의 수호 여신인 로마입니다. 그런데 이 여신이 로마 시뿐 아니라 로마 제국의 수호 여신이 되었습니다. 로마 제국이 한창 번창할 때에는 이집트를 포함한 아프리카 대륙의 북쪽을 다 점령하고 팔레스틴, 터키, 그리스, 포르투갈, 스페인, 영국까지 지배했습니다. 지중해 연안의 모든 국가를 식민지로 삼았습니다. 그래서 그 여자는 "많은 물 위에" 앉아 있는 셈입니다.

로마 제국이 얼마나 광대합니까? 통신이 어려웠던 시대에 로마는 그 광활한 제국을 다스리기 위해서 도로를 열심히 닦았습니다. 그래서 서양 속담에 '모든 길은 로마로 통한다.'는 말이 있습니다. 그런데 하나님의 섭리가 오묘한 것은 로마가 닦아놓은 그 길을 따라서 선교사들이 복음을 전

9) 이달, 앞의 책, 289.

했습니다. 그 당시 제국 식민지의 모든 재화는 로마로 다 들어왔습니다. 로마 시는 재화가 넘쳐나면서 사치가 극심해지고 성적으로 문란하게 되었습니다. 그 여자는 짐승을 타고 있는데 그 짐승은 그 동전의 뒷면에 나오는 황제를 상징합니다. 그 여자는 신적인 존재이고 그 로마를 실질적으로 다스리는 사람은 황제였습니다,

그 짐승이 일곱 머리와 열 뿔을 가지고 있다는 것은 그동안 제국을 다스려 왔던 여러 황제와 그들이 세운 식민지 왕들, 유대로 말하면 헤롯 왕과 같은 분봉 왕들을 지배하고 있다는 것을 의미합니다.

그런데 여기에서 해석하기 어려운 사건이 발발합니다. 이 짐승이 음녀를 공격하여 죽이고 불로 사르는 무서운 사건이 발생했습니다. 이 사건이 무엇을 의미합니까? 혹자는 이 부분을 네로 환생설[10)]과 관련시켜서 설명하지만, 필자의 견해로는 이 사건은 동전의 앞면에 있는 로마 여신과 뒷면의 황제 간의 갈등을 상징적으로 표현한 것입니다. 로마 제국의 역사를 보면 아우구스투스나 티베리우스 같은 초기의 황제들은 죽고 난 다음에 신으로 추대되었습니다. 그런데 칼리굴라 황제로부터 시작하여 네로와 도미티안과 같은 황제들은 자신이 살아 있는 동안 신으로 경배받기를 원했습니다. 그런데 황제들이 권한이 강해지면서 그들이 신의 반열에 들어가게 되면 전통 신의 권위나 영광은 위축되었습니다. 이 사건은 황제가 신으로 승격되어 전통적인 수호신을 파멸시키게 된 것을 상징적으로 그리고 있습니다. 이것을 짐승과 음녀 간의 갈등이라고 해석할 수 있습니다.

인간의 권력자와 신들 간의 갈등은 그리스 신화에 많이 등장합니다. 왕과 신들과의 갈등은 다니엘서의 묵시적 환상에서도 나타납니다. "그 왕은 자기 마음대로 행하며 스스로 높여 모든 신보다 크다 하며 비상한 말로 신들의 신을 대적하며 형통하기를 분노하심이 그칠 때까지 하리니 이는

10) 네로 황제는 로마 시민들의 반대로 로마 제국에 원한을 품고 자결했는데 그가 잔인하기로 유명했기에 로마 시민들은 그가 다시 살아나서 동방의 왕들을 이끌고 와서 로마 제국에 복수할 것이라고 한 낭설이다.

그 작정된 일을 반드시 이룰 것임이라 그가 모든 것보다 스스로 크다 하고 그의 조상들의 신들과 여자들이 흠모하는 것을 돌아보지 아니하며 어떤 신도 돌아보지 아니하고."(단 11:36-37) 이 구절에서 보듯이 강력해진 왕은 조상들이 숭배하는 신들을 폐지하고 스스로 신들보다 더 우위에 서고자 하는 것을 알 수 있습니다. 이 구절은 짐승이 음녀를 공격하는 사건을 권력이 강해진 황제가 수호신인 로마 여신을 폐위시키는 사건으로 해석하는 근거가 될 수 있습니다.

이 음녀의 사건은 고대 세계 특히 그리스 비극에서 자주 나타나는 구상 중의 하나인 페리페테이아(peripeteia)와 유사합니다. 이런 구상을 운명의 전환 또는 사태의 급변이라 하는데 이것은 높은 신분이나 권세를 가진 자가 파멸하여 천한 자의 신분이 되거나 죽임을 당하는 것을 말합니다. 이 단락에서 음녀는 사치스럽고 호화스러운 자리에 앉아서 하나님을 대적하는 말을 하는 교만한 모습을 보이다가 결국 그가 타고 있던 짐승에게 미움을 당하여 처참하게 죽임을 당합니다. 이 운명 전환의 대표적 원인은 바로 음녀가 보여주는 것 같은 교만(hubris)입니다. 이 교만은 피조물인 인간이 신을 모독하거나 낮은 계열의 신이 높은 계열의 신에게 대적하는 것을 의미합니다. 반대로 믿음을 지키기 위해 처참하게 순교한 성도들이 하나님의 심판으로 부활하여 그리스도와 함께 고귀한 신분이 되어 다스리는 사건도 일종의 페리페테이아 구상이라고 할 수 있습니다.

이 모든 일은 하나님께서 자신의 뜻을 이루기 위한 계획 속에 있습니다. "이는 하나님이 자기 뜻대로 할 마음을 그들에게 주사 한 뜻을 이루게 하시고"라는 말씀은 세상의 군왕들과 나라들이 다 하나님의 주권 아래 있음을 말하고자 하는 것입니다. 위의 사건에서 짐승과 열 왕이 음녀를 공격하여 파멸시키는 것도 결국 하나님의 뜻을 이루기 위한 과정 중의 하나라는 의미입니다. 이런 예는 구약성경에서 자주 찾아볼 수 있습니다. 출애굽기에서도 보면 하나님께서 자신의 뜻을 이루시기 위하여 강대국 애굽의 왕 바로의 마음을 강퍅하게 하셔서 온 천하에 자신의 능력을 나타내시고

자 하는 것을 볼 수 있습니다.(출 9:12) 또한 거대 제국인 바벨론의 느부갓네살 왕에게 짐승의 마음을 주셔서 7년 동안 짐승들과 함께 들에서 이슬을 맞고 살다가 결국 하나님이 천지의 주재이심을 고백하게 하는 사건들(단 4:25, 32)을 통해서 하나님은 자신의 뜻대로 권세자들을 세우시기도 하시고 폐하시기도 하심을 보여줍니다.

제18장

1 이 일 후에 다른 천사가 하늘에서 내려 오는 것을 보니 큰 권세를 가졌는데 그
의 영광으로 땅이 환하여지더라 2 힘찬 음성으로 외쳐 이르되 무너졌도다 무너
졌도다 큰 성 바벨론이여 귀신의 처소와 각종 더러운 영이 모이는 곳과 각종 더
럽고 가증한 새들이 모이는 곳이 되었도다 3 그 음행의 진노의 포도주로 말미암
아 만국이 무너졌으며 또 땅의 왕들이 그와 더불어 음행하였으며 땅의 상인들
도 그 사치의 세력으로 치부하였도다 하더라 4 또 내가 들으니 하늘로부터 다른
음성이 나서 이르되 내 백성아, 거기서 나와 그의 죄에 참여하지 말고 그가 받
을 재앙들을 받지 말라 5 그의 죄는 하늘에 사무쳤으며 하나님은 그의 불의한
일을 기억하신지라 6 그가 준 그대로 그에게 주고 그의 행위대로 갑절을 갚아
주고 그가 섞은 잔에도 갑절이나 섞어 그에게 주라 7 그가 얼마나 자기를 영화
롭게 하였으며 사치하였든지 그만큼 고통과 애통함으로 갚아 주라 그가 마음에
말하기를 나는 여왕으로 앉은 자요 과부가 아니라 결단코 애통함을 당하지 아
니하리라 하니 8 그러므로 하루 동안에 그 재앙들이 이르리니 곧 사망과 애통함
과 흉년이라 그가 또한 불에 살라지리니 그를 심판하시는 주 하나님은 강하신
자이심이라 9 그와 함께 음행하고 사치하던 땅의 왕들이 그가 불타는 연기를 보
고 위하여 울고 가슴을 치며 10 그의 고통을 무서워하여 멀리 서서 이르되 화 있
도다 화 있도다 큰 성, 견고한 성 바벨론이여 한 시간에 네 심판이 이르렀다 하
리로다.

18장에서는 그토록 성도들을 괴롭히던 바벨론 성이 무너지는 과정을 좀 더 상세하게 설명하고 있는 내용이 나오고 있습니다. 세부 묘사(에크프라시스) 기법은 앞에서 개략적으로 언급한 내용을 뒤에 아주 상세하게 설명해 나가는 기법입니다. 독자나 청중들을 염두에 둘 때 단순히 큰 성 바벨론이 망했다고 간단하게 말하는 것만으로는 부족합니다. 그것을 자세하게 이야기해야만 하나님의 공의가 정확하게 이루어지는 것을 목도하고 마음이 후련해집니다. 이것은 일종의 카타르시스(catharsis) 효과를 가져옵니다.

힘센 천사의 바벨론 멸망에 대한 선포는 두 번 반복됩니다. "무너졌도다 무너졌도다." 이 성은 더러운 영들과 가증한 새들의 모이는 곳이 되었다고 했는데, 여기서 새들의 등장은 뒤에 아마겟돈 전쟁 후에 죽어 쓰러진 시체들을 먹어치우는 끔찍한 장면을 위한 준비단계입니다.

여기서 저자는 그 여자를 묘사하는데 두 무대 기법이라는 연극 기법을 사용하고 있습니다. 첫 무대에서는 그 여자의 외부 모습을 묘사합니다. "여자는 붉은 빛 짐승을 탔는데 … 그 여자는 자주 빛과 붉은 빛 옷을 입고 금과 보석과 진주로 꾸미고 손에 금잔을 가졌는데 가증한 물건과 그의 음행의 더러운 것들이 가득하더라 그의 이마에 이름이 기록되었으니 비밀이라, 큰 바벨론이라, 땅의 음녀들과 가증한 것들의 어미라 하였더라 또 내가 보매 이 여자가 성도들의 피와 예수의 증인들의 피에 취한지라." (17:3-6)

두 번째 무대에서는 그 여자의 내면의 모습을 묘사하고 있습니다. 그 여자는 아무도 듣지 않을 거라고 생각하고 그 마음에 말하기를 "나는 여왕으로 앉은 자요 과부가 아니라 결단코 애통함을 당하지 아니하리라." (18:7) 그래서 이 여자의 참된 모습은 외적인 모습과 내적인 모습을 합칠 때보다 분명하게 파악할 수 있습니다.[11] 그 여자를 이렇게 외적으로 내적

11) S. S. 스몰리/김경신 역, 『요한신학』(도서출판 풍만, 1987), 313 참조.

으로 묘사할 때 그녀의 잔인성과 그 교만과 그 가증함이 더욱 뚜렷하게 드러나게 되고 하나님의 공의로운 심판을 자초하게 되는 근거를 제공합니다.

바벨론이 저지른 죄악의 선두에는 음행이 나오는데 성경적으로 볼 때 이방인들이 정죄받는 가장 중대한 죄악 중의 하나입니다. 성은 고귀한 생명을 잉태하는 하나님의 거룩한 선물인데 이 성의 남용과 오용이 요한계시록 전반에 거쳐 나타나는 음행의 문제를 야기시키고 심판의 원인을 제공하고 있습니다. 결국 요한계시록은 이방인들 가운데서 행해지는 죄악된 성의 개념과 관행과 범죄, 그리고 종교의식과 결부되어 있는 이방신전에서의 매춘의 폐해와 죄악성을 거듭 지적하고 있습니다.

이 단락에서는 요한계시록의 핵심 메시지 중의 하나가 기록되어 있습니다. "내 백성아, 거기서 나와 그의 죄에 참여하지 말고 그가 받을 재앙을 받지 말라."(18:4) 여기서는 바벨론의 죄목이 자세히 나오는데 그 죄는 지극히 악해져서 하늘에 닿았습니다. "자기 영광, 사치와 교만." 바벨론 성이 이 죄악으로 불타는 것을 보고 세 그룹의 사람들이 슬픈 노래를 부릅니다. "화 있도다 화 있도다 큰 성 견고한 성 바벨론이여 한 시간에 네 심판이 이르렀구나." 이 장에서는 바벨론의 파멸로 무서워하며 울고 애통해하는 사람들의 모습이 사실적으로 자세하게 묘사되어 있는데 그들은 주로 세 부류의 사람들입니다. 그들은 바벨론과 더불어 음행하고 사치하던 땅의 왕들이고 그 성과 거래를 해서 거상이 되었던 상인들, 그리고 그 상품들의 무역에 종사해서 치부했던 선주들과 선원들입니다. 이 세 그룹의 사람들은 심판으로 인해서 감사하며 기뻐하는 다른 세 그룹의 사람들인 "성도들, 사도들, 선지자들"(18:20)과 좋은 대조를 이루고 있습니다. 바벨론으로 인해서 쾌락을 누리고 치부했던 이 세 그룹의 사람들은 한결같이 무서워하며 울고 가슴을 치며 다 같이 "화 있도다 화 있도다 큰 성 견고한 성 바벨론이여." 하며 애통해 합니다.(18:10, 16, 19) 세 번 반복되는 애가는 이 성의 무너짐이 그들에게 얼마나 큰 슬픔을 안겨주었는지를 잘 보여주고 있습니다. 그들에게 쾌락을 주고 치부케 했던 바벨론이 이제 애통함과 두려움을 가져다주는 시간으로 닥쳤습니다.

11 땅의 상인들이 그를 위하여 울고 애통하는 것은 다시 그들의 상품을 사는 자
가 없음이라 12 그 상품은 금과 은과 보석과 진주와 세마포와 자주 옷감과 비단
과 붉은 옷감이요 각종 향목과 각종 상아 그릇이요 값진 나무와 구리와 철과 대
리석으로 만든 각종 그릇이요 13 계피와 향료와 향과 향유와 유향과 포도주와 감
람유와 고운 밀가루와 밀이요 소와 양과 말과 수레와 종들과 사람의 영혼들이
라 14 바벨론아 네 영혼이 탐하던 과일이 네게서 떠났으며 맛있는 것들과 빛난
것들이 다 없어졌으니 사람들이 결코 이것들을 다시 보지 못하리로다 15 바벨론
으로 말미암아 치부한 이 상품의 상인들이 그의 고통을 무서워하여 멀리 서서
울고 애통하여 16 이르되 화 있도다 화 있도다 큰 성이여 세마포 옷과 자주 옷과
붉은 옷을 입고 금과 보석과 진주로 꾸민 것인데 17 그러한 부가 한 시간에 망하
였도다 모든 선장과 각처를 다니는 선객들과 선원들과 바다에서 일하는 자들이
멀리 서서 18 그가 불타는 연기를 보고 외쳐 이르되 이 큰 성과 같은 성이 어디
있느냐 하며 19 티끌을 자기 머리에 뿌리고 울며 애통하여 외쳐 이르되 화 있도
다 화 있도다 이 큰 성이여 바다에서 배 부리는 모든 자들이 너의 보배로운 상
품으로 치부하였더니 한 시간에 망하였도다.

땅의 상인들이 자아내던 놀람과 비통함이 천하를 진동하는데, 특이한 점은 거래되던 수많은 진귀한 상품들이 자세하게 열거되어 있다는 점입니다. 그중에는 "종들과 사람들의 영혼들도" 포함되어 있는데 수많은 노예의 매매를 말하고 있습니다. 이 구절은 위의 번역보다는 "사람들의 몸들(somaton)과 영혼들"이라고 번역하는 것이 더 적절합니다.

이렇게 진귀하고 다양한 상품들을 일일이 자세하게 나열하고 있는 것은 제국의 황실과 귀족들이 얼마나 사치스럽고 풍요하게 지냈는지를 보여주고 동시에 이 상품들을 생산하기 위해서 얼마나 많은 식민지 백성들

과 노예들이 피땀을 흘렸는지를 보여줍니다. 그 성에서 발견된 피 중에서 신앙으로 인해서 흘린 피들은 "선지자들과 성도들의 피"인데 이외에도 "땅 위에서 죽임을 당한 모든 자의 피"는 불의하고 포학한 정치 경제 제도로 인한 무고한 사람들의 피를 의미합니다.

로마 제국의 황실, 귀족과 대상인들이 소유하고 있었던 그 사치와 부는 말로 표현할 수 없었습니다. 세상의 명품들, 진귀한 물건들과 막대한 재화가 다 로마에 모였습니다. 여기에 나열된 거래와 무역 품목들은 모두 28가지인데 이 숫자는 땅의 사방을 나타내는 4와 빠짐없이 온전한 숫자 7이 곱해져서 생긴 숫자라는 설명도 있습니다. 다시 말하면, 땅에서 거래되는 물건 중 없는 것이 없다는 뜻입니다.

그 거대한 제국에는 수많은 노예가 있었는데 이들은 상품처럼 취급되었습니다. 거대한 부는 황실과 귀족들에 집중되면서 극심한 가난에 시달리던 하층민들과 노예들의 분노가 쌓였습니다. 부의 양극화가 제국의 멸망에 큰 몫을 차지하게 되었습니다. 그것과 더불어 우상 숭배와 성적인 문란은 말로 다 표현할 수 없었습니다.

> 20 하늘과 성도들과 사도들과 선지자들아, 그로 말미암아 즐거워하라 하나님이
> 너희를 위하여 그에게 심판을 행하셨음이라 하더라 21 이에 한 힘 센 천사가 큰
> 맷돌 같은 돌을 들어 바다에 던져 이르되 큰 성 바벨론이 이같이 비참하게 던져
> 져 결코 다시 보이지 아니하리로다 22 또 거문고 타는 자와 풍류하는 자와 퉁소
> 부는 자와 나팔 부는 자들의 소리가 결코 다시 네 안에서 들리지 아니하고 어떠
> 한 세공업자든지 결코 다시 네 안에서 보이지 아니하고 또 맷돌 소리가 결코 다
> 시 네 안에서 들리지 아니하고 23 등불 빛이 결코 다시 네 안에서 비치지 아니하
> 고 신랑과 신부의 음성이 결코 다시 네 안에서 들리지 아니하리로다 너의 상인
> 들은 땅의 왕족들이라 네 복술로 말미암아 만국이 미혹되었도다 24 선지자들과
> 성도들과 및 땅 위에서 죽임을 당한 모든 자의 피가 그 성 중에서 발견되었느니
> 라 하더라.

성도들을 핍박하던 바벨론이 무너진 후 하늘에서는 허다한 무리가 하나님의 공의를 찬양하는 찬양이 터져 나옵니다 "그의 심판은 참되고 의로운지라 음행으로 땅을 더럽게 한 큰 음녀를 심판하사 자기 종들의 피를 그 음녀의 손에 갚으셨도다 … 할렐루야 주 우리 하나님 곧 전능하신 이가 통치하시도다." 이 장에서는 땅에서의 애가와 하늘에서의 찬양이 대조적으로 들리고 있습니다. 결국, 이 장면은 이제까지의 세상이 무너지고 주님의 기도와 같이 땅에서도 하늘의 뜻이 이루어지기 시작하는 놀라운 전환점이 됩니다.

여기에서는 힘센 천사가 등장하여 바벨론의 최후적이며 결정적인 멸망을 선포합니다. 요한계시록에서는 중요한 사건에 보통의 천사가 아닌 힘센 천사가 등장하는 것을 볼 수 있습니다. 하나님의 오른손에 두루마리가 있지만, 이 두루마리를 펼 자가 없는 시점에서 힘센 천사가 나타나 큰 음성으로 "누가 그 두루마리를 펴서 그 인을 떼기에 합당하냐" 하고 외칩니다. 또한 여섯째 나팔이 불리고 난 후 영광스러운 모습을 한 힘센 천사가 작은 두루마리를 가지고 나타납니다. 이곳에 나타난 힘센 천사는 앞에 나타난 천사들과 같은 천사는 아니지만 바벨론의 멸망이라는 중요한 사건에서 하나님의 심판이 온전하게 이루어졌음을 확인합니다. 그 확인하는 제스처는 결코 다시 떠오르지 못할 큰 맷돌 같은 돌을 들어 바다에 던짐으로써 영원히 사라지게 될 바벨론의 운명을 확실하게 보여줍니다.

이 모습은 구약성경에서 바벨론의 심판과 패망의 예언들이 이사야서(47:1-15)에서나 예레미야서(50:21-51:14)에 걸쳐 여러 차례 기록되어 있는 것과 연관시켜 보면 이번의 파멸은 결코 다시 떠오르지 못할 영원한 패망임을 강조하는 것으로 읽을 수 있습니다.

제19장

1 이 일 후에 내가 들으니 하늘에 허다한 무리의 큰 음성 같은 것이 있어 이르되

할렐루야 구원과 영광과 능력이 우리 하나님께 있도다 2 그의 심판은 참되고 의
로운지라 음행으로 땅을 더럽게 한 큰 음녀를 심판하사 자기 종들의 피를 그 음
녀의 손에 갚으셨도다 하고 3 두 번째로 할렐루야 하니 그 연기가 세세토록 올
라가더라 4 또 이십사 장로와 네 생물이 엎드려 보좌에 앉으신 하나님께 경배하
여 이르되 아멘 할렐루야 하니 5 보좌에서 음성이 나서 이르시되 하나님의 종들
곧 그를 경외하는 너희들아 작은 자나 큰 자나 다 우리 하나님께 찬송하라 하더
라 6 또 내가 들으니 허다한 무리의 음성과도 같고 많은 물 소리와도 같고 큰 우
렛소리와도 같은 소리로 이르되 할렐루야 주 우리 하나님 곧 전능하신 이가 통
치하시도다 7 우리가 즐거워하고 크게 기뻐하며 그에게 영광을 돌리세 어린 양
의 혼인 기약이 이르렀고 그의 아내가 자신을 준비하였으므로 8 그에게 빛나고
깨끗한 세마포 옷을 입도록 허락하셨으니 이 세마포 옷은 성도들의 옳은 행실
이로다 하더라 9 천사가 내게 말하기를 기록하라 어린 양의 혼인 잔치에 청함을
받은 자들은 복이 있도다 하고 또 내게 말하되 이것은 하나님의 참되신 말씀이
라 하기로 10 내가 그 발 앞에 엎드려 경배하려 하니 그가 나에게 말하기를 나는
너와 및 예수의 증언을 받은 네 형제들과 같이 된 종이니 삼가 그리하지 말고
오직 하나님께 경배하라 예수의 증언은 예언의 영이라 하더라

하나님께서는 오래 불의를 참으시고 기다리셨지만 결국 공의로운 심판을 행하셨습니다. 불의한 백성들이 아무리 완악하고 교만하더라도 하나님은 그 정의를 이루십니다. "나는 정의를 측량줄로 삼고 공의를 저울추로 삼으니 우박이 거짓의 피난처를 소탕하며 물이 그 숨는 곳에 넘칠 것인즉 너희가 사망과 더불어 세운 언약이 폐하며 스올과 더불어 맺은 맹약이 서지 못하며 넘치는 재앙이 밀려올 때에 너희가 그것에게 밟힘을 당할 것이라."(사 28:17-18)

바벨론에서는 더 이상 신랑과 신부의 기쁜 소리와 노래가 들리지 않는데 하늘나라에서는 우리가 잘 아는 어린 양의 혼인 잔치가 성대하게 벌어집니다. 모든 성도가 어린 양의 신부로 초청을 받아서 기쁨과 위로가 넘

치는 잔치자리가 화기애애하게 열립니다. "우리가 즐거워하고 크게 기뻐하며 그에게 영광을 돌리세 어린 양의 혼인 기약이 이르렀고 그의 아내가 자신을 준비하였으므로 그녀에게 빛나고 깨끗한 세마포 옷을 입도록 허락하였으니 이 세마포 옷은 성도들의 옳은 행실이로다." 세마포의 옷은 질 좋고 고급스러운 마로 만든 옷입니다.

하나님과 이스라엘의 관계는 종종 혼인관계로 비유되어 왔습니다.(사 62:5; 렘 31:3, 31-34 등) 혼인잔치는 단지 손님으로 초대되어서 먹고 마심으로 서로 기뻐하고 축하하는 일반적인 의미가 있으나 여기서는 성도들이 어린 양의 신부로서 어린 양과 가장 깊은 관계, 궁극적인 관계를 맺는 예식으로서 그리스도와 성도들 간의 관계의 깊이와 신비와 거룩함을 비유로서 나타내 주고 있습니다. 이 혼인 관계는 그동안의 환난, 박해, 갖은 유혹과 고통을 이겨낸 성도들과 어린 양이 하나 되는 사건으로서 예수 자신이 이미 이 지상에 계실 때에 이겨내었기 때문에 성도들과 그리스도는 하나가 될 수 있는 것입니다. 이 잔치는 예수 그리스도와 성도들이 둘이 아니라 한몸이 되는 거룩한 잔치이기도 합니다. 사도 바울은 자신의 사역을 이 결혼을 위한 중매로 보았습니다. "내가 너희를 정결한 처녀로 한 남편인 그리스도께 드리려고 중매함이라."(고후 11:2)

그래서 그리스도의 이름이 "충신과 진실"인 것은 그가 끝까지 믿음과 인내로서 박해와 세속의 유혹을 이겨내었기 때문이며 성도들도 그를 따라서 환난과 세속화의 유혹을 이겨내었기 때문입니다. 요한계시록의 저자가 여기서 경고하고 반대하는 것은 충신과 진실의 반대 곧 변절과 배신입니다. 그래서 심판을 받는 자들은 두려워하는 자들과 믿지 않는 자들로서 이런 자들이 각종 윤리적 죄악을 행한 자들보다 더 먼저 거론되어 있습니다.(21:8)

이 혼인은 땅에서 그리스도와 교회의 관계로 비유되었고 그리스도와 교회의 관계는 가정에서는 남편과 아내로 비유되었습니다. 그래서 삼중의 관계가 서로 조화를 이룰 때 온전한 하나님의 나라가 이루어지는 것입니다. 가정에서는 남편과 아내의 관계, 땅에서는 그리스도와 교회의 관계, 하늘에서는 어린 양과 성도들의 관계가 가장 거룩하고 깊은 신비이자 비밀의 관계입니다.(엡 5:22-32)

10. 최후의 심판(19:11-20:15)

11 또 내가 하늘이 열린 것을 보니 보라 백마와 그것을 탄 자가 있으니 그 이름은
충신과 진실이라 그가 공의로 심판하며 싸우더라 12 그 눈은 불꽃 같고 그 머리
에는 많은 관들이 있고 또 이름 쓴 것 하나가 있으니 자기밖에 아는 자가 없고
13 또 그가 피 뿌린 옷을 입었는데 그 이름은 하나님의 말씀이라 칭하더라 14 하
늘에 있는 군대들이 희고 깨끗한 세마포 옷을 입고 백마를 타고 그를 따르더라
15 그의 입에서 예리한 검이 나오니 그것으로 만국을 치겠고 친히 그들을 철장으
로 다스리며 또 친히 하나님 곧 전능하신 이의 맹렬한 진노의 포도주 틀을 밟겠
고 16 그 옷과 그 다리에 이름을 쓴 것이 있으니 만왕의 왕이요 만주의 주라 하였
더라 17 또 내가 보니 한 천사가 태양 안에 서서 공중에 나는 모든 새를 향하여
큰 음성으로 외쳐 이르되 와서 하나님의 큰 잔치에 모여 18 왕들의 살과 장군들
의 살과 장사들의 살과 말들과 그것을 탄 자들의 살과 자유인들이나 종들이나
작은 자나 큰 자나 모든 자의 살을 먹으라 하더라 19 또 내가 보매 그 짐승과 땅
의 임금들과 그들의 군대들이 모여 그 말 탄 자와 그의 군대와 더불어 전쟁을
일으키다가 20 짐승이 잡히고 그 앞에서 표적을 행하던 거짓 선지자도 함께 잡
혔으니 이는 짐승의 표를 받고 그의 우상에게 경배하던 자들을 표적으로 미혹
하던 자라 이 둘이 산 채로 유황불 붙는 못에 던져지고 21 그 나머지는 말 탄 자
의 입으로부터 나오는 검에 죽으매 모든 새가 그들의 살로 배불리더라.

이 잔치 다음에 성도들을 죽이고 괴롭히던 짐승들에 대해서 징계를 시작합니다. 눈이 불꽃 같은 인자 같은 이가 백마를 타고 등장합니다. 이

분이 진짜 메시야인 것은 그 이름이 충신과 진실이기 때문입니다. 이 메시야가 짐승들을 잡아서 산 채로 불못에 던집니다.

이 장면은 그동안 성도들이 학수고대하던 예수 그리스도의 등장으로 전개됩니다. 그는 이제 짐승과의 전투를 위해 만반의 준비를 갖춘 위엄과 권세가 등등한 모습으로 그를 따르는 하늘 군대와 함께 나타납니다. 영화에서 이 장면이 나타난다면 아마 관객들은 기립하여 손뼉을 치며 감격해 했을 장면입니다. 이 감동적인 정서를 표현하는 용어가 "보라!"(behold)입니다. 백마를 타고 등장하는 그리스도의 당당한 모습은 모든 성도가 기다리던 승리하신 그리스도로서 이제 그 무서운 대적자들을 무찌르고도 남는 힘과 권위를 갖춘 모습입니다. 그리스도의 다른 이름은 충신과 진실이며 또한 하나님의 말씀이며 만왕의 왕이요 만주의 주입니다. 그는 자기밖에 모르는 이름을 가지고 있는데 이것은 그의 신적인 본성을 드러내는 표현입니다. 특이한 것은 그가 피 뿌린 옷을 입었는데 이 말은 그의 권세의 원천이 다름 아닌 인류 구속을 위한 십자가의 보혈에 있다는 의미입니다.

여기에서 묘사된 그리스도의 모습은 처음 요한에게 나타났던 인자 같은 이의 모습과 같이 무서운 모습입니다. 그는 하늘의 강한 군대를 거느리고 나타나는데 이 군대는 예수께서 공생애 기간에 칼로서 그를 보호하고자 하던 그의 제자들에게 말씀하신 그 군대입니다. "너는 내가 내 아버지께 구하여 지금 열두 군단 더 되는 천사를 보내시게 할 수 없는 줄 아느냐."(마 26:53) 그는 이제 하나님께서 주신 심판의 전권을 가지고 만국을 치리하고 공의로운 심판을 행하실 것입니다.

천사가 공중의 모든 새에게 하나님의 큰 잔치에 초대하는 장면은 하나님께서 모든 성도에게 어린 양의 혼인 잔치에 초대하는 장면과 좋은 대조를 이루고 있습니다. 어린 양의 혼인 잔치는 찬양과 기쁨의 소리가 울려 퍼지는 반면에 모든 새가 모이는 그 잔치는 썩어가는 시체들과 그 살들을 먹는 끔찍한 장면이 연출됩니다. 천사가 새들에게 한 이 선포는 이제 마지막 전쟁인 아마겟돈 전쟁의 비참한 결과를 미리 알려주는 것입니다.

천사의 이 예고 후에 드디어 그 짐승과 그를 따르는 왕들과 군대들이 등장하여 최후의 전쟁을 도발하지만 그들의 운명은 이미 다했습니다. 그 짐승과 거짓 선지자가 산 채로 잡혀 유황 불못에 던져짐으로 이야기의 대단원이 서서히 끝을 맺고 있습니다.

제20장

[1] 또 내가 보매 천사가 무저갱의 열쇠와 큰 쇠사슬을 그의 손에 가지고 하늘로부
터 내려와서 [2] 용을 잡으니 곧 옛 뱀이요 마귀요 사탄이라 잡아서 천 년 동안 결
박하여 [3] 무저갱에 던져 넣어 잠그고 그 위에 인봉하여 천 년이 차도록 다시는
만국을 미혹하지 못하게 하였는데 그 후에는 반드시 잠깐 놓이리라 [4] 또 내가
보좌들을 보니 거기에 앉은 자들이 있어 심판하는 권세를 받았더라 또 내가 보
니 예수를 증언함과 하나님의 말씀 때문에 목 베임을 당한 자들의 영혼들과 또
짐승과 그의 우상에게 경배하지 아니하고 그들의 이마와 손에 그의 표를 받지
아니한 자들이 살아서 그리스도와 더불어 천 년 동안 왕 노릇 하니 [5] (그 나머지
죽은 자들은 그 천 년이 차기까지 살지 못하더라) 이는 첫째 부활이라 [6] 이 첫째
부활에 참여하는 자들은 복이 있고 거룩하도다 둘째 사망이 그들을 다스리는
권세가 없고 도리어 그들이 하나님과 그리스도의 제사장이 되어 천 년 동안 그
리스도와 더불어 왕 노릇 하리라 .

짐승을 제거하고 난 뒤에 하늘에서 천사가 내려와서 용을 잡습니다. 짐승보다 용이 더 강한데도 짐승이 잡히고 나니 용은 크게 힘을 쓰지 못합니다. 이 천사는 용을 무저갱 속에 천년 동안 가두고 단단히 봉합니다. 무저갱이라고 하는 것이 바닥이 없는 어두운 구덩이로서 고통과 심판의 처소입니다. 요한계시록을 보면 이 무저갱에서 괴물이 많이 기어 올라옵니다. 그 속에서 황충이 나오고 또한 짐승이 나옵니다. 이 무저갱은 귀신들조차 들어가기를 두려워합니다. 예수께서 거라사 귀신들린 사람에게 묻

습니다. "네 이름이 무엇이냐." 그 사람에게 들어가 있던 귀신은 자신의 이름이 군대라고 대답하는데 그 이유는 그들의 수가 많았기 때문입니다. 그러면서 그 귀신은 무저갱으로 들어가라 하지 마시기를 간구했습니다. 그래서 예수께서는 그들을 그곳 비탈에 있던 돼지 떼에 들어가기를 허락하니 그 돼지 떼가 비탈로 내리달아 호수에 들어가 몰사하였습니다.(눅 8:30-33)

천사는 그 무서운 무저갱 속에 천년 동안 용을 잡아서 가두어 둡니다. 이 구절을 두고 신학적인 논쟁이 많습니다. 왜 용을 천년 동안 가두어 놓고 나중에는 다시 풀리게 할까? 천년이 무엇인가?라는 질문이 제기됩니다.[12]

저자가 의도하는 천년의 원래 의미는 무엇일까요? 왜 용이 천년 동안 묶였다가 다시 풀려납니까? 천년이라는 용어는 성경 전체에서 오직 여기밖에 나오지 않습니다. 천년의 의미는 무엇이고 왜 용이 천년 동안 갇혔을까요? 천년은 상징적인 수로서 오랫동안의 기간을 의미합니다. 이 오랜 기간은 첫 번째 부활에 참여한 순교자들과 짐승의 표를 받지 아니한 사람들이 그리스도와 함께 다스리는 축복의 기간입니다. 용이 천년 동안 갇힌다는 것은 온 세상이 평온하다는 것을 의미합니다. 용이 돌아다니면 세상을 다스리는 것도 괴롭습니다. 천년 동안에는 용이 없기 때문에 세상은 태평성대를 이룹니다. 이 천년 통치는 그리스도를 위해서 고통받은 사람들에게 그리스도와 함께 다스리는 축복을 주신다는 위로의 약속입니다. 이것이 첫째 부활에 참여하는 축복입니다. 이 부활에 참여하는 성도들에게는 둘째 사망이 없는 축복이 주어지는데, 일곱 교회 중 환난과 궁핍을 잘 이

12) 교리적으로 보면 전천년설, 후천년설 또는 무천년설과 같은 교리들이 많이 나오는데 본문중심으로 보면 이 설들은 계시록 저자의 의도와는 직접적인 관련이 적습니다. 천년왕국 논쟁은 예수님의 재림이 천년왕국 이전에 오느냐 아니면 이후에 오느냐, 아니면 이것과 무관한가 하는 논쟁입니다. 간략하게 말하면, 재림이 천년왕국 이전에 일어난다고 하는 설이 전천년설이고 이후에 일어난다고 하는 설이 후천년설이며 무관하다고 보는 설이 무천년설입니다.

겨낸 서머나 성도들에게 주님께서 약속하신 축복입니다.

그리스도께서 편지를 보낸 일곱 교회 중 두아디라 교회에서 이세벨의 거짓 종교와 행음의 유혹을 이긴 성도들에게 만국을 다스리는 권세를 주시겠다고 약속하셨는데, 이 천년왕국의 축복을 말하는 것입니다. 하나님의 이 약속은 오늘날에도 신앙의 시련을 당하는 사람들에게 얼마나 큰 힘이 되는지 모릅니다. 천년 동안 그리스도와 함께 다스린다는 약속은 오늘날에도 시련을 당하고 있는 성도들에게 하나님께서 주시는 놀라운 약속입니다. 요한계시록의 저자는 그리스도께서 언제 오시는가 하는 것보다는 고통받는 성도들과 순교자들에 대한 하나님의 위로와 보상에 더 큰 관심이 있음을 알 수 있습니다. 이것이 천년왕국이 나오는 주된 이유입니다.

> 7 천 년이 차매 사탄이 그 옥에서 놓여 8 나와서 땅의 사방 백성 곧 곡과 마곡을
> 미혹하고 모아 싸움을 붙이리니 그 수가 바다의 모래 같으리라 9 그들이 지면에
> 널리 퍼져 성도들의 진과 사랑하시는 성을 두르매 하늘에서 불이 내려와 그들
> 을 태워버리고 10 또 그들을 미혹하는 마귀가 불과 유황 못에 던져지니 거기는
> 그 짐승과 거짓 선지자도 있어 세세토록 밤낮 괴로움을 받으리라 11 또 내가 크
> 고 흰 보좌와 그 위에 앉으신 이를 보니 땅과 하늘이 그 앞에서 피하여 간 데 없
> 더라 12 또 내가 보니 죽은 자들이 큰 자나 작은 자나 그 보좌 앞에 서 있는데 책
> 들이 펴 있고 또 다른 책이 펴졌으니 곧 생명책이라 죽은 자들이 자기 행위를
> 따라 책들에 기록된 대로 심판을 받으니 13 바다가 그 가운데에서 죽은 자들을
> 내주고 또 사망과 음부도 그 가운데에서 죽은 자들을 내주매 각 사람이 자기의
> 행위대로 심판을 받고 14 사망과 음부도 불못에 던져지니 이것은 둘째 사망 곧
> 불못이라 15 누구든지 생명책에 기록되지 못한 자는 불못에 던져지더라.

천년왕국이 끝나고 나면 용이 잠시 풀려나서 최후의 발악을 합니다. 풀려난 용은 최후로 믿지 않는 왕들을 모아서 하나님께 저항합니다. 여기

에서 에스겔서 38-39장에 나오는 불순종의 왕들과 백성들인 곡과 마곡이 등장합니다. 그러나 하늘에서 불이 떨어져서 그들을 태우고 용은 잡혀서 유황 불못에 던져집니다. 요한계시록의 초점은 짐승들에게 맞추어져 있습니다. 용은 짐승들이 잡히고 나면 큰 힘을 쓰지 못합니다. 이 용의 운명은 크게 보면 전형적인 페리페테이아(peripeteia) 기법에 들어맞습니다. 그는 원래 천상의 영적인 존재였는데 교만하여 성도들을 참소하고 하나님을 대적하다가 끝내 미가엘 천사장에게 쫓겨 땅으로 내려옵니다. 땅에 내려온 그는 그래도 회개하지 않고 두 짐승과 땅의 왕들과 군대들을 동원하여 하나님을 모독하다가 결국 잡혀서 땅 아래 유황 불못에 던져짐으로 영원히 그 운명의 나락에 떨어지게 됩니다. 이것을 그리스 비극에 나타나는 운명의 전환 또는 사태의 반전이라고 할 수 있습니다.

용과 짐승들이 파멸하고 난 후 사도 바울이 예언한 대로 "그가 모든 통치와 모든 권세와 능력을 멸하시고 나라를 아버지 하나님께 바칠 때"(고전 15:24)가 온 것입니다. 이것은 메시야의 최종적이고 결정적인 승리를 말합니다. 용과 짐승들이 잡히고 난 후 백보좌 심판이 등장합니다. 첫째 부활은 보상의 부활이고, 둘째 부활은 심판의 부활입니다. 하나님의 보좌 앞에 생명책이 놓여 있는데, 죽은 모든 사람이 부활하여 생명책에 기록된 대로 영생과 영벌로 심판을 받습니다. 특별히 일곱 교회 중 살았다고 하나 실상은 죽은 사데 교회 교인 중에서 그 행위를 온전케 한 성도들에게 주님께서 약속하신 축복이 바로 그 이름을 생명책에 기록하겠다는 것이었습니다. 하나님의 심판대 앞에는 "각 사람이" 자기 행위대로 심판을 받는다고 되어 있는데, 이것은 심판이 가족단위나 교회단위로 이루어지는 것이 아님을 말하고 있습니다.

이 부활과 심판의 사실은 예수께서 그의 공생애 기간에 이미 예언하신 바입니다. "이를 놀랍게 여기지 말라 무덤 속에 있는 자가 다 그의 음성을 들을 때가 오나니 선한 일을 행한 자는 생명의 부활로, 악한 일을 행한 자는 심판의 부활로 나오리라."(요 5:28-29) 요한계시록은 결국 예수 그리스도의 계시인 만큼 예수 자신의 공생애 기간 중에 이미 선포된 내용이 확증된 것이라 볼 수 있습니다. 또한 예수의 예언은 그 이전에 다니엘 선지자를 통해서 예언하신 내용이기도 합니다. "…그 때에 네 백성 중 책에 기록된 모든 자가 구원을 받을 것이라 땅의 티끌 가운데에서 자는 자 중에서 많은 사람이 깨어나 영생을 받는 자도 있겠고 수치를 당하여서 영원히 부끄러움을 당할 자도 있을 것이며."(단 12:1-2)

이 심판의 생생한 모습은 잘 알려진 예수님의 양과 염소의 비유에서 생생하게 그려져 있습니다.(마 25:31-46)

11. 새 하늘과 새 땅, 결어(21:1-22:21)

제21장

1 또 내가 새 하늘과 새 땅을 보니 처음 하늘과 처음 땅이 없어졌고 바다도 다시
있지 않더라 2 또 내가 보매 거룩한 성 새 예루살렘이 하나님께로부터 하늘에서
내려오니 그 준비한 것이 신부가 남편을 위하여 단장한 것 같더라 3 내가 들으
니 보좌에서 큰 음성이 나서 이르되 보라 하나님의 장막이 사람들과 함께 있으
매 하나님이 그들과 함께 계시리니 그들은 하나님의 백성이 되고 하나님은 친
히 그들과 함께 계셔서 4 모든 눈물을 그 눈에서 닦아 주시니 다시는 사망이 없
고 애통하는 것이나 곡하는 것이나 아픈 것이 다시 있지 아니하리니 처음 것들
이 다 지나갔음이러라 5 보좌에 앉으신 이가 이르시되 보라 내가 만물을 새롭게
하노라 하시고 또 이르시되 이 말은 신실하고 참되니 기록하라 하시고 6 또 내
게 말씀하시되 이루었도다 나는 알파와 오메가요 처음과 마지막이라 내가 생명
수 샘물을 목마른 자에게 값없이 주리니 7 이기는 자는 이것들을 상속으로 받으
리라 나는 그의 하나님이 되고 그는 내 아들이 되리라 8 그러나 두려워하는 자
들과 믿지 아니하는 자들과 흉악한 자들과 살인자들과 음행하는 자들과 점술가

들과 우상 숭배자들과 거짓말하는 모든 자들은 불과 유황으로 타는 못에 던져지리니 이것이 둘째 사망이라.

4절의 "사망이 없다."라는 구절을 이훠드(J. M. Efird)는 순교자의 죽음이 더 이상 없다는 의미로 해석했으나 필자의 견해로는 죽음 그 자체가 없다고 해석하는 것이 더 적절합니다. 죽음은 죄의 삯이기 때문에(롬 6:23) 죄가 사라진 곳에 더 이상 죽음이 존재할 수가 없기 때문입니다. 바울이 또한 "맨 나중에 멸망 받을 원수는 사망이니라."(고전 15:26)라고 한 사실로 보아 낙원은 사망 그 자체가 없는 곳입니다.

용과 짐승들이 파멸하고 난 후 사도 바울이 예언한 대로 "그가 모든 통치와 모든 권세와 능력을 멸하시고 나라를 아버지 하나님께 바칠 때"(고전 15:24)가 온 것입니다. 그 후에 오랫동안 기다리던 새 하늘과 새 땅이 나타납니다. 이 새 하늘과 새 땅은 이사야 선지자가 오래전에 이미 예언한 내용입니다. "보라 내가 새 하늘과 새 땅을 창조하나니 이전 것은 기억되거나 마음에 생각나지 아니할 것이라 너희는 내가 창조하는 것으로 말미암아 영원히 기뻐하며 즐거워할지니라 보라 내가 예루살렘을 즐거운 성으로 창조하며 그 백성을 기쁨으로 삼고."(사 65:17-18)

이곳에서는 혼란스럽고 위험하며 짐승이 출몰하는 무서운 바다가 더 이상 존재하지 않습니다. 그리고 그 새 땅 위에 새 예루살렘 성이 아름답게 단장하여 하늘에서 내려옵니다. 여기서 해설자는 새 예루살렘 성을 신부가 남편을 위하여 단장한 것으로 묘사하는데 뒤의 장면에서는 보다 직접적으로 어린 양의 신부로 묘사합니다. 새 예루살렘 성의 아름다운 모습은 지상에서 가장 감격스럽고 기쁜 결혼식 때의 신부와 같습니다. 이곳은 하나님께서 우리 가운데 장막을 치시고 영원히 함께하시며 아픔이나 죽음이 없는 새로운 세계입니다. 이곳에서는 그동안 신앙을 지키기 위한 오랜 투쟁에서 받았던 마음의 깊은 상처, 원한, 외로움, 증오와 말할 수 없던 고통이 다 치유될 것입니다.

타락 이전의 창조 질서가 회복되는 이때의 모습을 이사야 선지자는 이렇게 묘사하고 있습니다.

> 그 때에 이리가 어린 양과 함께 거하며 표범이 어린 염소와 함께 누우며 송아지와 어린 사자와 살찐 짐승이 함께 있어 어린아이에게 끌리며 암소와 곰이 함께 먹으며 그것들의 새끼가 함께 엎드리며 사자가 소처럼 풀을 먹을 것이며 젖 먹는 아이가 독사의 구멍에서 장난하며 젖뗀 어린아이가 독사의 굴에 손을 넣을 것이라.(사 11:6-8)

성경의 시작과 끝은 동일합니다. 창세기 1-2장과 요한계시록 21-22장은 아직 죄에 물들지 않은 낙원과 죄가 온전히 청산된 낙원을 묘사하고 있습니다. 시원론과 종말론은 상호 유사하면서 또한 의존적입니다. 창세기 3장부터 죄악과 고통과 죽음이 어떻게 시작되었는지를 설명한다면 요한계시록 20장까지는 그것들이 어떻게 끝나게 될 것인가를 설명합니다. 죄악과 죽음이 뱀으로 시작했던 것처럼 죄악과 죽음의 끝은 옛 뱀의 죽음으로 끝이 납니다.

하나님께서 "내가 만물을 새롭게 하노라." 하시고 신앙의 승리자들에게는 생명수 샘물을 주시고 "나는 그의 하나님이 되고 그는 내 아들이 되리라."라고 약속하십니다. 그러나 두려워하는 자들과 믿지 않는 자들과 온갖 악행을 저지르는 자들에게는 둘째 사망이 있을 것을 예고하십니다. 둘째 사망을 당할 사람들의 목록에서 두려워하는 자들이 제일 먼저 나오고 믿지 않는 자들이 그 뒤를 따르는 것을 보면 마지막 때에 하나님께서 가장 경계하시는 것은 핍박과 고난에 대한 두려움과 불신이라는 사실을 알 수 있습니다.

하나님께서 친히 "내가 만물을 새롭게 하노라." 하시고 또한 "내가 다 이루었다."고 말씀하시고 신앙의 승리자들에게는 생명수 샘물을 주시고 "나는 그의 하나님이 되고 그는 내 아들이 되리라."라고 약속하십니다. 요한계시록 전체에서 하나님이 친히 말씀하시기는 1:8이 처음이고 이곳 21:5-8이 두 번째이며 마지막 말씀입니다. 1:8의 말씀은 짧은 데 비해서 이곳이 말씀은 요한계시록의 결론적 말씀입니다. 5절의 "만물을 새롭게 하노라."라는 말씀과 6절의 "이루었다."는 두 말씀은 하나님의 결정적, 최종적, 번복할 수 없는 선언의 말씀입니다. 이 말씀은 처음 그리스도께서 일곱 교회에 편지를 보내신 것을 시작으로 해서 일곱 인, 일곱 나팔, 일곱 대접, 그 후의 최후 심판 등 계시록의 모든 길고 긴 과정을 통해서 하나님께서 계획하시고 실현하신 심판과 구원의 뜻이 온전히 이루어졌음을 선언하시는 말씀입니다. 이 최후의 결정적 말씀 후에 다시 한 번 축복과 심판의 말씀이 나오는데 이 말씀은 구원과 심판의 구체적인 내용을 담고 있습니다.

7절의 "이기는 자"라는 용어는 그리스도께서 일곱 교회에 보낸 편지의 끝에 공통으로 일곱 번 계속해서 반복되는 용어입니다.(2:7, 11, 17, 26; 3:5, 12, 21) 이것을 보면 결국 그리스도께서 일곱 교회에 약속하신 축복을 하나님께서 온전히 이루신 것을 확증하는 것입니다. "이것들을 상속으로 받으리라."에서 '이것들을'이란 의미가 구체적으로 무엇을 의미하는지 불명확합니다. 헬라어 panta는 'all things'(NKJV)로서 "모든 것"(현대인의 성경)으로 번역하는 것이 더 적절합니다. 8절의 죄악 목록(여덟 가지)은 9:20-21(다섯 가지)과 22:15(여섯 가지)의 것보다 더 길고 종류가 많습니다.

9 일곱 대접을 가지고 마지막 일곱 재앙을 담은 일곱 천사 중 하나가 나아와서
내게 말하여 이르되 이리 오라 내가 신부 곧 어린 양의 아내를 네게 보이리라
하고 10 성령으로 나를 데리고 크고 높은 산으로 올라가 하나님께로부터 하늘에
서 내려오는 거룩한 성 예루살렘을 보이니 11 하나님의 영광이 있어 그 성의 빛
이 지극히 귀한 보석 같고 벽옥과 수정 같이 맑더라 12 크고 높은 성곽이 있고 열
두 문이 있는데 문에 열두 천사가 있고 그 문들 위에 이름을 썼으니 이스라엘
자손 열두 지파의 이름들이라 13 동쪽에 세 문, 북쪽에 세 문, 남쪽에 세 문, 서

쪽에 세 문이니 14 그 성의 성곽에는 열두 기초석이 있고 그 위에는 어린 양의 열
두 사도의 열두 이름이 있더라 15 내게 말하는 자가 그 성과 그 문들과 성곽을 측
량하려고 금 갈대 자를 가졌더라 16 그 성은 네모가 반듯하여 길이와 너비가 같
은지라 그 갈대 자로 그 성을 측량하니 만 이천 스다디온이요 길이와 너비와 높
이가 같더라 17 그 성곽을 측량하매 백사십사 규빗이니 사람의 측량 곧 천사의
측량이라.

성령께서 요한을 높은 곳으로 데리고 가니 천사가 하늘로부터 거룩한 예루살렘 성이 내려오는 것을 보여줍니다. 여기에서 저자는 바벨론 성과 예루살렘 성을 대조시킵니다. 바벨론 성은 연기가 자욱하고 불타지만 새 예루살렘 성은 아름다운 보석으로 치장하여 하늘로부터 내려옵니다. 새 예루살렘 성을 신부 곧 어린 양의 아내로 묘사한 것은 바벨론 성이 17장에서 큰 음녀로 묘사된 것과 좋은 대조를 이룹니다. 17장에서도 성령께서 요한을 데리고 광야에 가서 그 음녀를 보여 주셨는데 여기서도 성령께서 요한을 높은 산으로 데려가서 어린 양의 신부를 보여 주십니다. 그 음녀는 광야에서 만나는데 신부는 크고 높은 산에서 만나게 됩니다. 성경의 세계에서 광야는 시련과 유혹의 땅이며 높은 산은 계시의 장소입니다. 예수께서도 광야에서 사탄에게 시험을 당하시지만(막 1:13), 높은 산, 즉 변화 산에서 엘리야와 모세를 만나십니다.(막 9:2-4), 비유로 해석하면, 더럽고 가증스러운 음녀와 순진하고 아름다운 신부의 모습은 불신과 신앙의 삶이기도 합니다.

이 장면에서는 이 크고 아름다운 성이 하나님의 영광으로 가득 찬 모습을 아주 자세하게 묘사하고 있습니다. 천사는 먼저 새 예루살렘 성을 전체로 보여주고 그 성과 성곽의 모습을 보여줍니다. 그리고 그 성과 성곽을 자세하게 측량하며 그 성곽을 이루고 있는 각종 찬란한 보석들을 보여줍니다. 이 성은 12개의 문이 있고 정사각형으로 되어 있으며 길이와 넓이가 1만 2,000스타디온으로서 문 위에는 12지파의 이름이 기록되어 있습니다.

1스타디온은 약 192m이니 1만 2,000스타디온은 대략 2,400km인데 팔레스틴의 전체 길이가 1,600스타디온이니 그 길이의 약 8배에 해당하는 광활한 지역입니다.

18 그 성곽은 벽옥으로 쌓였고 그 성은 정금인데 맑은 유리 같더라 19 그 성의 성
곽의 기초석은 각색 보석으로 꾸몄는데 첫째 기초석은 벽옥이요 둘째는 남보석
이요 셋째는 옥수요 넷째는 녹보석이요 20 다섯째는 홍마노요 여섯째는 홍보석
이요 일곱째는 황옥이요 여덟째는 녹옥이요 아홉째는 담황옥이요 열째는 비취
옥이요 열한째는 청옥이요 열두째는 자수정이라 21 그 열두 문은 열두 진주니 각
문마다 한 개의 진주로 되어 있고 성의 길은 맑은 유리 같은 정금이더라 22 성
안에서 내가 성전을 보지 못하였으니 이는 주 하나님 곧 전능하신 이와 및 어린
양이 그 성전이심이라 23 그 성은 해나 달의 비침이 쓸 데 없으니 이는 하나님의
영광이 비치고 어린 양이 그 등불이 되심이라 24 만국이 그 빛 가운데로 다니고
땅의 왕들이 자기 영광을 가지고 그리로 들어가리라 25 낮에 성문들을 도무지
닫지 아니하리니 거기에는 밤이 없음이라 26 사람들이 만국의 영광과 존귀를 가
지고 그리로 들어가겠고 27 무엇이든지 속된 것이나 가증한 일 또는 거짓말하는
자는 결코 그리로 들어가지 못하되 오직 어린 양의 생명책에 기록된 자들만 들
어가리라.

그 성곽은 벽옥으로 되어 있고 그 성은 유리같이 맑은 정금으로 되어 있습니다. 이 성의 성곽의 기초석은 12가지 아름다운 보석들로 꾸며져 있습니다. 각 성문은 한 개의 큰 진주로 만들어져 있습니다. 그 천사는 요한에게 새 예루살렘성의 외부 모습을 보여준 후 그 성의 내부 모습을 보여줍니다. 그 성안의 길은 정금으로 되어 있고 이 성에는 성전이 없는데 그 이유는 주 하나님과 어린 양이 성전이 되시기 때문입니다. 새 예루살렘 성에는 성전이 없다는 사실은 이미 예수께서 지상 사역을 하실 때 예고한 내용입니다. 예수께서는 타락한 지상의 성전을 청결케 하실 때 그 성전이 파괴

되고 대신 자신의 몸이 그것을 대체할 것을 예언하셨습니다. "… 너희가 이 성전을 헐라 내가 사흘 동안에 일으키리라 유대인들이 이르되 이 성전은 사십육 년 동안에 지었거늘 내가 삼 일 동안에 일으키겠느냐 하더라 그러나 예수는 성전된 자기 육체를 가리켜 말씀하신 것이라."(요 2:19-21) 예수님의 이 말씀은 결국 그분의 부활로 말미암아 이루어졌습니다. 그런데 이 성전은 성령의 오심으로 말미암아 믿는 모든 성도들의 몸이 되었습니다. "너희는 너희가 하나님의 성전인 것과 하나님의 성령이 너희 안에 계시는 것을 알지 못하느냐."(고전 3:17)

그리고 그곳에는 해와 달의 빛이 필요 없는 것은 하나님의 영광과 어린 양의 빛 때문입니다. 창세기에서도 해와 달이 넷째 날에 창조되기 전에 첫째 날에 빛을 창조하셨습니다.(창 1:3) 즉 해와 달이 있기 전에 먼저 빛이 있었던 것처럼 새 예루살렘 성에도 해와 달이 없어도 빛이 찬란합니다. 하나님의 영광과 어린 양의 등불로 인해서 밤이 없고 또 밤이 없으니 성문을 닫을 필요도 없는 태평성대의 그곳에는 오직 어린 양의 생명책에 그 이름이 기록된 성도들만 들어갈 수 있는 행복한 곳입니다. 이 짧은 단락에서 밤이 없고 등불과 햇빛이 필요 없다는 말이 반복해서 나오는 것을 보면 하나님과 어린 양의 영광이 비치는 전혀 새로운 세계가 얼마나 행복한 곳인가를 실감 나게 합니다. 이 성은, 이 세상에서 볼 수 없는 아름답고 찬란하고 귀하고 값비싸고 황홀한 그러한 곳입니다. 그곳에는 우리가 상상할 수 없는 찬란함과 환희가 있습니다. 예루살렘 성은 빛의 세계로서 각종 보석이 찬란한 빛을 반사합니다.

그런데 우리 신앙이 황홀하고 아름답고 찬란한 느낌을 많이 상실했습니다. 인간은 하나님이 주시는 말할 수 없는 황홀감과 신비감을 느껴야 합니다. 물론 우리가 이것만을 추구하게 되면 불건전한 신앙으로 빠져듭니다. 그렇지만 건전한 신앙에도 말할 수 없는 환희감이 있어야 합니다. 이런 희열과 기쁨과 감격이 우리의 예배와 찬양 속에서 살아나야 합니다. 그런데 오늘날 이런 것들이 예배와 삶 속에서 많이 퇴색해 버렸습니다. 황홀감과 기쁨과 감격이 넘치는 그곳이 바로 새 예루살렘 성입니다. 이곳은 하나님과 늘 함께 있을 수 있는 곳입니다. 땅에 있는 예루살렘 성은 더럽혀지고 차별이 많았습니다. 그러나 하늘의 예루살렘에는 저주가 없고 밤도 없고 햇빛도 쓸데없으니 이는 하나님이 그들의 빛이 되시기 때문입니다. 사도 바울은 이 두 예루살렘 성을 이렇게 대조시키고 있습니다. "이것은 비유니 이 여자들은(사라와 하갈) 두 언약이라 하나는 시내 산으로부터 종을 낳은 자니 곧 하갈이라 이 하갈은 아라비아에 있는 시내 산으로서 지금 있는 예루살렘과 같은 곳이니 그가 그 자녀들과 더불어 종노릇하고 오직 위에 있는 예루살렘은 자유자니 곧 우리 어머니라."(갈 4:24-26) 이 땅의 예루살렘은 에스겔 선지자가 고발한 것처럼 각종 죄악과 허물로 가증스럽게 된 적이 많았습니다.(겔 15-16장)

하늘의 예루살렘 성은 빛의 세계로서 이곳이 바로 요한계시록의 목적지입니다. 이곳이 모든 성도가 돌아가야 할 영원한 고향이자 본향입니다. "그들이 나온바 본향을 생각하였더라면 돌아갈 기회가 있었으려니와 그들이 이제는 더 나은 본향을 사모하니 곧 하늘에 있는 것이라 이러므로 하나님이 그들의 하나님이라 일컬음 받으심을 부끄러워하지 아니하시고 그들을 위하여 한 성을 예비하셨느니라."(히 11:15-16) 예수께서도 이 성을 말씀하셨습니다. "내 아버지 집에 거할 곳이 많도다 그렇지 않으면 너희에게 일렀으리라 내가 너희를 위하여 거처를 예비하러 가노니 가서 너희를 위하여 거처를 예비하면 내가 다시 와서 너희를 내게로 영접하여 나 있는 곳에 너희도 있게 하리라."(요 14:2-3)

특별히 빌라델비아 성도들은 그리스도께서 보낸 편지에서 작은 능력을 가지고 이 험한 세상에서 믿음을 끝까지 지킨 자신들에게 새 예루살렘 성에 들어가는 축복을 허락하신 것을 기억하고 감격해 할 것입니다. 요한계시록은 무서운 지옥을 상세하게 묘사함으로 성도들을 두렵게 하지 않습니다. 이와는 반대로 이 책은 천국을 아주 상세하게 묘사함으로 고난받는 성도들에게 위로를 줍니다. 여기서 이 예루살렘 성을 자세하게 묘사하는 것은 성도들에게 그 성의 아름다움을 상상하면서 그 성을 마음속에 품고 지내도록 하기 위함입니다. 성도들에게 요한계시록은 무섭고 어렵고 위험한 책이 아니고 우리에게 위로를 주시고 감격을 회복하고 끝까지 신앙을 지키도록 도와주는 책입니다.

제22장

1 또 그가 수정 같이 맑은 생명수의 강을 내게 보이니 하나님과 및 어린 양의 보
좌로부터 나와서 2 길 가운데로 흐르더라 강 좌우에 생명나무가 있어 열두 가지
열매를 맺되 달마다 그 열매를 맺고 그 나무 잎사귀들은 만국을 치료하기 위하
여 있더라 3 다시 저주가 없으며 하나님과 그 어린 양의 보좌가 그 가운데에 있
으리니 그의 종들이 그를 섬기며 4 그의 얼굴을 볼 터이요 그의 이름도 그들의
이마에 있으리라 5 다시 밤이 없겠고 등불과 햇빛이 쓸 데 없으니 이는 주 하나
님이 그들에게 비치심이라 그들이 세세토록 왕 노릇 하리로다.

성 안에는 수정같이 맑은 생명수의 강이 흐르고 생명의 나무들이 자랍니다. 그 생명수를 마시면 늙지도 않을 것이고 병들지도 않을 것입니다. 하나님과 어린 양의 보좌에서 흘러나와 만국을 치료하는 이 생명수의 강은 에스겔 선지자가 본 환상 중에 생생하게 묘사되어 있습니다. "이 강물이 이르는 곳마다 번성하는 모든 생물이 살고 또 고기가 심히 많으리니 이 물이 흘러 들어가므로 바닷물이 되살아나겠고 이 강이 이르는 각처에 모든 것이 살 것이며 또 이 강가에 어부가 살 것이니 엔게디에서부터 에네글라임까지 그물 치는 곳이 될 것이라 그 고기가 각기 종류를 따라 큰 바다의 고기 같이 심히 많으려니와 그 진펄과 개펄은 되살아나지 못하고 소금 땅이 될 것이며 강 좌우 가에는 각종 먹을 과실나무가 자라서 그 잎이 시들지 아니하며 열매가 끊이지 아니하고 달마다 새 열매를 맺으려니 그 물이 성소를 통하여 나옴이라 그 열매는 먹을 만하고 그 잎사귀는 약 재료가

되리라."(겔 47:9-12)

그리스도께서는 특별히 거짓 사도들과 니골라 당을 물리치고 첫 사랑을 회복한 에베소 교회 성도들에게 생명나무의 열매를 주겠다고 약속하셨는데 바로 이 생명수의 강가에 있는 나무들의 열매들입니다. 그리고 발람과 니골라 당의 교훈을 물리치고 우상의 제물과 행음의 유혹을 이긴 버가모 교회의 성도들에게 그리스도께서 새 이름을 약속하셨는데 그 이름은 여기 나오는 하나님과 어린 양의 이름일 것입니다. 그들은 하나님의 백성으로서 이제 더 이상 어떤 유혹도 고통도 없는 낙원의 축복을 마음껏 누리고 살 수 있을 것입니다.

6 또 그가 내게 말하기를 이 말은 신실하고 참된지라 주 곧 선지자들의 영의 하
나님이 그의 종들에게 반드시 속히 되어질 일을 보이시려고 그의 천사를 보내
셨도다 7 보라 내가 속히 오리니 이 두루마리의 예언의 말씀을 지키는 자는 복
이 있으리라 하더라 8 이것들을 보고 들은 자는 나 요한이니 내가 듣고 볼 때에
이 일을 내게 보이던 천사의 발 앞에 경배하려고 엎드렸더니 9 그가 내게 말하
기를 나는 너와 네 형제 선지자들과 또 이 두루마리의 말을 지키는 자들과 함께
된 종이니 그리하지 말고 하나님께 경배하라 하더라 10 또 내게 말하되 이 두루
마리의 예언의 말씀을 인봉하지 말라 때가 가까우니라 11 불의를 행하는 자는 그
대로 불의를 행하고 더러운 자는 그대로 더럽고 의로운 자는 그대로 의를 행하
고 거룩한 자는 그대로 거룩하게 하라 12 보라 내가 속히 오리니 내가 줄 상이 내
게 있어 각 사람에게 그가 행한 대로 갚아 주리라 13 나는 알파와 오메가요 처음
과 마지막이요 시작과 마침이라 14 자기 두루마기를 빠는 자들은 복이 있으니 이
는 그들이 생명나무에 나아가며 문들을 통하여 성에 들어갈 권세를 받으려 함
이로다 15 개들과 점술가들과 음행하는 자들과 살인자들과 우상 숭배자들과 및
거짓말을 좋아하며 지어내는 자는 다 성 밖에 있으리라.

요한계시록의 끝 부분에서는 이 책에 등장하는 분들 곧 예수 그리스

도, 성령과 신부, 천사들, 그리고 요한이 나타납니다. 천사가 나타나서 임박한 종말에 대해 예고를 하고 나서 그리스도의 약속 말씀이 주어집니다.

앞에서도 그랬던 것처럼(19:10) 여기서도 요한은 주님의 말씀을 전하는 천사를 경배하고자 하나 천사는 오직 하나님만 경배하라고 강하게 만류합니다. 신비스럽고 영광스러운 그리고 능력 있는 천사를 보면 경배하고 싶은 위압감을 느낄 것입니다. 신령한 천사를 경배하고자 하는 요한의 모습을 보면 영적 세계에서 우리는 자칫 천사의 존재를, 거룩하든 악하든, 하나님과 분별치 못하고 예배하고자 하는 과오를 범한다는 사실을 알 수 있습니다. 심지어는 어떤 신비스러운 영적 능력을 가지고 거짓 이적을 행하는 거짓 선지자나 사역자를 분별치 못하고 숭배하는 성도들도 있습니다. 사도행전의 기록을 보면(14:8-18) 바울과 바나바가 일차 선교 여행 시 루스드라에서 나면서 앉은뱅이 된 사람을 고치자 그곳 사람들은 "신들이 사람의 형상으로 우리 가운데 내려오셨다."고 하면서 소를 잡아 그들에게 경배하려는 모습을 볼 수 있습니다.

성숙한 성도들은 예수 그리스도의 말씀과 성령의 인도하심에 따라 영적 존재들을 분별할 수 있는 능력을 가져야 합니다. 비록 하나님의 말씀을 전하는 천사들이나 사역자일지라도 그들을 예배의 대상으로 삼아서는 안 됩니다. 간혹 미숙한 성도 중에는 이 구분을 하지 못해서 큰 시험에 빠지는 경우도 있습니다. 천사들이나 말씀 사역자들을 존경하고 사랑해야 하지만 그들을 예배의 대상이나 절대적 존재로 착각해서는 안 됩니다. 이런 위험은 목회자나 성도 양쪽에서 분명하게 인식하고 대처해야 그릇된 길로 빠지지 않습니다. 여기 나타난 이 천사처럼 "나는 너와 네 형제 선지자들과 또 이 두루마리의 말을 지키는 자들과 함께 된 종이니" 하고 자칫 빠지기 쉬운 영적인 교만이나 악한 영의 영향력을 경계해야 합니다.

11절의 말씀은 사도 바울이 고린도 교인들에게 권면한 마지막 때의 삶의 방식과 지혜를 상기시킵니다.

형제들아 내가 이 말을 하노니 그 때가 단축하여진 고로 이후부터 아내 있는 자들은 없는 자 같이 하며 우는 자들은 울지 않는 자 같이 하며 기쁜 자들은 기쁘지 않는 자 같이 하며 매매하는 자들은 없는 자 같이 하며 세상 물건을 쓰는 자들은 다 쓰지 못하는 자 같이 하라 이 세상의 외형은 지나감이라.(고전 7:29-31)

마지막 때가 되면 두 부류의 사람이 분명하게 나누어집니다. 한 부류는 자신의 두루마리를 어린 양의 피로 빨고 성령의 인도하심을 받아 성 안에 들어가는 사람들입니다. 또 다른 부류는 15절에 기록된 것 같이 갖은 죄악을 회개치 않고 자기 마음대로 살다가 성 밖에 머무는 사람들입니다.

예수께서도 마지막 때에는 나뉨과 갈라짐이 있을 것임을 미리 경고하셨습니다. "그 때에 두 사람이 밭에 있으매 한 사람은 데려가고 한 사람은 버려둠을 당할 것이요 두 여자가 맷돌질을 하고 있으매 한 사람은 데려가고 한 사람은 버려둠을 당할 것이니라."(마 24:40-41) 이 나뉨의 사건은 계속되는 비유들을 통해서 우리에게 잘 알려져 있습니다. 충성된 종과 방자한 종(마 24:45-51), 기름을 준비한 다섯 처녀와 준비치 못한 다섯 처녀(마 25:1-13), 다섯 달란트와 두 달란트 받은 충성된 종과 한 달란트 받은 무익한 종(마 25:14-30), 오른편에 있는 양과 왼편에 있는 염소.(마 25:31-46)

16 나 예수는 교회들을 위하여 내 사자를 보내어 이것들을 너희에게 증언하게
하였노라 나는 다윗의 뿌리요 자손이니 곧 광명한 새벽 별이라 하시더라 17 성령
과 신부가 말씀하시기를 오라 하시는도다 듣는 자도 오라 할 것이요 목마른 자
도 올 것이요 또 원하는 자는 값없이 생명수를 받으라 하시더라 18 내가 이 두루
마리의 예언의 말씀을 듣는 모든 사람에게 증언하노니 만일 누구든지 이것들
외에 더하면 하나님이 이 두루마리에 기록된 재앙들을 그에게 더하실 것이요
19 만일 누구든지 이 두루마리의 예언의 말씀에서 제하여 버리면 하나님이 이

두루마리에 기록된 생명나무와 및 거룩한 성에 참여함을 제하여 버리시리라
20 이것들을 증언하신 이가 이르시되 내가 진실로 속히 오리라 하시거늘 아멘
주 예수여 오시옵소서 21 주 예수의 은혜가 모든 자들에게 있을지어다 아멘.

예수님은 재림과 구원의 약속 후에 받을 복과 화를 말씀하시고 예언 말씀의 신실함을 증언합니다. 그리고 성령과 신부의 초청 말씀이 주어집니다. 듣는 자도 오고 목마른 자도 오고 값없이 생명수를 마시라. 여기서 신부는 교회를 의미하는데 예수께서 떠나신 후 보혜사 성령께서 오셔서 교회와 함께 계셔서 교회를 인도하실 것을 말씀하는 것입니다. "보혜사 곧 아버지께서 내 이름으로 보내실 성령 그가 너희에게 모든 것을 가르치고 내가 너희에게 말한 모든 것을 생각나게 하리라."(요 14:26) 교회는 그래서 성령의 임재와 인도하심에 따라 구원 사역을 감당할 수 있습니다.

예수님은 이 예언의 신실함을 보장하기 위해서 이 말씀에 더하지도 말고 빼지도 말라고 경고하시고 재림의 약속을 합니다. 그리고 마지막 축복의 말씀과 함께 요한계시록의 대단원이 막을 서서히 내립니다. "주 예수의 은혜가 모든 자들에게 있을지어다. 아멘."

제6장

요한계시록에 담긴 신학

1. 시대의 징후들과 종말의 때

종말의 때에 관한 징후들은 보통 세 종류로 나타난다. 흉년, 기근, 지진, 홍수, 야생동물의 횡포 등의 자연적 재해와 해와 달의 이상적 징후, 별들의 충돌 등 우주적 변동과 가족과 사회 기강의 혼란, 전쟁, 난리, 지도자들의 횡포 등 사회적 현상이다. 이 종말이라는 용어는 여러 가지 의미를 내포하고 있어서 해석에 주의를 요구한다. 그릇된 해석은 여러 가지 잘못된 신앙 현상을 유발한다. 일반적으로, 개인적 종말은 육신적이거나 영적인 생명의 끝에 있는 것을 의미하고, 국가나 민족적으로는 그 운명이 다하는 것을 의미하고, 어떤 시대나 문명의 종말도 있으나 아마 가장 관심이 많은 종말은 인류나 지구의 종말에 관한 것일 것이다.

그런데 성경에 나타나는 중요한 종말은 구원사에 있어서 마지막 때, 즉 예수 그리스도와 성령의 오심으로 시작되어 예수 그리스도의 재림으로 완성되는 기간을 의미한다. "옛적에 선지자들을 통하여 여러 부분과 여러 모양으로 우리 조상들에게 말씀하신 하나님이 이 모든 날 마지막에는 아들을 통하여 우리에게 말씀하셨으니…."(히 1:1-2) 초대교회 성도들은 예수의 십자가와 부활 후 성령 체험으로 자신들이 이제 시작된 종말의 때를 살고 있음을 확신했다.

성경에서의 종말은 종말로서 끝나는 것이 아니고 그 후에 반드시 새로운 시대가 열리게 된다. 그 이유는 하나님의 창조가 있었듯이 새로운 창조가 있기 때문이다. 그러나 이 새로운 시대가 오기 전에 일정 기간 혼란과 고통의 시간이 있다. 그것은 구시대가 새 시대의 도래를 막기 때문이다.

새로운 시대가 다가오기 때문에 구시대의 지배적인 악한 영은 그의 세력을 더욱 강화시킨다. 이런 때에 남은 자들은 악에 저항하지 말고 인내하라는 권고가 주어진다. 왜냐하면, 현재의 고통은 신실한 자들을 선택하기 위한 훈련과 시험이기 때문이다. 종말의 징후 중 특징적인 요소는 적그리스도와 거짓 선지자들의 출현으로 그들은 심지어 믿는 자들까지도 미혹할 것이다. 이런 징후들을 보면 성도들은 깨어 있고 주의해야 한다. 그러나 이 징후들은 기계적으로 종말과 연결되지 않고 그 중간에 복음의 전파와 회개의 촉구가 있다. "난리와 소문들을 들을 때에 두려워 말라 이런 일이 있어야 하되 끝은 아직 아니니라"(막 13:7), 하나님께서 예언자와 두 증인들을 보내어 회개를 촉구함(계 10:11; 11:3), 천사들의 복음 전파(계 14:6).

하나님의 마지막 심판과 구원의 때가 다가온다고 하면 사람들은 그때와 시기가 언제이며 아직 얼마만큼 더 기다려야 하느냐는 질문을 하게 된다. 요한계시록 해석에서 때와 시간의 본질을 이해하는 것이 필수적이다. 요한계시록의 시간은 직선적이며 상식적인 시간의 개념(크로노스)과는 다르다. 이 시간은 구속사적 관점에서 본 예언과 실현의 구도 속에서 하나님의 전권에 속한 예측할 수 없는 시간(카이로스)이다. 이 시간은 그 세대에 발생하는 사건들과 현상들, 즉 증후들로서 이해되며 그 의미와 궁극적인 때는 본질적으로 항시 하나님에 의해서 부여된다.

요한은 심판이 가깝다는 말씀을 듣고 환상을 통한 메시지를 받는다. 이 메시지는 회개하여 옛날의 생활방식을 버리고 믿음의 공동체에 참여함으로써 새 시대를 기대하라는 것이다. 이때는 신속한 결단이 요구되는데 이는 시간이 속히 지나가기 때문이다. 이 급박한 상황은 보통 공동체를 활성화하는 계기를 제공한다.

요한계시록 저자는 예수 그리스도의 임박한 재림을 확신하며 그것이 도적같이 임할 그때를 예비해서 회개하여 항시 깨어 있을 것을 권고한다. 임박한 재림에 대한 기대가 초대교회를 긴장케 하며 신도들의 삶과 신앙을 활성화한 것이 사실이다. 그러나 시기와 때에 관하여 구체적으로 기간을 구분하여 그때를 명시하지는 않았다. 한편으로 생각하면 그때가 임박하기 때문에 더 이상 지체할 수 없다. "때가 가까움이라."(1:3; 22:10 등) "내가 속히 오리라."(22:12, 20 등) 다른 한편으로 종말의 때는 인간이나 천사들, 심지어는 예수 자신에게도 감추어져 있는 하나님 아버지의 절대적 주권에 속한다. "그날과 그 때는 아무도 모르나니 하늘에 있는 천사들도, 아들도 모르고 아버지만 아시느니라."(막 13:32)

요한계시록은 이 두 측면 중에 전자의 측면이 강조된 것은 사실이다. 그러나 종말의 정확한 시간이 명확하게 나타나 있지 않기 때문에 후자의 측면이 온전히 무시된 것은 아니다. 이런 점에서 한때 물의를 빚었던 시한부 종말론과는 다르다. 요한계시록은 그 어느 곳에서도 종말에 관해서 구체적 역사적 시간을 제시하지 않는다.

이 세대는 하나님의 말씀을 받은 교회마저도 여러 가지 쇠퇴의 증후들이 나타난다. 따라서 이 세대는 지나가야 하고 새로운 세대가 와야 한다. 요한계시록에 의하면, 차후의 세대는 오직 남은 자들을 위한 것이다. 그 세대는 우리가 상상할 수 없을 정도로 아름다운 것들로 채워져 있다. 이제까지 실현되지 못한 예언들이 그때에는 온전히 이루어질 것이다. 그때에는 지구 상의 모든 것이 새로운 모습으로 변화될 것이다.

2. 신정론

요한계시록의 주된 관심사 중의 하나는 종교적인 위기상황에서 제기되는 하나님의 정의에 관한 문제이다. 사람들은 일반적으로 하나님의 심판과 재앙이 가혹하고 철저하고 무섭다는 생각은 하지만 그 심판을 불러오는 죄악이 가혹하고 뿌리 깊고 무섭다는 생각은 잘 하지 않는다. 노아의 때처럼 악이 세상을 지배하고 있는 듯한 세상에서는 전통적인 하나님의 정의개념이나 논리가 설득력이 약해진다. 하나님의 정의에 대한 논리적이며 합리적인 접근방식은 설득력 있는 해답을 줄 수 없다. 신앙을 회복하게 하는 것은 성경의 말씀과 성령의 감동을 통한 개인적이며 공동체적 체험이다.

우리는 이러한 경우들이 구약에서 많이 나타남을 볼 수 있다. 창세기에 보면 아브라함은 좌절과 실패에 부딪힐 때마다 하나님께서 그에게 눈을 들어 환상을 보라고 명하신다.(13:14ff.; 15:5 등) 일련의 현실적인 갈등들은 보통 현재의 신앙공동체를 재평가하는 동기를 부여하며 결과적으로 신앙공동체의 한계와 새로운 가능성을 모색하게 된다. 요한은 천상의 시온 공동체를 환상으로 보면서 이 공동체는 오직 의로운 자들만이 들어가는 하나님의 정의의 증표임을 확신한다. 요한은 이 환상들을 통해서 현 세상에 만연해 있는 악의 존재와 그 세력의 궁극적인 실체와 그 최종적인 결말을 알게 된다. 이 존재는 용과 두 짐승으로 화신되어 있는 악한 제국과 거짓 종교들이다.

하나님의 정의는 단지 과거나 현재의 상태만을 주목함으로써가 아니라 성경의 말씀을 통하여 하나님이 이루고자 하시는 미래의 계획과 심판을 알게 될 때 온전히 이해할 수 있다. 우리는 하나님의 심판이 있음을 알기 때문에 사도 바울의 말씀처럼 살 수 있는 힘을 가질 수 있다. "내 사랑하는 자들아 너희가 친히 원수를 갚지 말고 하나님의 진노하심에 맡기라 기록되었으되 원수 갚는 것이 내게 있으니 내가 갚으리라고 주께서 말씀하시니라 네 원수가 주리거든 먹이고 목마르거든 마시게 하라 그리함으로 네가 숯불을 그 머리에 쌓아 놓으리라 악에게 지지 말고 선으로 악을 이기라."(롬 12:19-21)

또한, 시대가 혼란스럽고 악이 득세하는 것 같은 세상 속에서도 우리가 하나님의 정의를 소망할 수 있는 것은 사도 바울이 말씀하신 것처럼 이 소망이 부끄럽게 되지 않을 줄을 확신하고 성령님이 우리를 도우시기 때문이다. "소망이 우리를 부끄럽게 하지 아니함은 우리에게 주신 성령으로 말미암아 하나님의 사랑이 우리 마음에 부은바 됨이니."(롬 5:5) "이와 같이 성령도 우리의 연약함을 도우시나니 우리는 마땅히 기도할 바를 알지 못하나 오직 성령이 말할 수 없는 탄식으로 우리를 위하여 친히 간구하시느니라."(롬 8:26)

그런데 이런 질문이 생길 수 있다. 하나님께서 불의한 자들에게 내리시는 재앙들과 심판이 너무 가혹한 것이 아니냐? 우리는 이 질문에 대해서 출애굽 당시 하나님께서 바로 왕에게 내린 재앙들과 관련해서 이해할 수 있다. 출애굽 당시 10대 재앙이 내려지는데 처음 다섯 번째 재앙까지는 바로가 스스로 마음을 완강하게 하여 하나님의 말씀을 거역하여 이 재앙들을 불러들였다. 그런데 그다음부터 이해하기 어려운 말씀이 나온다. 그것은 여섯 번째 재앙부터는 하나님께서 바로의 마음을 완악하게 하셨다는 것이다. 즉 바로는 여섯 번째 재앙부터는 스스로 피할 수 없는 처지가 되었다는 것이다. 이 부분은 논리적으로 설명하기가 어렵다. 어떻게 하나님께서 자신의 마음을 완강하게 하셨는데 바로가 그것을 거역할 수 있단 말인가? 그렇다면 여섯 번째 이후의 재앙은 바로 자신의 잘못이 아니지 않은가?

이런 질문들은 출애굽의 이야기 전체 맥락을 통해서 이해해야 한다. 즉 이 질문은 논리적 설명보다는 이야기 전체의 흐름과 그 이야기에 담긴 메시지를 파악함으로 이해해야 한다. 바로 왕은 처음에 자신의 의지대로 하나님을 거역했지만, 그가 계속해서 거역하면서 하나님의 진노를 사게 되었고 결국 그 자신이 돌이킬 수 없는 길로 들어서게 되었다는 것이다. 세상만사가 다 때가 있는 것처럼 회개도 회개해야 할 때가 있다는 것이다.

그래서 여섯 번째 이후의 재앙을 통해서 그는 하나님의 능력을 온 천하에 보여주는 산 증인이 되어 버렸다는 것이다. 이것은 본인이 원한 것이 아니지만 결국 그는 하나님의 능력을 온 천하에 나타내는 도구가 된 것이다. 이 이야기에서 계속해서 반복되는 구절 "여호와께서 모세에게 말씀하심과 같더라."는 저자가 이 이야기를 통해서 여호와의 능력을 보여주고자 하는 의도를 나타내 준다. 이렇게 재앙이 거듭되면서 처음에 이스라엘의 장정들만 가도록 허락한 바로가 스스로 완악하게 되거나 나중에는 하나님께서 완악하게 하시면서 결국 어린아이까지 허락하다가 그 후에는 이스라엘 사람들의 가축까지 허락하게 되고 최종적으로는 애굽 사람들의 금은보화까지 가지고 가게 되었다는 것이다.

이 이야기를 들은 이스라엘 사람들은 여섯 번째 이후부터 하나님의 손에 붙잡힌 바 되어 그 마음까지 완악하게 되어 스스로 돌이킬 수 없는 바로 왕을 보고 결코 하나님이 불의하시다고 생각지는 않을 것이다. 오히려, 스스로 거듭해서 자신의 의지로 하나님의 말씀을 거역하다가 결국 하나님의 진노를 사게 되면서 하나님의 능력을 보여주는 산 증인이 되었다는 사실에서 사도 바울처럼 하나님의 오묘한 지혜와 지식의 풍성함을 노래할 것이다.(롬 11:33-34) 이것이 이야기의 논리이며 이야기의 메시지이다. 이야기는 이야기로서 읽어야 하며 철학적 논제로 토론해야 할 것이 아니다. 우리가 성경 이야기를 이야기의 특성을 무시하고 읽을 때 불필요한 논쟁에 휘말리게 된다.

요한계시록에서도 하나님께서는 불의한 사람들에게 몇 차례에 걸쳐 회개할 기회를 주신다. 이 책의 전체적 구상은 하나님의 심판뿐 아니라 그것을 지체시키는 하나님의 긍휼에 초점이 맞추어져 있다. 먼저, 세상 구원의 진리를 맡은 교회에 경고와 회개를 촉구하고 경고와 회개의 촉구를 무시하게 될 때 심판이 있을 것이라는 증후들을 생생하게 보여주신다. 그다음에는 하나님께서 부분적이며 경고적 재앙이 임하리라는 것을 보여주시고 그다음에는 전면적 재앙이 닥치리라는 것을 미리 알려주신다. 그런데 바로 전면적 재앙을 내리시기 전에 심판 계획을 일시 중지시키면서 회개의 예언자를 보내고 그 예언자의 말을 듣지 않으니 다시 두 증인을 보내어서 사람들이 회개하고 살기를 원하신다. 그리고 결정적 심판 전에 복음이 온 세계에 전파되게 하시고 천사를 보내어 멸망의 메시지를 전하고 심판과 구원의 환상도 보여 주신다. 길고 긴 회개의 권면 다음에야 비로소 마지막 일곱 대접 심판이 내리게 된다. 그리고 중요한 사실은 이 요한계시록을 정경 속에 포함하셔서 이 책의 메시지를 읽고 미리 다 이해하게 하시고 준비하게 하신다.

3. 기독론: 구원과 심판의 주체

요한계시록에서의 심판은 총체적 심판이란 의미에서 노아시대 홍수 심판의 재현이다. 하나님께서는 "땅위에 사람 지으셨음을 한탄하사 마음에 근심"(창 6:6)하셨다고 한다. 이 표현은 하나님이 처음 사람을 지으사 기뻐하신 것과 대조를 이룬다. 하나님께서는 "사람의 죄악이 세상에 가득함과 그의 마음으로 생각하는 모든 계획이 항상 악할 뿐임을 보시고"(창 6:5) 한탄하시고 근심하신 것이다. 이렇게 사람이 죄악 가운데 있게 된 것은 바로 "나의 영이 사람과 함께 하지 아니하리니 이는 그들이 육신이"(창 6:3)되었기 때문이었다. 하나님의 영, 곧 성령이 함께하시지 않으면 사람은 육신이 된다. 그러나 하나님이 심판을 하시되 세상의 모든 것을 파멸시킨 것이 아니고 노아와 그 가족들을 보호하시고 새로운 삶의 길을 열어 주신다.

요한계시록에서도 심판의 이유는 바로 동일한 죄악 때문이다. 죄악이 깊어지고 퍼진 이유는 바로 동일한 성령이 사람들과 함께하시지 않았기 때문이다. 하나님께서 이 세상을 심판하시기 전에 교회를 먼저 판단하신다. 교회를 판단하시는 기준은 교회가 성령님의 말씀을 듣는지 아닌지 여부이다. 그래서 요한계시록에서는 일곱 교회에 보내는 주님의 편지마다 그 끝에는 모두 동일하게 "귀 있는 자는 성령이 교회들에게 하시는 말씀을 들을지어다."라는 경고를 일곱 번 반복하고 있다.(2:7, 11, 17, 29; 3:6, 13, 22) 교회들이 범하는 죄악의 종류와 정도는 다 달라도 그 원인은 오직 하나이다. 하나님의 영 곧 성령께서 함께하시지 않기 때문이다.

요한계시록에서 가증히 여기면서 회개해야 할 죄악들의 목록은 여러 곳에서 나타난다.(9:20-21; 21:8, 27; 22:15) 교회의 죄악으로 열거되는 것은 구원의 감격을 잃어버리면서 세속화되어가는 것으로서 거짓 선지자를 따르게 되고 악한 영들을 숭배하고 그에 따른 윤리적 방탕과 음행의 죄악들이 자주 거론되었다. 이 모든 죄악은 근원적으로 교회가 그리스도에 대한 사랑을 잃어버린 데서 기인하게 된다. 부활하신 예수께서 베드로에게 세 번 "네가 나를 사랑하느냐"는 질문을 던진 것처럼 오늘날의 교회가 그리스도에 대한 사랑을 새롭게 고백해야 할 때가 되었다.

생명을 파멸시키는 죄가 얼마나 넓게 그리고 뿌리 깊게 퍼졌는지 가공스럽게도 하나님의 진리 위에 세워진 교회까지도 이 죄의 세력이 뻗치고 있다는 것이다. 하나님께서는 죄가 있는 곳이면 그곳이 어디든지 찾아가서 그 죄를 심판하시고 정결케 하기 원하신다. 그곳이 세상이든 교회이든 구분이 없다. 우리가 자칫 오해하기 쉬운 것은 하나님이 세상을 심판하는 것이 아니라 그 안에 있는 죄를 심판하시는 것이다. 왜냐하면, 하나님은 생명의 창조주이시기 때문이다. 그 죄가 교회 안에 있으면 하나님은 교회 안에 있는 그 죄를 또한 심판하신다. 심판 후에 만국이 다시 등장하고 땅의 왕들이 다시 나타나는 것(21:24)은 하나님의 심판 대상이 세상이 아니고 그 안에 있는 죄라는 사실을 확증해준다. 또한 심판의 목적은 단지 징계 그 자체에 있는 것이 아니고 새로운 세계의 회복을 위한 것이다. 그리고 이 심판의 권세를 가진 분은 사람을 사랑하여 자신을 희생제물로 드린 어린 양이신 예수 그리스도라는 사실은 아이러니하고 이해하기 어렵지만 모든 심판의 잣대가 사랑이란 사실은 확실하다.

요한계시록에서 메시야는 일찍 죽임을 당한 듯이 보이는 어린 양의 모습으로 그려져 있다.(5:6, 12) 또한 "어린 양의 피에 그 옷을 씻어 희게 한"(7:14) 자들이 하나님의 보좌 앞에서 밤낮 하나님을 섬긴다. 그러나 이 어린 양은 죽음으로서 끝난 것이 아니라 종말에 심판하는 권세를 부여받은 영광과 승리의 주로서 나타난다.(6:16; 7:10; 14:1; 17:14; 19:7; 21:9, 23) 메시야의 모습은 또한 인자 같은 이로 나타나기도 하며(1:13), 계시록 이야기의 절정에서 백마를 타고 군대를 거느리면서 짐승과 그 군대를 멸하시는 모습(19:11)으로 나타난다. 무엇보다도 메시야는 짐승을 멸하고 용을 천년 동안 가두어 놓고 난 뒤에 순교자들과 고난 받은 성도들과 함께 천년 동안 세상을 다스리신다.(20:4)

모든 민족과 사람들을 다 심판하시기 위해서는 일반적 부활이 필수적이다. 악한 자들에게는 그날이 고통과 슬픔의 날이 될 것이다. 그날에는 악한 자들을 위해서 그 어떤 중재나 기도도 받아들여지지 않을 것이다. 그날은 피조 세계에 전체적인 혼란이 초래될 것이다. 그날에 의로운 자들과 불의한 자들이 모두 주님의 심판대 앞에 설 것이다. 요한계시록이 다른 묵시문학과 다른 점은 천국의 축복과 지옥의 고통에 대해서 체계적으로 발전시키고 있지 않다는 점이다. 예를 들면 제2 에스드라서에서는 천국에서의 일곱 가지 축복과 지옥에서의 일곱 가지 형벌을 상세하게 묘사하고 있다. 축복받은 영혼들에게는 영원한 처소가 마련될 것이나 악한 영들에게는 무저갱과 유황 불못이 준비될 것이다. 요한계시록에서의 나팔과 대접 재앙은 이 세상에서의 심판의 일부로서 가해진 것이며 지옥에서의 형벌이 아니다. 지옥에 떨어지는 것만 해도 충분한 고통이 되고 살아 있을 때에 지상에서 심판의 재앙을 받았기 때문에 지옥에서 받을 형벌에 대한 상세한 설명이 필요 없다. 대신에 저자는 그리스도와 함께하는 천국의 모습은 자세하게 묘사함으로 성도들이 고통을 인내하게 하고 기쁨을 회복하게 한다.

4. 찬양

요한계시록은 재앙도 많지만, 찬양도 많이 들어 있다. 이 책에서는 여러 부류의 주체들이 다양한 내용을 가지고 찬양을 하는 모습을 담고 있다. 먼저 하늘나라의 중앙에 있는 보좌 앞에서는 하나님을 향하여 끊임없이 찬양과 예배가 드려진다. 4:8, 11에서 찬양하는 주체는 보좌 앞에 있는 네 생물과 이십사 장로들이다. 네 생물은 하나님의 거룩하심과 영원토록 살아 계심을 찬양하고 이십사 장로들은 하나님이 만물을 창조하셨기에 예배받기에 합당하시다는 사실을 찬양한다. 그 뒤에, 5:9-10, 12-13에서는 어린 양이 하나님의 오른손에 있던 두루마리를 취할 때 네 생물과 이십사 장로들이 어린 양을 경배하며 각기 거문고와 성도들의 기도와 함께 새 노래를 부른다. 이 노래의 주제는 어린 양이 자신의 피로서 구원 역사를 이루었고 구원한 그들을 나라와 제사장을 삼으셨음을 찬양한다. 이 찬양에 이어 수많은 천사가 어린 양이 찬양받기에 합당하다는 찬양을 한다. 그 후에는 모든 피조물이 하나님과 어린 양에게 찬양을 드린다. 어린 양이 두루마리를 취하자 하늘나라에서 울려 퍼지는 웅장한 찬양은 모든 피조물에 이르기까지 한다.

인침을 받은 십사만 사천 명의 유대인의 등장 이후에 7:10-12에서는 각 나라에서 구원받은 허다한 무리가 그들에게 구원을 주신 하나님과 어린 양에게 찬양을 드리니 모든 천사가 하나님께 아멘 송으로 화답한다. 11:15-18에서는 여섯 번에 걸친 부분적 나팔 재앙 이후에 이제 결정적 대접 심판의 집행을 선포하는 일곱째 나팔이 불리면서 하늘에서 하나님과 그리스도를 찬양하는 소리가 퍼지고 이십사 장로들이 하나님의 주권과 공의로운 심판의 결정을 찬양한다. 14:2-3에서는 시온 산에 어린 양과 함께 서 있는 십사만 사천 명이 하나님과 네 생물과 장로들 앞에서 아름답고 우렁찬 새 노래를 부르는데 이상스럽게도 이 새 노래의 가사는 십사만 사천 명밖에 모르기 때문에 이 책에서는 그 노래의 가사가 기록되어 있지 않다.

15:3-4에서는 기다리던 일곱 대접 심판이 막 시작하려는 순간에 믿음으로 승리한 성도들이 모세의 노래와 어린 양의 노래를 부른다. 그 내용은 주님이 만국의 왕이시라는 고백과 주님의 공의로운 심판이 결국 이루어짐을 찬양한다. 마지막으로, 19:1-2, 5-8에서는 일곱째 대접심판으로 파멸된 바벨론의 심판에 대해 하늘의 허다한 무리가 하나님의 구원과 심판의 능력을 찬양한다. 그 후 허다한 하늘의 무리가 기쁨으로 할렐루야를 외치며 어린 양의 혼인잔치가 열림을 찬양한다.

요한계시록에서 나오는 찬양의 내용, 즉 '하나님은 영원히 찬양받으실 분이라는 사실과 특별히 어린 양이 구원과 심판의 주체라는 점, 그리고 십사만 사천 명과 구원받은 이방인들의 감사, 일곱째 나팔로 전면적 심판이 결정된 사실과 그 심판이 집행되는 시점에서의 찬양, 그리고 바벨론의 멸망과 어린 양의 혼인잔치에 대한 기쁨'을 보면 저자가 강조하고자 하는 메시지를 알 수 있다.

5. 부활

부활의 개념은 하나님의 주권과 그의 정의와 밀접하게 관련되어 있다. 이 사상은 또한 사후 영혼들의 운명에 대한 질문에 해답을 제공한다. 신약성경이 헬라어로 기록되었기 때문에 곳곳에 헬라적 이원론이 나타나는 것은 사실이지만 유대인들에게는 영과 육이 구분되는 이원론적인 사고는 낯선 것이다. 그들은 부활 때 죽었던 사람들이 영과 육이 갖추어진 온전한 사람의 모습으로 나타난다고 믿었다. 땅과 흙은 몸을 다시 이루며 하늘의 영혼 보고는 그들에게 맡겨진 영혼을 다시 돌려보낸다. 부활은 원칙적으로 마지막 날에 하나님의 심판을 위한 것이다. 요한계시록 20:4-6의 첫째 부활은 그리스도와 함께 천년 동안 다스릴 축복을 받은 영혼들의 부활이며 20:12-13의 둘째 부활은 일반적 부활로 전체적인 심판과 구원의 부활이다. 이 부활에서 의로운 자들의 부활은 영원한 축복의 개념과 연결된다.

예수의 부활은 요한계시록에서의 부활의 모형이며 하나님의 정의와 절대적 주권의 행사로 인한 것이다. 이 책의 부활은 예수의 부활과 마찬가지로 세상의 정치 종교적 권세자들의 정죄에도 불구하고 하나님께서는 의로운 예수를 살리신 것 같이 의로운 성도들을 다시 살리실 것이라는 메시지를 담고 있다. 사도 바울이 예수의 부활을 잠자는 자들의 '첫' 열매로 본 것(고전 15:20)은 요한계시록에서 보는 첫째 부활과 둘째 부활을 예고하고 있다. 부활의 소망은 신약공동체의 대전제이며 기독교 신앙의 근간임을 확인할 수 있다.

요한계시록에서는 다른 묵시문학에서 나타나는 죽음 이후 심판 이전까지 영혼이 거하는 중간처소의 개념은 희박하다. 6:9-11에서 다섯째 인을 뗄 때 제단 아래 있던 순교자들의 영혼들이 땅에 거하는 자들을 심판하여 주시기를 간청하는 장면이 나오는데, 이 처소는 교리적으로 정립되어 있는 중간처소가 아니다. 다만 제단 아래 있다는 것은 장소의 의미가 중요하기보다는 순교자들에 대한 하나님의 특별한 가호를 의미한다고 보는 것이 더 타당하다.

요한계시록에서는 신앙으로 인하여 죽임을 당하거나 고난받은 성도들을 위한 보상과 축복의 사상이 강하게 나타난다. 일곱 인 중 다섯째 인을 뗄 때 제단 아래 있던 순교자들의 간절한 청원이 하나님의 심판을 촉구한다.(6:10) 또한 순교자들은 첫째 부활에 참여하여 그리스도와 함께 천년 동안 다스리는 권세를 받는다. "또 내가 보니 예수를 증언함과 하나님의 말씀 때문에 목 베임을 당한 자들의 영혼들과 또 짐승과 그의 우상에게 경배하지 아니하고 그들의 이마와 손에 그의 표를 받지 아니한 자들이 살아서 그리스도와 더불어 천년 동안 왕 노릇 하니(그 나머지 죽은 자들은 그 천년이 차기까지 살지 못하더라) 이는 첫째 부활이라."(20:4-5) 그들에게는 둘째 사망이 없으며 영생이 주어진다.

6. 세속화와 이단의 경계

요한계시록은 신앙으로 인한 핍박의 문제뿐 아니라 어떻게 보면 그보다 더 심각한 문제로 교회의 세속화와 이단들의 주제를 심도 있게 다루고 있다. 일곱 교회에 보낸 편지를 보면 이미 그 시대에 세속화의 영향이 강하게 나타나며 각종 이단의 거짓 가르침과 거짓된 영들의 교회침투를 읽을 수 있다.

주님은 라오디게아 교회를 책망하신다. "내가 말하기를 나는 부자라 부요하여 부족한 것이 없다 하나 네 곤고한 것과 가련한 것과 가난한 것과 눈 먼 것과 벌거벗은 것을 알지 못하도다."(3:17) 에베소 교회는 "처음 사랑"을 버렸고(2:4), 사데 교회는 "살았다 하는 이름은 가졌으나 죽은"(3:1) 교회였기에 하나님 앞에서 온전한 행위를 가지지 못했다. 교회들이 점차 세속화되어 가는 것은 또한 거짓 선지자들과 교사들의 가르침과도 관련이 된다.

버가모 교회에는 발람의 교훈을 지켜서 우상의 제물을 먹고 행음하는 자들이 있고 니골라 당의 교훈을 지키는 자들도 있었다.(2:14, 15) 두아디라 교회에는 거짓 선지자 이세벨의 교훈을 좇아 우상의 제물을 먹고 행음하는 자들이 있었다.(2:20)

이 거짓 선지자들과 교사들의 실체는 뒤에 나오는 땅에서 올라오는 짐승으로 상징화된다. 이 짐승은 "어린 양같이 두 뿔이 있고 용처럼"(13:11)

말했다. 이 짐승은 바다에서 나온 짐승 곧 제국의 황제들로부터 권세를 위임받아 그 짐승을 경배하게 하고 "짐승 앞에서 받은 바 이적을 행함으로 땅에 거하는 자들을 미혹하여 땅에 거하는 자들에게 이르기를 칼에 상하였다가 살아난 짐승을 위하여 우상을 만들라."(13:14) 하였다. 이 거짓 선지자는 또한 짐승의 우상에게 경배하지 않는 자들은 다 죽게 하였다. 그리고 짐승을 경배한 자들에게 오른손과 이마에 짐승의 표를 받게 하여 그들만이 매매할 수 있게 하였다.(13:16, 17) 짐승은 악한 영인 사탄의 권세와 능력을 가지고 사람들을 미혹하기에 그 능력과 간사함을 사람들은 당할 수 없다.

요한계시록에서의 관심사 중의 하나는 악한 영에 미혹되어서 받는 거짓된 환상에 대한 경계이다. 계시록 저자는 몇 차례에 걸쳐서 이 환상과 계시가 참된 것임을 강조하고 기록하라고 말한다. "보좌에 앉으신 이가 이르시되 보라 내가 만물을 새롭게 하노라 하시고 또 이르시되 이 말은 신실하고 참되니 기록하라 하시고"(21:5), "그가 내게 말하기를 이 말은 신실하고 참된지라"(22:6), 그리고 마지막 결어에서는 이 예언이 참되기에 이것에다 더하지도 말고 빼지도 말라고 경고하고 있다.(22:18-19) 사실, 예언자의 세계에서 어느 예언과 환상이 참되고 어느 것이 거짓 것인지를 구분하기가 쉽지 않다. 구약성경의 예언자들도 이를 거짓 묵시와 환상을 분별하도록 경계하고 있다. "너희가 말하기를 여호와의 말씀이라 하여도 내가 말한 것이 아닌즉 어찌 허탄한 묵시를 보며 거짓된 점괘를 말한 것이 아니냐."(겔 13:7) "그 날에 선지자들이 예언할 때에 그 환상을 각기 부끄러워할 것이며 사람을 속이려고 털옷도 입지 아니할 것이며."(슥 13:4)

악한 영은 사람들이 사랑하는 노래, 춤, 게임과 높고 고귀한 학식과 권세로 유혹하고 속이기에 그 정체를 분별하는 것이 무엇보다 중요하다. 그래서 주님과 사도들은 "항시 깨어 있으라."고 말씀하시는 것이다. 오직 하나님의 진리의 영이신 성령님의 임재로만이 승리할 수 있다.

| 후기 |

요한계시록을 이야기체로 엮어 본 것은 어려운 책에 조금은 재미있게 그리고 새롭게 접근함으로써 독자들로 하여금 이 책의 저자가 전하고자 하는 메시지를 이해할 수 있도록 하기 위한 것이다. 요한계시록 10장에 보면 힘센 천사가 나타나서 요한에게 작은 두루마리를 주면서 먹어 버리라고 명령한다. 그런데 그 두루마리는 입에는 꿀같이 달지만, 배에는 쓸 것이라고 말한다. 그것이 입에 단 것은 먹기 쉽게 하기 위함이지만 배에 쓴 것은 그것이 회개와 재앙의 메시지를 담고 있기 때문이다. 그 메시지는 사람들로 하여금 회개를 촉구하고 회개치 않을 때에는 재앙이 있다는 것이다. 그런데 그 메시지를 듣고 회개하여 믿고 순종하여 살면 영생의 축복을 받는 것이다. 즉 그 배에는 쓴 것이 몸에는 좋은 것이 된다는 것이다. 우리가 모두 배에는 쓴 이 두루마리의 예언을 받아들여 우리의 삶이 축복받을 수 있기를 기원한다. 아멘.

| 부록 |

요한계시록 16주 성경공부 프로그램

아래의 프로그램은 이 책을 교재로 하여 요한계시록을 16주 과정으로 공부할 수 있도록 구성되어 있다. 이 프로그램은 1주에 대략 1-2시간이면 적절하다. 이 프로그램은 소그룹으로 실시하면 좋을 것이다. 소그룹으로 하는 경우에는 그룹 지도자가 필요하며 참가자들 간에 충분한 대화를 나누기 위해 할당된 내용을 예습하는 것이 효과적이다.

주	내용
1	공부방식 소개: 요한계시록 이야기로 읽기
2	서사와 성경서사
3	구조 및 흐름
4	구성요소
5	서언과 인자 환상(1:1-1:20)
6	일곱 교회 편지(2:1-3:22)
7	보좌와 어린 양(4:1-5:14)
8	일곱 인과 인침(6:1-7:17)

9	여섯 나팔들(8:1-9:21)
10	회개의 권고(10:1-11:14)
11	일곱째 나팔과 불법한 자의 나타남(11:15-13:18)
12	심판 최종 예고와 일곱 대접 재앙(14:1-16:21)
13	바벨론 멸망과 어린 양의 혼인 잔치(17:1-19:10)
14	최후의 심판(19:11-20:15)
15	새 하늘과 새 땅, 결어(21:1-22:21)
16	주요 메시지

지도자는 5-15주의 할당된 범위를 다음과 같이 이야기 구성요소별로 구분하여 질문해 봄으로 참가자가 이야기를 보다 생동감 있게 읽게 해준다.

1. 읽기 질문

1) 등장인물

- 이 단락에서 어떤 인물들이 등장합니까?
- 이야기에서 주된 등장인물은 누구이며 보조적인 인물들은 누구입니까?
- 인물들의 외모나 신체적 특징은 무엇입니까?
- 이 외모나 신체적 특징이 어떤 느낌을 유발합니까?
- 그들이 하는 말이나 행동은 어떠합니까?
- 그들은 어떤 느낌이나 생각을 하고 있습니까?
- 그들은 하나님이나 예수 그리스도와 어떤 관계를 맺고 있습니까?

2) 사건

- 이 단락에서는 어떤 사건들이 발생합니까?
- 이 이야기에서 주된 사건은 무엇이며 부수적인 사건들은 어떤 것입

니까?

- 주된 사건에 관계된 인물들은 누구이며 그들 상호 간의 관계는 어떠합니까?
- 이 사건은 어떤 원인으로 발생했으며 어떻게 진전되어 갑니까?
- 이 사건이 이야기의 다른 사건들에 어떤 영향을 미칩니까?

3) 배경

- 이 이야기는 언제 일어났으며 그 시간적 배경은 무엇입니까?
- 이 이야기의 공간적 장소적 배경은 무엇입니까?
- 이 이야기의 정치, 사회, 경제적 배경은 무엇입니까?
- 이 이야기의 배경이 인물들과 사건들에 어떤 영향을 미칩니까?

4) 구상

- 저자가 주고자 하는 메시지는 무엇입니까?
- 해설자가 등장합니까? 한다면 그의 역할은 무엇입니까?
- 저자가 사용하는 수사학적 기법들(반복, 대조, 비교, 복선, 강조 등)은 무엇입니까?

이상의 질문들은 지도자가 성경이야기의 인물, 사건, 배경 혹은 구상에 관해서 참가자와 함께 다룰 수 있는 질문들이다. 이 질문들은 공부 상황에 따라 선택할 수 있으며 반드시 모든 질문을 다 물을 필요는 없다. 그러나 여기서 유의해야 할 것은 여기 나오는 읽기 질문은 뒤의 적용 질문과 중복되어서는 안 된다는 것이다. 서사적 읽기에서의 질문들은 참가자가 성경이야기 세계 속으로 들어갈 수 있게 하는 보편적이며 일반적인 질문들이다. 이에 반해서 삶의 적용 질문들은 참가자가 그 이야기를 자신의 삶에 적용해 볼 수 있게 하는 개인적이며 구체적인 질문들이다. 중복을 피하기 위해서 서사적 읽기의 질문은 성경이야기 중심의 질문들이 되어야 하고 적용 질문은 참가자의 삶과 성경 이야기 간의 상호관련성에 초점을 맞추어야 한다.

적용 질문이란 참가자가 그 본문을 자신의 실존적 상황에 맞게 읽는 것이다. 참가자가 본문을 통해서 감동과 힘을 얻는 것은 참가자가 자신의 위치에서 본문을 읽고 그 본문의 세계에 몰입할 수 있을 때이다. 예를 들면, 참가자는 자신이 제자 중의 한 사람이라고 생각하고 본문을 읽어보는 것이다. 이런 과정을 통해서 참가자는 그 이야기 세계 속으로 들어가는 경험을 하게 되는 것이다. 이때 그는 상상력을 최대한 발휘해야 한다.

성경이야기에 등장하는 인물과 같이 느끼는 것을 공감 혹은 감정이입이라고 한다. 이때 참가자가 이상적으로 생각하는 인물과의 감정이입을 이상적 감정이입이라 하고 참가자의 처지와 동일하여 감정이입하게 되는 경우를 현실적 감정이입이라 한다. 예를 들면, 예수와의 감정이입은 이상적 감정이입이 되고 처지가 비슷한 제자들이나 다른 인물들과의 감정이입은 현실적 감정이입이 된다. 많은 경우 참가자는 예수 그리스도와의 감정이입을 해왔지만, 마음에 와 닿는 다른 인물과의 감정이입도 좋은 경험이 된다.

2. 적용 질문

1) 등장인물

- 이 이야기의 등장인물 중 당신이 좋아하는 인물은 누구이며 왜 좋아합니까?
- 이 이야기의 등장인물 중 당신이 싫어하는 인물은 누구이며 왜 그렇습니까?
- 등장인물이 겪는 문제는 무엇이며 그 문제의 원인은 무엇이라고 생각합니까?
- 등장인물은 그 문제를 어떻게 해결했습니까?

• 등장인물의 해결방안이 당신의 문제에 어떤 도움을 줄 수 있습니까?

2) 사건

• 당신은 이 사건을 읽으면서 어떤 느낌과 생각이 듭니까?
• 당신의 삶에서 이와 유사한 사건을 경험한 적이 있습니까? 있다면 그 사건이 당신의 삶에 어떤 영향을 미쳤으며 어떻게 결말이 났습니까?
• 성경 이야기가 당신의 사건에 어떤 해결방안을 제시할 수 있습니까?

3) 배경

• 이 이야기의 배경이 등장인물이나 사건에 어떤 영향을 미쳤습니까?
• 이 이야기의 배경과 상황 중에서 특별히 당신의 마음에 와 닿는 부분이 있습니까?

4) 구상

• 이 이야기의 주된 메시지는 어떻게 묘사될 수 있습니까?
• 이 메시지는 나의 삶과 어떤 관계가 있습니까?

5) 전체적인 질문

• 이 이야기 중 마음에 가장 감동적인 부분은 어떤 것입니까?
• 이 이야기에서 새롭게 깨달은 것이 있다면 무엇입니까?
• 이 이야기에서 내 삶을 새롭게 보게 하는 관점을 발견할 수 있다면 그것은 무엇입니까?

이상의 질문들은 참가자로 하여금 자신의 삶과 성경이야기 간의 유사성을 발견하게 하기 위한 것이다. 이 유사성을 근거로 하여 참가자는 성경인물들과 동일시를 할 수 있으며 기대를 하게 되므로 자신의 삶의 이야기를 재구성할 수 있게 된다. 이상의 질문들은 모두 다 예외 없이 다룰 필요는 없고 그중에서 단락별로 가장 적절한 질문만을 선택해서 다루면 좋을 것이다. 1주에 2시간 공부하는 경우 1시간은 읽기 질문에 할당하고, 다른 1시간은 적용 질문을 하면 효과적인 공부가 될 것이다.

지은이 **오우성**

서울대학교를 졸업하고 미국 프린스턴신학대학원에서 석사(M. Div)를, 미국 드루대학원에서 신약학 전공으로 박사(Ph. D.) 학위를 취득했다. 현재는 계명대학교 기독교학과 명예교수로 출강하고 있으며, 기독영성상담연구소장으로 신약학과 영성상담을 연구 강의하고 있다. 그리고 한국신약학회와 한국기독교심리상담학회에 속해 있다.

저서로는 『바울의 갈등과 회심』, 『데살로니가 전후서』, 『성서의 권위와 성서적 신앙공동체』, 『신약신학논제』, 『성서와 심리학의 대화』, 『상담으로 풀어 본 신학』(공저), 『이야기상담의 과정과 기법』(공저), 『심령을 견고히 하는 성경이야기 상담』(공저) 등이 있고, 역서로는 『기독교 이전의 예수』(알버트 놀란)와 『많은 사람들의 눈으로 본 예수』(스테픈 닐/공역)가 있고, 논문으로는 "초월적 경험과 신앙" 등 다수의 논문이 있다.